절기
설교
100

부서별 절기 설교문 및 기관별 헌신예배 설교문 100편

절기 설교 100

오대환·김수억·황재찬 지음

아가페

서문

　기독교의 절기는 그리스도에 대한 이해와 신앙을 더욱 강화해 주므로 매우 중요합니다. 구약에는 3대 절기라고 부르는 무교절, 칠칠절, 초막절이 있습니다(신 16:16-17). 하나님은 각 절기에 이스라엘 백성이 하나님 앞에 나아와 예물을 드리며 받은 복에 대해 감사를 표현하게 하셨습니다. 사람에게는 망각이라는 한계가 있기에, 하나님은 이런 절기를 주기적으로 지켜 하나님의 구원과 섭리에 대한 감사를 기억하게 하신 것입니다.

　이 중 무교절은 출애굽의 구원을 기념하며 감사하는 절기입니다. 칠칠절은 보리 추수의 첫 열매를 드리는 절기이며, 초막절은 오늘날 추수감사절과 비슷한 절기로 곡식을 거두고 저장하는 시기에 드렸습니다. 이처럼 모든 절기는 이스라엘이 하나님께서 베푸신 은혜에 감사하며 그것을 잊지 않게 할 뿐 아니라, 궁극적으로는 그들을 향한 하나님의 구원을 기억하게 한다는 점에서 신약의 예수 그리스도와 연결됩니다. 절기를 지키는 것은 하나님의 은혜를 오늘날에도 잊지 않고 계속되게 하는 데 중요한 역할을 합니다.

    신약시대를 살고 있는 우리는 부활절과 성탄절을 비롯한 여러 절기를 지킵니다. 이를 통해 하나님의 구원의 은혜와 함께 현재의 삶에 베풀어 주시는 은혜를 선포하고 기억합니다. 아울러 예수 그리스도의 부활과 승천에 이은 재림을 기대합니다.

    종교개혁자들은 로마 가톨릭교회의 교회력에 따른 절기를 지키는 것을 금했습니다. 그 결과 오늘날 개신교회는 로마 가톨릭교회처럼 교회력을 따라 복잡하게 여러 절기를 지키지는 않습니다. 그러나 모든 절기를 금하거나 없애지는 않았습니다. 그중에서도 성도들의 신앙을 고취하는 데 꼭 필요한 절기는 기억하고 기념하게 했습니다.

    이번에 출간된 이 절기설교집을 통해 한국 교회가 절기의 성경적 의미를 되찾아, 일상에서 베풀어 주시는 하나님의 은혜에 감사하고, 더 나아가 다시 오실 예수 그리스도를 바라보며 준비할 수 있기를 바랍니다.

차례

서문 ······ 4

1장
1-4월
절기설교

신년감사주일	······ 11
사순절	······ 36
종려주일	······ 50
고난주간	······ 64
부활주일	······ 77

2장
5-8월
절기설교

어린이주일	······ 103
어버이주일	······ 116
성령강림주일	······ 128
맥추감사주일	······ 142

3장 9-12월 절기설교		
	종교개혁주일	····· 157
	추수감사주일	····· 170
	대강절	····· 194
	성서주일	····· 207
	성탄절	····· 221
	송구영신예배	····· 245

4장 헌신예배 설교		
	남전도회 헌신예배	····· 265
	여전도회 헌신예배	····· 276
	교사 헌신예배	····· 286
	찬양대 헌신예배	····· 297
	제직회 헌신예배	····· 306
	유초등부 헌신예배	····· 316
	중고등부 헌신예배	····· 327
	청년부 헌신예배	····· 336
	노년부 헌신예배	····· 348

1장

1-4월 절기설교

신년감사주일 장년 설교 1

성도를 향한 축복

_민 6:22-26

본문은 성경의 가장 아름다운 축복문 가운데 하나로, 제사장의 축복문으로도 알려져 있습니다. 오늘은 그 내용을 살펴보며 새해를 여는 성도들을 향한 하나님의 축복을 상기해 보고자 합니다.

첫째, 하나님은 성도에게 복을 주시고 지켜 주십니다(24절). 하나님은 우리에게 복 주기를 원하십니다. 그러므로 우리가 복을 받고 누리는 것은 성도로서 당연한 권리입니다. 성도가 복을 받고 누리는 영역에는 특별한 제한이 없습니다. 요한3서 1장 2절은 우리의 영혼과 범사와 육신에 주시는 복을 말하고 있습니다. 너무 영적인 복으로만 국한하려는 태도는 고상해 보일지는 모르나 성경적이지는 않습니다.

예수님을 믿으면서도 패배주의에 사로잡혀 사는 성도가 간혹 있습니다. 인생이 힘들다고 패배주의에 빠져 '나는 안 된다' '우리 집은 안 된다'고 생각하는 것은 결코 신앙적인 태도가 아닙니다. 새해에는 복을 받고 누리는 이 성도의 특권을 마음껏 사용하시길 바랍니다. 스스로 복 받을 사람임을 선포하며 사십시오. 이것이 하나님이 원하시는 것입니다.

　하나님께서는 우리의 미래에 재앙이 아니라 평안과 희망을 준비하고 계십니다(렘 29:11). 문제는 우리가 얼마나 준비되어 있는가 하는 것입니다. 엘리사 때 선지자 생도의 아내를 생각해 보십시오. 그녀는 그릇을 준비한 만큼 복을 누렸습니다(왕하 4:1-7). 이처럼 하나님의 뜻을 알고 마음을 열 때 복을 누릴 수 있습니다.

　또 하나님은 우리에게 복을 주실 뿐 아니라 우리를 지키시는 분입니다(24절). 복을 받는 것도 중요하지만, 그 받은 복을 제대로 지키지 못하면 아무 소용이 없습니다. 성경은 복은 받았지만 그것을 지키지 못해 정작 사신은 누리지 못하고 타인이 그 복을 누리는 것에 대해 언급합니다(전 6:2). 참으로 안타까운 일입니다. 복을 받는 것과 그 복을 온전히 누리는 것은 별개입니다. 물질의 복은 받았지만 그 물질이 자신의 주인이 되어 정작 하나님을 잃어버린다면 아무 의미가 없습니다. 주객이 전도된 것입니다. 그런데 그렇게 되지 않도록 지키시는 분이 하나님입니다. 올 한 해 우리는 새로운 복을 구해야 합니다. 동시에 하나님께서 우리를 지켜 주시기를 구하십시오.

　둘째, 하나님은 성도에게 은혜를 베풀어 주십니다(25절). 본문에서 말하는 '은혜'는 높은 사람이 낮은 사람에게 일방적으로 베푸는 호의를 뜻합니다. 특별히 성경에서는 하나님의 속죄의 은혜를 말할 때 쓰입니다. 즉, 죄악 된 인간을 불쌍히 여기시는 신적 태도를 가리킵니다. 하나님은 우리의 부족함과 죄악을 아시면서도 긍휼과 은혜를 베푸실 것임을 말씀하십니다. 그래서 은혜입니다. 만약 하나님께서 우리의 죄악대로 다 갚으시면 큰일 납니다. 누구도 하나님의 진노를 피할 수 없기 때문입니다.

　성경은 하나님이 노하기를 더디 하신다고 말합니다(출 34:6). 우리가 지은 죄 그대로는 갚지 않으신다고도 합니다(시 103:10). 이것도 성도가 누리는 복입니다. 이 은혜가 없으면 부족한 우리는 살아갈 수가 없습니다. 예수님은 이스라엘 백성을 보시며 불쌍히 여기셨습니다(마 9:36). 하나님은 우리가 진토임을 아시고 어떤 상황에서도 우리를 불쌍히 여기시고 다 받아 주십니다. 이것이 우리가 누리고 있는 복입니다. 언제든 다 받아 주는 누군가가 있다는 이 느낌을 아십니까? 이것이 성도가 누리는 또 다른 복입니다. 하나님은 어떤 경우라도 회개하고 돌아오면 또 받아 주시는 은혜로우신 분입니다.

마지막으로, 하나님은 성도에게 평강을 주십니다(26절). 이것은 예수님의 약속이기도 합니다(요 14:27). 평강은 우리 스스로가 만드는 것이 아니라 위로부터 주어지는 것으로, 하나님께서 성도에게 주시는 궁극적인 평화와 안정을 뜻합니다. 이 절대 평화, 곧 평강이야말로 어지럽고 불안정한 세상에서 살아가는 우리에게 꼭 필요한 것입니다. 그리고 하나님께서는 바로 이 평강을 성도에게 주십니다. 그러므로 성도는 어떤 상황에서도 마음의 평안을 잃지 않습니다. 이러한 평안이야말로 성도가 누리는 가장 궁극적인 복입니다. 빌립보서 4장 7절은 하나님의 평강이 우리 마음과 생각을 지킨다고 말합니다. 그러므로 성도는 그 무엇도 두려워하지 않습니다. 사망의 음침한 골짜기에서도 해를 두려워하지 않습니다. 주의 지팡이와 막대기가 지켜 주실 것을 알기 때문입니다. 이것이 바로 평안입니다.

올해도 하나님의 평강이 우리 마음에 있기를 구하십시오. 마음의 평안은 심신 수양 하는 사람들이나 누릴 수 있는 것이 아닙니다. 강한 정신력을 가진 어떤 특별한 사람들만 누리는 것이 아닙니다. 하나님의 사람이라면 누구나 누릴 수 있는 복입니다. 어려움이 없어서 평안이 아닙니다. 어려움 가운데서도 허락하시는 평안입니다. 이러한 평강이 새해에도 우리 삶에 가득하기를 소망합니다.

신년감사주일 장년 설교 2

울며 씨를 뿌리는 자가 거둘 영광

_시 126:1-6

오늘은 새로운 한 해를 살아가면서 혹 생각지 못한 어려운 상황을 만났을 때 어떤 신앙의 자세를 가져야 하는지에 대해 생각해 보고자 합니다.

본문은 먼저 이스라엘 백성이 포로지에서 본국으로 돌아왔을 때의 기쁨을 표현합니다(1-3절). 그리고 이어서 아직 포로지에 남아 있는 동포들의 귀환을 염원합니다(4절). 그러면서 지금은 비록 고생스럽겠지만 잘 참고 이겨내면 반드시 하나님의 도우심이 있을 것이라고 말합니다. 즉, 울며 씨를 뿌리면 반드시 기쁨으로 단을 가지고 돌아온다는 것입니다(5-6절). 여기서 본문 내용이 강조하고 있는 것은 두 가지입니다.

첫째, 삶이 힘들어도 인내하며 이어 가야 한다는 것입니다. 본문에서 울며 씨를 뿌린다는 것은 암담한 포로생활의 현실에서도 미래를 바라보며 꿋꿋이 살아가는 것을 의미합니다. 그리고 그런 사람은 기쁨으로 단을 거둔다고 말합니다. 그러니 울더라도, 힘들어도 그만둘 수 없습니다.

계속해서 씨를 뿌려야 합니다.

세상에는 두 종류의 사람이 있습니다. 어떤 일을 하다 힘들 때 즉시 멈추는 사람과 꿋꿋이 계속하는 사람입니다. 인생의 성패는 그 사람의 능력이나 외적 조건이 아니라 바로 여기서 갈립니다. 성공한 사람과 실패한 사람의 차이는 이것뿐입니다. 성공한 사람의 특징이 무엇입니까? 성공할 때까지 그만두지 않는다는 것입니다.

'스노우폭스'는 세계 11개국에 1,227개의 매장을 가진 세계적인 외식업체입니다. 이 회사를 이끄는 김승호 대표의 유명한 말이 있습니다. "포기하기 전까지는 망한 것이 아니다"가 그것입니다. 그는 이 회사가 이처럼 자리를 잡기까지 20여 년간 많은 실패를 경험했다고 합니다. 그러나 그는 이때를 실패한 기간이라고 말하지 않습니다. 그것조차 성공을 위한 과정이었다고 생각하기 때문입니다. 성공한 사람들의 공통점은 무언가를 끝까지 계속했다는 것입니다. 다시 말해, 끝까지 했으니 성공한 것입니다. 계속해서 그는, 실패와 성공은 어떤 일을 끝까지 계속하는지의 여부에 달려 있다고 말합니다. 그의 논리에 따르면, 만약 죽기 전까지 계속해서 노력했다면 결국 실패한 사람이 아닌 것입니다. 인생도 마찬가지입니다. 힘들다고 포기하는 순간 실패한 인생이 되는 것입니다.

일본 속담에 "계속하는 것이 실력이다"라는 말이 있다고 합니다. 모든 조건이 갖추어졌기 때문에 계속하는 것이 아닙니다. 완벽한 조건 때문에 성공한 사람은 없습니다. 모두 힘들지만 계속 해나가는 것입니다. 그러다 일이 되는 것입니다.

신앙인은 더 말할 것도 없습니다. 우리에게는 삶이 힘들어도 계속 이어 가야 할 이유가 세상 사람들보다 하나 더 있습니다. 자기 백성을 도우시는 하나님을 향한 믿음 때문입니다. 그렇기에 울더라도 뿌리는 것입니다. 성경의 위인들의 특징이 무엇입니까? 어려움 중에도 자신에게 주어진 삶과 사역을 멈추지 않았다는 것입니다. 하나님의 일하심을 믿었기 때문입니다.

이 세상에 완전한 인생은 없습니다. 누구에게나 어려움은 있습니다. 그러나 그렇다고 모든 것을 포기하지는 마십시오. 그래도 감당해 내야 합니다. 그것이 믿음이고 신앙입니다. 힘들어도 울며 씨를 뿌리는 믿음이 진짜 믿음입니다. 이것이 새해를 맞는 우리의 각오가 되길 바랍니다. 위대한 사람은 능력 있는 사람이 아닙니다. 자신의 길을 멈추지 않는 사람입니다.

둘째, 울며 씨를 뿌리는 자는 기쁨으로 단을 거둔다는 것입니다. 울면서라도 씨를 뿌리면 반드시 결과가 있다는 것이 본문의 약속입니다. 더구나 그 결과는 우리의 예상을 뛰어넘습니다. 울며 씨를 뿌리는 자, 곧 힘들어도 하나님을 의지하고 인생을 헤쳐 나가는 자는 반드시 기쁨의 열매를 맺게 됩니다. 이것이 하나님의 공의로운 약속입니다.

믿음은 우리가 예상치 못한 결과를 낳습니다. 원인에 비해 결과가 파격적입니다. 여기서 핵심은 '예상치 못한 결과'라는 점입니다. 울며 씨를 뿌렸을 때 얻는 것은 고작 작은 결실이 아닙니다. 성경은 기쁨으로 단을 거둔다고 말합니다. 본문 6절은 '반드시'라는 표현으로 이 사실을 강조합니다. 이는 하나님의 도우심이 있기 때문에 가능한 일입니다.

하나님의 도우심은 우리의 예상을 뛰어넘을 때가 많습니다. 큰일을 한 위대한 신앙인들은 한결같이 처음부터 그렇게까지 될 줄은 몰랐다고 말합니다. 인생의 그림을 다 그려 놓고 사는 사람은 없습니다. 결과를 다 알고 사는 사람은 없습니다. 아브라함은 장차 유업으로 받을 땅으로 떠날 때 갈 바를 알지 못하고 갔지만(히 11:8) 위대한 믿음의 조상이 되었습니다.

예레미야 33장 3절에서 하나님은, 우리가 하나님께 부르짖을 때 우리가 알지 못하는 크고 은밀한 일을 보이겠다고 말씀하십니다. 인생이 힘들어도 포기하지 않고 믿음으로 그 길을 걷다 보면 뜻하지 않은 하나님의 은혜를 만나게 됩니다. 눈물로 씨를 뿌리면 반드시 기쁨으로 단을 거두는 은혜를 경험하게 됩니다. 그래서 오늘 우리가 여기까지 온 것 아니겠습니까? 일을 시작할 때는 전혀 예측할 수 없었던 결과를 얻는 것, 그것이 성도의 인생입니다.

신년감사주일 장년 설교 3

온전한 것이 올 때까지

_고전 13:9-13

우리에게 생명과 호흡을 주시고, 특별히 하나님의 백성으로서 새로운 한 해를 맞이하게 하신 하나님께 감사와 영광을 돌립니다. 이러한 성도의 감사는 상투적이 아니라 실제적인 것입니다. 신자로서 이 땅에서 사는 것은 그만큼 복된 일이기 때문입니다.

무엇보다 우리는 '믿음'과 함께 그 믿음 안에서 참된 것들을 얻습니다. 하나님은 근본을 몰라 근본 없는 자처럼 살던 우리를 불러 우리의 창조주 하나님을 알고 섬기게 하셨습니다. 또 인간으로서 마땅히 지켜야 할 것을 무시하는 데 용감했던 몰지각한 자리에서 돌이켜 진리를 배우게 하셨습니다. 믿음 안에서 우리는 반역적이고 배은망덕한 삶을 회개하고, 영원의 관점에서 생각하고 말하고 행동하며, 구속하신 은혜에 감사하며 높으신 하나님께 예배하는 기쁨도 알게 되었습니다.

또 우리는 하나님의 백성으로서 '소망'을 가지고 이 땅에서 살아갑니다. 우리 주 예수 그리스도께서 우리에게 허락하신 죄와 사망에서의 구원은 그분의 빈 무덤만큼이나 확실합니다. 하지만 아직까지 우리는 몸의 속량을 바라며 주께서 다시 오실 때 허락하실 아버지 집의 기업을 기다립니다. 아직 임하지 않아 눈에 보이지 않는 이 소망은 우리 삶의 보이는 부분 구석구석까지 영향을 미칩니다. 믿음의 연고로 때때로 고난을 당할 때도 우리는 주께서 주신 소망 안에서, 그리고 그 소망 때문에 인내하며 즐거워하고, 서로 위로하며 격려할 수 있습니다.

이와 같은 모든 변화는 참된 것입니다. 예수 그리스도를 만난 우리는 믿음과 소망 안에서 영생, 곧 영원한 삶을 살게 됩니다. 우리가 믿음, 소망과 함께 얻어 누리는 행복은 영원까지 이어질 참된 것이기 때문입니다. 그러나 여기서 한 가지 빠뜨리지 말아야 할 것이 있습니다. 바로 '사랑'입니다. 본문은 사랑이 믿음, 소망과 함께 영원히 있을 뿐 아니라 그것들보다 더욱 큰 것이라고 말합니다(13절).

우리는 본문에서 바울이 왜 사랑을 이토록 강조하는지 생각해 볼 필요가 있습니다. 바울은 현재 교회로서의 우리 자신의 모습이 아무리 그럴듯해 보여도 아직까지 완전하지는 못하다는 것을 알았습니다. 우리가 가진 지식과 능력은 부분적입니다. 또 우리가 은혜로 허락받아 지금부터 참여하며 누리는 이 참된 생명도 영원의 시작점일 뿐 아직까지 온전하지는 못합니다. 지금 우리는 마치 반사율이 좋지 않은 금속 거울을 보듯, 영원한 실체의 일부분만을 희미하게 경험하고 이해할 뿐입니다(12절).

그러므로 이런 우리 자신의 능력과 상태를 자랑하고 과시하는 것은 지극히 어리석은 일입니다. 물론 이것이 우리가 참되고 영원한 진리를 경험하고 이해하고 말하고 전하는 것이 불가능하다는 의미는 결코 아닙니다. 오히려 우리는 성령의 도우심으로 성경이 가르쳐 주는 바를 풍성히 알아가며 바르게 이해할 수 있습니다. 나아가 진리를 믿고 확신하면서 담대히 전할 수 있고, 또 전해야 합니다. 하지만 분명 그 모든 지식과 능력과 활동은 하나님의 은혜로 말미암은 것일 뿐 아니라, 하나님의 뜻을 따라 영원하고 참되신 하나님을 드러내야 합니다.

따라서 사랑이신 하나님의 백성인 우리에게는 사랑이 있어야 합니다. 주님을 향한 믿음, 소망과 함께 사랑이 있어야 합니다. 사랑을 잃어버린 신자와 교회공동체의 지식과 능력과 열심 있는 활동은 아무런 생명력도 가질 수 없습니다. 사랑이 없으면 그 어떤 천사의 말도 소음이 될 뿐이고, 그 어떤 능력도 실제적이고 아름다운 열매를 맺을 수 없으며, 우리 자신에게도 아무 유익이 되지 못합니다(고전 13:1-3). 다시 말해, 우리 주님이 죄악 되고 가치 없는 우리를 향한 사랑을 자신의 모든 삶과 죽음으로 나타내 보이신 것처럼, 우리의 말과 행실과 헌신에 다른 사람을 아끼고 그들의 유익을 구하는 사랑이 없다면, 그것은 '진짜'가 아니라는 것입니다. 그러므로 우리 모두가 하나님을 믿고 그분 안에 있는 영원을 소망하는 자로서 그 '온전한 것'이 올 때까지 '진짜'의 삶을 살기를 진심으로 바랍니다.

올 한 해 무슨 일을 하든 믿음 안에서 소망을 가지고 행하되, 특별히 주님처럼 사랑하는 자 되기를 힘씁시다. 사도가 권면하듯 이 더 큰 은사를 사모하며, 가장 좋은 길로 행합시다(고전 12:31). 무엇이든 우리가 가진 것으로 다른 사람의 친구가 됩시다. 특별히 예수님이 하셨던 것처럼, 우리를 사랑하지 않는 자, 우리에게 도움이 되기보다 우리의 도움이 필요한 자, 용서와 사랑과 오래 참음과 헌신이 필요한 자들에게 더욱 그리 합시다.

신년감사주일 청년 설교 1

그날이 가까울수록 더욱 힘써야 할 것

_히 10:23-25

한 해의 첫 주일입니다. 오늘은 이 한 해, 그리고 더 나아가 앞으로 우리에게 허락된 삶 동안 우리가 굳게 붙잡아야 할 소망과 그 소망을 붙들기 위해 힘써야 할 일에 대해 나누고자 합니다.

본문에서 히브리서 기자는 그리스도인이 가지고 있는 가장 중요한 '소망'에 관해 말합니다(23절). 이 소망은 '약속하신 이'의 미쁘심, 곧 우리 하나님의 신실하심에 기초한 것입니다. 우리는 하나님의 신실하심에 따라 소망을 가지고 하나님께 나아갑니다(히 10:22). 신실하신 하나님은 죄 많은 우리를 거룩한 은혜의 보좌로 담대히 나아갈 수 있게 하시려고 예수 그리스도를 우리를 위한 큰 제사장으로 세우셨습니다(히 10:21). 그리스도께서 우리의 죄를 위한 한 영원한 제사로(히 10:12) 자신의 몸을 제물로 드려(히 10:10) 그 찢긴 몸을 통해 하나님께로 나아갈 생명의 길이 되어 주신 것입니다(히 10:20). 큰 대제사장의 그 희생 때문에 우리 마음은 악한 양심에서 벗어나고, 몸은 맑은 물로 씻음 받아(히 10:22) 성소에 들어갈 담력을 얻습니다(히 10:19). 이것이 그리스도인이 가진 소망입니다. 이 소망 때문에 우리는 보지 못하는 것을 참음으로 기다리는(롬 8:25), 세상이 감당하지 못하는 존재로(히 11:38) 이 세상을 살아갑니다. 그리스도와 함께 영광을 상속 받기까지 그분과 함께 고난받는 상속자요(롬 8:17), 하나님의 말씀과 성령의 인도를 받는 하나님의 아들 됨에 참여하는 것입니다(롬 8:14).

하나님은 예수님의 희생과 피로 내신 그 생명의 길로 우리를 부르십니다. 휘장 가운데 열어 놓으신 생명 길을 통해 참 마음과 온전한 믿음으로 하나님께 나아오라고 부르십니다. 그리스도인의 신앙과 삶은 그 부르심에 소망을 두고 하나님의 말씀을 따르는 것에 다름 아닙니다. 우리는 말씀과 성령의 인도를 따라, 눈에 보이는 것을 전부로 여기는 이 세상과는 구별된 외국인과 나그네 같은 존재로서 이 땅을 살아갑니다(히 11:13; 벧전 1:17; 2:11). 보이지 않는 영원에 주목하며(고후 4:18) 장차 이를 본향을 사모하며 사는 것입니다.

본문은 이 길을 제대로 가기 위해 우리가 믿는 도리의 소망을 움직이지 말고 굳게 붙들어야 한다고 권면합니다(23절). 그리고 이 소망을 굳게 붙들기 위해 힘써야 할 일을 제시합니다. 여기서 '사랑과 선행을 격려하라'는 말은 그저 서로 사이좋게 지내라는 의미가 아닙니다. 이는 진리 안에서의 사귐을 말합니다. 곧 본문 뒤에 이어지는 다음 구절이 그것이 무엇을 의미하는지를 설명해 줍니다. "전날에 너희가 빛을 받은 후에 고난의 큰 싸움을 견디어 낸 것을 생각하라 혹은 비방과 환난으로써 사람에게 구경거리가 되고 혹은 이런 형편에 있는 자들과 사귀는 자가 되었으니 너희가 갇힌 자를 동정하고 너희 소유를 빼앗기는 것도 기쁘게 당한 것은 더 낫고 영구한 소유가 있는 줄 앎이라"(히 10:32-34). 즉, 우리는 힘써 모여 큰 대제사장이신 그리스도께서 우리를 위한 희생제물이 되신 그 복음에 담긴 은혜의 풍성함과 놀라움을 함께 나누며, 그 소망을 따라 믿음으로 사는 일을 서로 격려해야 합니다. 믿음으로 이 나그네 같은 삶을 살아가기를 서로 권해야 하는 것입니다. 고난받기를 두려워 말고, 고난당하는 자들을 돌아보고 섬기며 '더 낫고 영구한 소유'에 대해 상기함으로 서로 위로하는 성도의 교제를 나누어야 합니다. 달리 말하면, 그리스도 안에서 은혜의 보좌로 나아가는 성도 된 자의 특권과 생명을, 예배와 기도 같은 은혜의 방편을 통해 실제로 경험하기를 힘써야 한다는 것입니다. 요컨대 모이기를 힘쓰라는 것입니다.

이런 맥락에서 히브리서 기자는 "모이기를 폐하는 어떤 사람들의 습관"(25절)에 대해 경계합니다. 이 사람들은 '그날'이 이르기 전까지 성도가 함께 모여 소망의 복음을 나누며, 그리스도의 은혜 안에서 하나님께 나아가는 특권을 현재적으로 누리게 하는 은혜의 방편을 하찮게 생각합니다. 또 다른 핑계나 우선순위로 하나님의 아들이 흘리신 언약의 피로 얻은 성소에 들어갈 담력(히 10:19)을 무익하게 여기며, 그리스도를 믿는 도리를 굳게 붙잡고 말씀과 기도로 은혜의 보좌로 담대히 나아가기를(히 4:14-16) 힘쓰지 않습니다. 곧 은혜의 성령을 부정하고 욕되게 하는 것입니다(히 10:29). 이로써 그들은 고난의 큰 싸움 앞에서 담대함을 잃어버리고, 하나님이 성도에게 요구하시는 잠깐 동안의 인내를(히 10:35-36) 집어 던집니다. 우리가 소망으로 붙들고 있는 모든 약속을 이루기 위해 잠시 잠깐 후면 다시 오실 이를 기억하지 않고 뒤로 물러가는 것입니다(히 10:37-38).

우리는 이런 자들의 습관과 같이 하지 말아야 합니다. 우리는 외국인과 나그네처럼 이 땅을 살아가는 하나님나라의 백성으로서 우리가 가진 소망에 대해 확고해야 합니다. 이것은 개인적인 신앙으로서만 간직할 것이 아닙니다. 우리에게 허락하신 삶 동안, 주님의 다시 오심을 의식하는 믿음으로 서로 교제하고 격려하고 권하기 위해 함께 모이기를 힘써야 합니다. 올 한 해 우리 모두가 이 말씀대로 살아가기를 소망합니다.

신년감사주일 청년 설교 2

구름 기둥과 불 기둥으로 인도하시는 하나님

_출 13:17-22

하나님은 이스라엘 백성을 종살이하던 애굽에서 건져 내셨습니다. 그러나 처음에 애굽의 바로는 오랫동안 압제해 오던 이스라엘 백성을 보내 주려 하지 않았습니다. 모세를 통해 이스라엘을 향한 하나님의 뜻에 대해 들었지만 오히려 마음이 완고해져 그들에게 더욱 심한 노역을 시켰습니다. 이런 과정에서 겪는 어려움 때문에 이스라엘 백성은 하나님을 신뢰하지 않았고 하나님께서 보내신 모세를 원망하기도 했습니다(출 5:14-21). 심지어 모세도 이때 불안해하며 자신의 약함을 드러냈습니다(출 5:22-23). 그러나 하나님은 일찍이 뜻하셨던 대로 이스라엘 백성을 애굽에서 구해 내셨습니다. 바로의 완악함, 이스라엘의 불신앙, 모세의 연약함에도 "강한 손"(출 6:1)을 펼치셔서 일하신 것입니다.

이로써 오랜 세월 애굽에서 종노릇해 오던 이스라엘 백성은 새로운 시작을 맞게 되었습니다. 그들은 이제 애굽의 노예가 아닌 하나님을 섬기는 하나님의 백성으로 구별되어 약속 받은 땅으로 나아가게 되었습니다. 그런데 이 '출애굽'은 압제받던 이스라엘을 위해 하나님께서 베푸신 구원의 최종 목적이 아니라 시작이었습니다.

하나님께서는 가나안 땅으로 가기 위해 광야를 지나는 이스라엘 백성에게 구름 기둥과 불 기둥을 허락하셨습니다. 오늘은 이 구름 기둥과 불 기둥에 담긴 의미를 통해, 하나님께서 친히 구속하시고 세상에서 구별해 내신 성도들에게 베푸시는 호의와 성실하심이 무엇인지 생각해 보고자 합니다.

첫째, 하나님께서 광야의 이스라엘 백성에게 베풀어 주신 구름 기둥과 불 기둥은 거친 세상으로부터 자기 백성을 지키시는 하나님의 임재를 상징합니다. 대낮의 광야는 뜨거운 햇볕 때문에 걷기에도, 쉬기에도 적합하지 않습니다. 그런데 하나님이 구름 기둥으로 낮의 해가 그 백성을 상하게 하지 못하도록 지켜 주셨습니다. 또 밤중에 광야는 야생 짐승과 도적, 추운 기후에 그대로 노출되어 매우 위험합니다. 그런데 불 기둥이 광야의 밤에 닥칠 수 있는 여러 위험에서 이스라엘 백성을 지켜 주었습니다.

이러한 하나님의 역사는 지금도 동일하게 나타납니다. 하나님께서는 세상에서 불러 내 구속의 여정에 있는 우리로 험한 광야와 같은 삶을 살게 하십니다. 우리는 일 년이란 짧은 시간에도 수많은 위험 곧 질병, 경제적 위기, 관계의 갈등, 자연재해 등에 노출되어 있습니다. 이 중 극히 일부만 삶에 몰아쳐도 우리는 스스로를 지키기 어려운 지경에 이르게 됩니다. 그러나 하나님께서는 우리에게 감당할 시험만을 허락하시고, 또 시험 당할 때 피할 길을 내셔서 능히 감당하게 하십니다(고전 10:13). 비록 우리의 인생은 유한하지만, 성도는 그 여정에서 영원하신 하나님의 돌보심과 지키심을 경험합니다.

둘째로 하나님은 자기 백성을 그들에게 적합하고 좋은 곳으로 인도하십니다. 낮에는 구름 기둥으로 인도하시고, 밤에는 불 기둥으로 비추셔서 이스라엘 백성이 낮이나 밤이나 진행하게 해주셨습니다(21절). 광야의 이스라엘 백성은 직접적인 음성보다는 이 구름 기둥과 불 기둥을 통해 하나님의 인도하심을 받았습니다. 때때로 그 길이 멀리 돌아가는 듯 느껴질 때도 있었지만, 그마저도 하나님께서 그들의 체질을 아시고 정하신 길이었습니다. 블레셋 사람의 땅의 길이 더 가까웠지만, 아직 그들의 마음이 전쟁을 할 만한 상태가 아니었기 때문에 다른 길로 인도하신 것입니다(17절).

오늘날 우리를 향한 하나님의 인도하심도 이와 같습니다. 하나님은 우리 인생이 우리의 얄팍한 계산대로 움직이도록 놔두시지 않습니다. 우리는 바로 눈앞의 일들조차 우리 영혼과 육체에 어떤 영향을 미칠지 정확하게 알지 못하기 때문입니다. 그래서 우리 눈에는 좋아 보여 선택했는데 도리어 더 치명적인 어려움에 빠지는 일을 흔히 경험하게 됩니다. 이 모든 것을 아시는 하나님은 자기 백성에게 궁극적으로 유익이 되는 길을 허락해 주십니다.

마지막으로 하나님은 광야로 나온 이스라엘 백성에게 지난 역사를 통해 자신의 신실함을 증명하시며, 구름 기둥과 불 기둥을 통한 보호와 인도를 신뢰하게 하십니다. 당시 모세는 애굽에서 요셉의 유골을 가지고 나왔는데, 이는 하나님이 장차 베푸실 구원을 믿었던 요셉의 유언을 따른 것이었습니다(19절). 광야에서 구름 기둥과 불 기둥의 인도를 따르는 것은 분명 믿음을 필요로 하는 일이었습니다. 그래서 하나님께서는 이스라엘 백성에게 선진들이 가진 믿음의 결국이 어떠한 것인지를 보이시며 두 기둥의 인도를 따르게 하신 것입니다.

오늘날도 마찬가지입니다. 하나님은 광야 같은 세상에서 말씀의 인도를 받는 우리를 위해 성경의 '구름같이 허다한 증인'(히 12:1)을 주셔서 이 믿음의 경주를 잘 하도록 격려하십니다. 그러므로 우리는 역사를 통해 나타난 하나님의 신실하심에 대한 말씀을 주의 깊게 살펴야 합니다.

멀리서 본향을 바라보고 사모하며 믿음을 따랐던 선진들의 소망을 마침내 이루신 하나님의 신실하심을 기억하며, 우리 모두가 올 한 해도 말씀의 인도를 따라 구속의 여정을 계속해 나갈 수 있기를 소망합니다.

신년감사주일 중고등부 설교 1

모호한 바람, 분명한 기도

_창 1:1

　새해가 밝았습니다. 많은 사람이 한 해의 첫 아침을 맞이하기 위해 긴 시간 운전해 동해로 가기도 하고, 산에 오르기도 합니다. 그리고는 떠오르는 태양을 보면서 종교의 유무와 상관없이 새해 소망을 담아 마음으로 기도하곤 합니다. 올해는 지난해보다 잘되게 해달라고 말입니다. 어제와 별반 다르지 않은 태양이 전날과 다른 특별한 힘을 가지고 있다고 믿는 사람은 많지 않겠지만, 막연하게나마 앞으로 잘되었으면 하는 바람은 모든 사람의 자연스러운 소원인 듯합니다.

　오늘 본문인 성경의 첫 구절은 태초에 하나님이 천지, 즉 하늘과 땅과 우주 전체를 창조하셨다고 선언합니다. 이전에 없던 시간과 공간이 처음 생겼다는 것입니다. 그리고 그 시간과 공간에 우리가 살고 있는 지구를 포함한 온 우주가 시작되었다고 말합니다. 성경은 지금 우리가 인식하고 있는 모든 피조 세계의 '처음 상태'를 알려 줍니다. 창세기 1장에서 하나님은 6일에 걸쳐 모든 만물을 창조해 가십니다. 그리고 각각의 창조물이 하나님이 보시기에 '좋았다'고 반복적으로 말씀하십니다(창 1: 4, 10, 12, 18, 21, 25). 여섯째 날에는 마지막으로 사람을 다른 피조물과 달리 "하나님의 형상"(창 1:26)을 따라 만드시고, 보시기에 '심히 좋았다'고 말씀하십니다(창 1:31). 이처럼 모든 피조물의 '처음 상태'는 하나님이 보시기에 매우 만족스러웠음을 알 수 있습니다.

새해 첫날 우리 그리스도인은 무엇을 기도해야 할까요? 앞으로 펼쳐질 날이 막연히 더 좋아지기를 바라기보다 '첫 창조의 상태'를 기억하며 하나님께 기도하는 것이 성경적일 것입니다. 첫 사람 아담이 하나님의 말씀에 불순종해 타락한 이후 사람과 피조물의 상태는 시간이 지날수록 점점 더 안 좋아지고 있기 때문입니다.

학교에서 과학 시간에 배우는 '엔트로피의 법칙'을 통해서도 이와 같은 현상을 이해할 수 있습니다. 외부에서 에너지가 공급되지 않는 한, 시간이 흐를수록 모든 것의 무질서도(엔트로피)는 높아지게 됩니다. 마치 아무도 사용하지 않은 채 집을 비워 두면 그 집이 그 상태 그대로 있을 것 같지만 실은 그렇지 않은 것과 같습니다. 외부의 힘이 추가되지 않기 때문에 무질서도는 높아지고 결국 허물어지게 된다는 것입니다. 시간이 지날수록 저절로 좋아지는 것은 없습니다. 그래서 우리에게 기도가 필요한지도 모릅니다. 기도가 무엇입니까? 자기 스스로의 힘만으로는 원하는 만큼 나아질 수 없다는 자기 고백입니다. 그리고 시간이 흐를수록 무질서해지는 자신의 삶에 하나님이 찾아오셔서 질서를 부여해 주시고, 처음의 아름다움과 질서를 회복하게 해달라고 요청하는 것입니다.

새해를 맞아 막연하게 '잘되게' 해달라고 기도하는 것은 무의미합니다. 그보다는 하나님께서 우리를 '심히 좋게' 보셨던 것을 기억하며 기도하길 바랍니다. 우리와 하나님의 관계가 처음부터 틀어져 있었던 것은 아닙니다. 하나님께서는 우리를 보시고 매우 흡족해하셨고, 우리도 하나님 앞에 나아가는 것에 전혀 부담을 갖거나 위축되지 않았습니다. 오히려 그것은 매우 즐겁고 행복한 일이었습니다. 하나님은 우리의 존재 그 자체로 만족하셨고, 우리도 하나님으로 인해 모든 필요가 채워지고 그분께 받아들여졌기에 자존감이 충만했습니다. 하나님과 우리의 관계는 애초에 그렇게 시작되었습니다. 그런데 만약 지금은 그렇지 않다면 하나님과 우리 사이에 뭔가 문제가 생긴 것입니다. 왜 이렇게 되었는지 생각해 봐야 합니다. 그 원인이 무엇인지 살펴봐야 합니다.

요한은 에베소 교회의 신앙 상태가 처음과 같지 않은 것을 지적하며 이렇게 권면했습니다. "너의 처음 사랑을 버렸느니라 그러므로 어디서 떨어졌는지를 생각하고 회개하여 처음 행위를 가지라"(계 2:4-5).

사람들은 불확실한 미래를 바라보며 모호하게 '잘되길' 바랍니다. 그러나 우리는 분명한 창조의 상태를 기억합니다. 그러므로 그 상태를 회복하기 위해 우리의 지난 삶의 태도를 평가하고 잘못된 것을 고치며 하나님의 도우심을 구해야 합니다. 그래야 우리의 미래가 잘될 수 있습니다. 그 은혜가 올 한 해도 충만하길 축복합니다.

신년감사주일 중고등부 설교 2

다시 시작하기: 새로 고침

_고후 5:17

우리나라는 두 번의 새해를 맞이합니다. 하나는 1월 1일에 맞는 새해로, 전 세계가 이날 축제를 열어 즐깁니다. 또 하나는 우리가 설날이라고 말하는 음력 새해입니다. 사람들은 대개 이날을 기해 부모님이 계신 고향을 방문합니다. 중국에서는 이때를 '춘절'이라고 부르며 우리보다 긴 연휴를 즐기는데, 고향을 방문하는 사람들로 인해 우리만큼이나 민족 대이동이 일어납니다. 중국이나 우리나라처럼 새해가 두 번 있다는 것이 사실 번거로울 때도 있지만, 어떤 면에서는 유익하기도 합니다. 새해를 맞아 결심했던 각오가 점점 시들해질 때 다시 한번 그것을 새롭게 할 수 있기 때문입니다.

오늘 본문은 "그런즉 누구든지 그리스도 안에 있으면 새로운 피조물이라 이전 것은 지나갔으니 보라 새것이 되었도다"라고 말합니다. 지금 바울은 그리스도 안에 있는 성도들을 향해 '우리는 이전과 다른 새로운 시작을 하게 되었다'고 말하고 있는 것입니다.

하나님께서는 태초에 온 우주를 처음 만드실 때 우리를 '하나님의 형상'을 따라 만드셨습니다. 다른 피조물과는 전혀 다른 존재로 우리를 지으셨다는 것입니다. 그러므로 우리는 특별한 존재입니다. 그리고 하나님께서는 우리에게 특별한 사명을 주셨습니다. 하나님의 피조물들을 통치하고 다스리는 것입니다. 즉, 우리가 하나님을 대신해 하나님의 뜻에 합당하게 이 땅을 다스리도록 하신 것입니다. 이것이 바로 첫 창조 때 주어진 우리의 사명이었습니다.

그러나 우리는 그 사명을 온전히 이루어 내지 못했습니다. 하나님의 말씀에 불순종해 먹지 말라고 하신 '선악을 알게 하는 나무의 실과'를 먹었습니다(창 3장). 사랑하고 용서해야 할 형제를 열등감과 시기심으로 죽이는 잔인한 일을 저질렀습니다(창 4장). 이제 사람들은 하나님의 형상이 아니라 마치 동물처럼 본능과 욕망대로 행동하기 시작합니다. 이로 인해 대홍수의 심판을 받았음에도(창 6-9장) 사람들은 하나님 앞에서의 자신의 본래 모습을 망각한 채 오히려 교만하게 행동했습니다(창 11장).

가령 우리가 심혈을 기울여 인공지능으로 움직이는 로봇을 만들었다고 해봅시다. 최고의 기술과 엄청난 비용을 들여 정말 괜찮은 로봇을 만들었는데, 그 로봇이 자신을 만든 우리의 기대를 저버리고 우리가 싫어하는 일을 반복적으로 할 뿐 아니라 주변 사람들에게 위협을 가한다면 우리 마음이 어떻겠습니까? 아마 우리는 자신의 분신과도 같은 그 로봇을 고쳐 보려고 최선을 다할 것입니다. 그러나 그 로봇이 이제 우리 손을 벗어나 점점 더 포악해지고 위험해진다면 그때는 어떻게 해야겠습니까? 그 로봇을 멈추게 해야 하지 않겠습니까? 최후의 안전장치로 만들어 놓은 '멈춤' 버튼을 눌러야 하지 않겠습니까?

그러나 하나님께서는 이와 비슷한 처지에 있는 인간을 향해 즉각적으로 '멈춤'(심판) 버튼을 누르지 않으셨습니다. 오히려 한 번 더 기회를 주기로 결심하십니다. 그것이 바로 오늘 우리가 읽은 말씀의 의미입니다. 바울은 지금 우리를 향해 '새로운 피조물'이라고 규정하고, '보라 새 것이 되었도다'라고 선포하고 있습니다. 물론 우리 안에 어떤 변화가 일어나 우리가 이전과 다른 새로운 존재가 되었는지는 아직 체감하지 못합니다(뭐가 달라졌다는 건지 의문을 가질 수 있습니다. 이에 대해서는 또 다른 긴 설명이 필요합니다). 그러나 분명한 것은 하나님께서 우리에게 다시 한번 기회를 주셨다는 것입니다. 즉, 예수 그리스도께서 이 땅에 오셔서 우리를 위해 십자가에서 죽으심으로 우리 안에 어떤 '흔적'을 만들어 놓으셨습니다. 더는 이전처럼 살 수 없도록 '지워지지 않는 기억'을 만들어 놓으신 것입니다. 그렇게 우리는 다시 시작할 수 있는 기회를 얻게 된 것입니다.

그리스도인이 된다는 것은 다시 시작할 수 있는 기회를 얻는 것입니다. 이전의 우리의 삶이 어떠했는지 주님은 묻지 않으십니다. 다만 "내가 너에게 기회를 준다면 다시 시작해 보겠니?"라고 물으실 뿐입니다. 다시 시작해 보고 싶습니까? 그렇다면 이제 그리스도와 함께 다시 시작하십시오. 하나님께서 분명히 도와주실 것입니다.

사순절 장년 설교 1

십자가의 능력

_고전 1:18-31

세월이 지나면서 가치가 달라지는 것이 많이 있습니다. 그중 가장 극적인 것이 십자가입니다. 십자가는 과거 가장 처참한 사형 틀이었지만 지금은 사람들이 즐겨 하는 장신구 모양 중 하나가 되었습니다. 이런 단순한 외적 가치만이 아니라 우리 인생을 변화시키는 능력이 십자가에 있습니다. 사순절을 맞아 무엇이 십자가의 능력인지 생각해 보고자 합니다.

첫째, 십자가는 세상 지혜를 넘어서는 능력입니다. 십자가는 세상의 지혜로 보면 미련하고 어리석게 보입니다(18, 23절). 예수님 당시 유대인이나 헬라인에게 십자가는 능력이 아니라 미련하고 보잘것없고 하찮은 것이었습니다. 더군다나 메시아 구세주와는 도무지 어울리지 않는 것이었습니다.

그러나 예수님의 십자가는 이런 인간의 지혜를 폐하고 넘어섰습니다. 하나님은 모든 사람이 손가락질하는 십자가로 인류의 구원을 이루셨습니다. 사람에게는 어리석어 보이는 방법으로 대업을 이루셨습니다. 그래서 십자가는 인간의 지혜를 미련하게 한 하나님의 능력이요 지혜인 것입니다(24-25절). 그야말로 가치의 대역전이 일어난 사건입니다.

당시 사람들은 십자가로 무엇을 할 수 있겠느냐며 조롱했습니다. 그러나 하나님은 이런 인간의 상식과 지혜를 뒤엎으셨습니다. 이것이 그리스도의 십자가의 능력입니다.

더 나아가 본문은 이것이 하나님이 일하시는 원리라고 말합니다. 하나님은 약한 것들을 택해 강한 것들을 부끄럽게 하십니다(27-28절). 이것이 하나님의 능력과 지혜입니다. 십자가에 담긴 메시지입니다.

세상이 어떻게 말하든 하나님께서 말씀하시면 그것이 지혜요 능력입니다. 세상에서 강한 것이 신앙 안에서는 약한 것이 되고, 반대로 세상에서 약한 것이 신앙 안에서는 강한 것이 됩니다. 주님 안에서는 고난도 유익입니다. 이런 가치의 재평가가 십자가로 구원을 이루신 하나님을 믿는 우리에게 있어야 합니다.

성도의 가치도 재평가해야 합니다. 주님 안에서 우리는 부족하거나 연약하지 않습니다. 세상이 다 비웃어도 하나님이 우리를 사랑한다고 하시면 낙심하지 말고 우리도 자신을 사랑해야 합니다. 우리가 선택한 믿음의 삶도 결코 약하거나 부족하지 않습니다. 믿음으로 살면 세상에서 손해 보는 것처럼 보이지만 사실은 그렇지 않습니다.

십자가를 통해 세상의 상식을 거부해야 합니다. 믿음에서 떨어지게 하는 속삭임을 거슬러야 합니다. 약한 것에 오히려 감사하십시오. 부족한 것에 감사하십시오. 우리 모두가 십자가를 통해 세상 지혜를 넘어설 수 있기를 바랍니다.

둘째, 십자가에는 사람을 변화시키는 능력이 있습니다. 십자가의 도가 멸망하는 자들에게는 미련한 것이나 구원받는 우리에게는 하나님의 능력입니다(18절). 오직 부르심 받은 자들에게는 능력인 것입니다(24절). 십자가는 우리를 변화시켰습니다. 비참한 죄인을 하나님의 자녀가 되게 했습니다. 인생을 변화시키는 능력, 이것이 바로 십자가의 능력입니다.

안타깝게도 한국 교회에는 십자가로 성공하려는 사람들이 종종 있습니다. 그래서 목회도 큰 목회, 교회도 큰 교회만을 추구합니다. 성도들도 마찬가지입니다. 기독교를 통해 성공을 얻으려 합니다. 그러나 십자가는 본질적으로 인간에게 물질적이고 외적인 성공을 가져다주는 능력이 아닙니다. 인간의 욕심을 채우는 도구가 아닙니다. 오히려 욕심을 가진 인간을 변화시키는 능력입니다.

그러므로 십자가를 믿는 성도들이 증명해야 하는 것도 이것입니다. 예수님을 믿어서 얼마나 잘살게 되었는지가 아니라, 자신이 얼마나 달라졌는지를 인격과 삶으로 증명해야 합니다. 예수님을 믿어도 여전히 환경은 어려울 수 있습니다. 그러나 그 속에서 달라진 모습을 보이시기 바랍니다. 더는 세상의 그 어떤 조건적인 것도 조종하지 못하는 존재가 된 것을 드러내야 합니다. 이 능력을 증명해야 합니다.

바울 사도는 예수님 안에서 배부름과 배고픔, 풍부와 궁핍에도 처할 줄 아는 일체의 비결을 배웠다고 말합니다(빌 4:12). 우리는 자신의 달라진 위상이나 환경이 아니라, 죄악 되고 욕심을 따라 살아갈 수밖에 없는 인간이 어떻게 주 안에서 변화되었는지를 보여 주어야 합니다. 이것이 우리가 책임지고 드러내야 할 진정한 십자가의 신앙입니다. 예수님을 믿고 우리의 인격은 얼마나, 어떻게 달라졌습니까? 우리 모두가 주님 안에서 달라진 신분을 삶으로 증명해 낼 수 있기를 바랍니다.

사순절 장년 설교 2

고난 속 번성

_출 1:8-22

오늘은 사순절 기간을 맞아 그리스도인의 고난에 대해 생각해 보고자 합니다. 사람들은 고난이 없는 상태를 복이라고 생각합니다. 심지어 번영신학자들은 복이 헌신에 대한 보상이라고 가르칩니다. 물론 그런 면도 있습니다. 그러나 그렇게만 보면 고난은 무엇입니까? 저주입니까? 헌신이 부족한 결과입니까? 본문은 고난에 대해 무엇이라고 말하는지 살펴봅시다.

첫째, 본문은 고난 속에서의 번성을 말하고 있습니다. 본문은 이스라엘 백성이 애굽에서 겪은 어려움을 소개합니다. 요셉을 알지 못하는 새 왕이 일어나 이스라엘 백성에게 심한 노역을 시킵니다(11절). 점점 그 수가 많아지고 강해지는 그들을 견제하기 위해서입니다. 그래도 이스라엘이 번성하자 산파들을 통해 그들 중에 새로 태어나는 아들을 모두 죽이려 합니다. 세상에서 교회가 성장하자 본격적인 세상의 방해가 시작된 것입니다. 그것도 점점 더 심해집니다. 믿음 생활을 하다 보면 어려움이 많이 생깁니다. 은혜를 받을수록 사탄의 방해도 만만치 않습니다.

그러나 이런 어려움에도 이스라엘은 번성해 나갑니다(12, 20절). 하나님의 섭리입니다. 세상은 교회의 번성을 막으려 하지만 그럴수록 교회는 더 번성함을 본문이 보여 주고 있는 것입니다. 애굽 왕은 최후의 수단으로 아들을 낳으면 모두 나일강에 던지게 했으나, 오히려 이를 통해 이스라엘을 구원할 지도자 모세가 애굽인의 손에서 길러집니다. 세상의 위협적인 조치가 이스라엘의 위대한 지도자 모세를 만들어 내는 결정타가 됩니다.

하나님께서는 본문을 통해 세상이 주는 시련과 고난이 교회와 성도가 받고 누릴 복을 막을 수 없음을 보여 주시는 것입니다. 어떤 어려움도 교회의 성장을 막을 수 없습니다. 이것이 성도의 자랑이고 힘입니다. 하나님께서 우리를 돌보시니 세상의 그 어떤 방해나 어려움도 우리를 하나님의 사랑에서 끊을 수 없는 것입니다(롬 8:39).

오히려 하나님께서는 세상이 괴롭힐수록 교회는 더욱 강해지고 성장한다는 것을 본문을 통해 보여 주십니다. 이것은 사실 기독교의 역사이기도 합니다. 기독교는 박해하면 할수록 더욱 성장해 세계로 퍼져 갔습니다. 진리가 갖는 힘입니다.

그러므로 성도는 고난을 두려워할 필요가 없습니다. 오히려 죄 많은 이 세상에서 의롭게 살려는 성도에게 고난은 필연적입니다. 고난은 결코 사라지지 않을 것입니다. 그러나 실망하고 낙심하지 마시기 바랍니다. 그럼에도 우리를 통해 이루실 하나님의 일은 위축되지 않습니다. 사라지지 않습니다. 오히려 더욱 성장하게 될 것입니다. 성도와 교회는 어떤 어려움이 있어도 반드시 이기고 번성할 것을 믿으시기 바랍니다.

둘째, 본문은 고난이 축복임을 가르쳐 주고 있습니다. 본문은 더 나아가 고난 자체가 복이라고 말합니다. 이스라엘 백성은 학대를 받을수록 더욱 번성했습니다(12절). 고난이 더해질수록 하나님의 섭리도 더욱 강해집니다. 본문은 하나님이 산파들에게 은혜를 베푸셔서 그 백성이 더욱 강해졌다고 말합니다(20절). 고난이 아니면 경험하지 못하는 하나님의 더 직접적인 섭리가 나타난 것입니다.

'고난' 하면 떠오르는 성경의 인물은 욥입니다. 욥은 인간이 겪을 수 있는 모든 고난을 한꺼번에 겪습니다. 자녀와 재물이 한순간에 사라지고, 병까지 걸립니다. 아내가 떠나고, 친구들도 자신을 이해해 주지 못합니다. 욥은 이 모든 고난을 경험하고 난 후 마지막에, 하나님을 귀로 듣기만 하다 이제는 눈으로 보았다고 고백합니다(욥 42:5). 고난이 없었다면 귀로 듣기만 하는 신앙으로 끝났을 텐데, 고난을 통해 하나님을 보게 되었다고 말합니다. 고난이 있기 전보다 더욱 강한 믿음을 갖게 된 것입니다.

성경은 고난이 복이라고 말합니다. 삶이 평탄할 때는 경험하지 못하는 하나님을 고난을 통해 만나기 때문입니다. 특별한 하나님의 은혜를 체험하기 때문입니다. 물론 인생이 평탄할 때도 하나님의 은혜는 있지만 그런 때는 경험하지 못하는 것을 고난 중에 경험합니다.

어떤 집사님이 병원에 입원하셔서 심방을 간 적이 있습니다. 그런데 이런 말씀을 하십니다. "늘 건강하게 사는 것을 당연하게 생각했는데, 이렇게 입원하고 보니 제가 얼마나 보잘것없는 육신을 가진 인간인지 깨닫게 됩니다." 그렇습니다. 병원에 입원해 봐야 건강할 때는 알지 못하던 것을 깨닫습니다. 자신이 얼마나 연약한 존재이며, 누구의 도움으로 살아 왔는지 깨닫게 됩니다. 하나님의 은혜를 경험하는 것입니다. 고난은 진정한 신앙을 만듭니다. 그래서 고난은 복입니다. 고난을 통해 삶이 평탄할 때는 알지 못했던 하나님의 섭리를 경험합니다. 우리 모두가 이러한 고난의 깊은 의미를 깨달아, 어떤 어려운 상황에서도 좌절하지 않고 믿음으로 승리하길 소망합니다.

사순절 청년 설교

우리를 위해 우리의 자리에

_마 4:1-3

그리스도인들은 특정한 기간만이 아니라 시시로 우리의 구주이신 예수 그리스도를 기억하며 마음을 그분께로 향하게 해야 합니다. 그저 머릿속에 무질서하게 떠오르는 하나님에 대한 이미지를 막연하게 붙드는 것이 아니라, 그분에 대해 구체적으로 증언하는 성경에 기초한 참된 신앙을 가져야 합니다. 우리의 신앙은 또한 이 계시의 말씀을 겸손히 배우고 묵상하면서 더욱 깊어지고 넓어지며 장성한 분량까지 자라가야 합니다.

본문은 예수님께서 성령에 이끌려 광야로 가셔서 40일간 밤낮으로 금식하며 주리셨을 때 받으신 시험에 대해 말해 주고 있습니다. 여기서 우리는 대개 '광야에서의 40일간의 금식'에 초점을 맞추게 됩니다. 그러나 이로 인해 많은 사람이 이 말씀을 잘못 이해하고 적용하는 어리석음에 빠집니다. 우리는 여기서 '광야' '40일' '금식' 같은 배경 이전에, 그 가운데 계신 '예수님'께 주목해야 합니다. 이 본문을 통해 우리는 무엇보다 예수님과 그분이 우리에게 베푸신 은혜에 대해 배워야 합니다.

본문은 무언가를 간절히 원할 때는 하나님께 이렇게 기도해야 한다는 모범을 제시하기 위해 기록된 말씀이 아닙니다. 예수님께서는 응답받는 기도의 본을 보이시고자 40주야를 금식하며 주리신 것이 아닙니다. 그렇다면 예수님은 왜 광야로 가셔서 40일간이나 금식하셨을까요?

그것은 다름 아닌 시험을 받기 위해서였습니다. 본문은 예수님께서 성령에게 이끌려 마귀에게 시험을 받으러 광야로 가셨다고 말합니다(1절). 그리고 뒤따르는 구절에서 이 마귀는 '시험하는 자'로 묘사됩니다(3절). 성령께서 예수님을 이끌어 시험하는 자, 마귀에게로 가게 하신 것입니다. 물론 그렇다고 예수님께서 수동적으로 끌려가신 것은 아닙니다. 예수님께서는 아버지의 뜻과 성령의 이끄심을 알고 친히 그 길로 행하신 것입니다.

사실 이것은 결코 일반적인 상황이 아닙니다. 예수님은 하나님에게서 어떤 응답이나 도움을 얻어 내려고 거친 땅으로 가 배고픔을 자처하신 것이 아닙니다. 오히려 예수님께서 자처하신 그 자리는 마귀에게 시험을 당하는 자리였습니다. 이 시험은 결코 가볍게 볼 것이 아닙니다. 마귀의 시험은 곧 죄로의 유혹이요, 그 유혹에 굴복한 결과는 사망이기 때문입니다. 주님께서는 사망이라는 낭떠러지가 코앞에 있는 시험의 벼랑에 홀로 서신 것입니다. 이것이 성경이 예수님에 대해, 특히 그분의 고난에 대해 증언하는 바입니다.

여기서 우리는 주님이 당하신 이러한 고난의 이유를 되물어야 합니다. 주님이 시험의 자리에 서신 것은, 본문 바로 앞에 기록된 주님께서 요한에게 세례를 받으신 사건(마 3:13-17)과 긴밀히 연결되어 있습니다. 이때 요한이 베푼 세례는 이른바 '회개의 세례'입니다(막 1:4; 눅 3:3). 다시 말해, 자기 죄를 회개해야 할 자들과 회개하는 자들에게 베푸는 세례라는 것입니다. 그런데 죄가 없으시기에 회개할 것도 없으신 예수님께서 그 세례를 받으러 가셨습니다. 이에 요한은 어쩔 줄 몰라 했지만, 예수님은 그것이 '모든 의를 이루기 위한 일'이라고 말씀하시며 기어이 요한이 베푸는 세례를 받으셨습니다. 예수님께서는 이처럼 의지적으로 죄 사함이 필요한 죄인의 자리에 서셨습니다. 한마디로 예수님은 우리의 자리에 서신 것입니다. 시험의 자리도 마찬가지입니다. 그 자리는 바로 우리가 실패했던 곳입니다.

우리는 예수님께서 우리를 대신해 시험의 자리와 죄인의 자리에 서신 결과를 잘 알고 있습니다. 예수님께서는 거기서 시험을 이기시고, 죗값을 대신 다 치르셨습니다. 그러나 우리는 그 전에 우리의 자리, 곧 죄 있는 사람의 자리로까지 자신을 낮추신 예수님의 겸손과 인내에 주목해 보아야 합니다. 예수님은 영원하신 하나님의 본체십니다. 하지만 '모든 의'를 이루기 위해 온갖 수치스러움을 당하시고 참아 내셨습니다. 그분은 하나님의 자리가 아니라 우리와 같은 사람의 자리에서 시험하는 자로부터 '네가 만일 하나님의 아들이거든 돌들로 떡덩이가 되게 해보라'는 능욕을 당하셨습니다(3절). 그러나 주님은 끝까지 사람의 자리를 지키며 그 시험하는 말들을 듣고 이겨 내셨습니다. 사람을 향한 율법의 요구대로 끝까지 하나님을 경외함으로 죄에 넘어지지 않으셨습니다. 이로써 인간이 실패한 그 시험을 친히 이기시고 자신의 형제라 부르시는 이들의 구원의 근원이 되어 주신 것입니다(히 2:11).

예수님께서 당하신 이 고난을 깊이 생각하십시오. 그것은 우리를 위해 승리하시고 모든 의를 이루시기 위한 길이었습니다. 광야에서의 40일만이 아니라 예수님의 전 생애가 우리를 위한 고난이요, 시험에 실패해 사망에 떨어진 인생들을 위한 겸손과 인내와 순종의 연속이었습니다. 우리 모두가 성경이 증언하는 이러한 사실을 진실로 믿고 그 믿음에 거하기를 바랍니다. 그리고 우리를 구속하신 그 은혜를 힘입어, 우리 또한 일평생 주님이 이루신 그 승리에 따른 겸손과 인내와 순종을 배우고 닮아가기를 진실로 소망합니다.

사순절 중고등부 설교

싸움에서 이기는 법: 각오와 직면

_마 4:1-11

'사순절'은 기독교에서 그리스도의 수난을 기념하는 교회력 절기로 초대교회 때부터 지켜 오는 것입니다. 여기서 '사순'이라는 것은 '40'을 의미하며, 사순절은 부활주일 전 40일부터 그리스도의 수난을 기억하며 경건하게 보내는 기간을 말합니다. 사순절은 항상 수요일부터 시작하는데, 부활주일 전 40일에서 주일은 제외하기 때문입니다. 사순절이 시작되는 첫 수요일을 '재의 수요일'이라고 부르는 것은, 기독교 초기에 재를 머리에 얹거나 이마에 바름으로 죄를 통찰하는 의식으로 사순절을 시작한 데서 유래했습니다.

오늘 본문은 예수님께서 본격적으로 공적 생애를 시작하기 전 광야에서 마귀에게 시험을 받으시는 장면입니다. 예수님께서는 마귀에게 세 가지 시험을 받으셨는데 당시 예수님의 상황은 매우 좋지 않았습니다. 먼저, 시험 받는 장소가 광야였습니다. 광야는 주변에 도움을 얻을 만한 사람이 아무도 없는 곳입니다. (한번 상상해 보세요. 산에서 홀로 길을 잃었는데 날은 점점 어두워지고, 휴대전화는 터지지 않는 데다 배터리도 얼마 남지 않았다면 심정이 어떻겠습니까?) 게다가 예수님은 40일 동안 아무것도 먹지 않으셔서 배가 몹시 고픈 상태였습니다(1-2절). 우리는 하루나 이틀만 밥을 먹지 못해도 죽을 것 같은데 예수님께서는 40일 동안 아무것도 드시지 못했으니 분명히 몸 상태가 취약했을 것이고, 아무 도움도 기대할 수 없는 광야에 홀로 있었기에 심리적으로도 크게 위축되셨을 것입니다.

범죄 영화를 보면 종종 주인공이 폭력 조직의 두목을 상대하기 위해 위험을 무릅쓰고 적의 소굴로 찾아갑니다. 보통 주인공과 폭력 조직의 두목 둘만 비교하면 주인공이 싸움에서 이길 것처럼 보입니다. 그러나 대개 주인공은 최상의 조건에서 두목과 싸울 수 없습니다. 먼저 그 부하들을 처리해야 하기 때문에 체력적으로 지치기도 하고, 예상치 못한 부상을 당하기도 하며, 심지어는 치명적인 상처를 입기도 합니다. 지칠 대로 지친 몸으로 더는 싸움을 할 수 없는 상태에서 주인공은 두목과 맞닥뜨리게 됩니다. 예수님도 다르지 않았습니다. 광야에서 40일을 금식하신 최악의 조건에서 마귀와 맞닥뜨리신 것입니다. 대부분의 범죄 영화가 결국 주인공이 잔인하고 비열한 두목을 이기는 것으로 끝나듯, 예수님도 세 차례에 걸친 마귀의 시험을 능히 이겨 내십니다. 결국 마귀는 예수님을 떠나고 천사들이 나아와 수종드는 것으로 예수님의 시험 이야기는 끝이 납니다(11절).

범죄 영화의 예를 좀 더 들자면, 주인공은 대부분 자신에게 매우 불리하고 위험한 상황을 충분히 예측하면서도 적의 소굴로 들어갑니다. 그 목적도 자신이 사랑하는 사람이나 가족, 혹은 대의를 위해서지 결코 자신의 안위를 위해서가 아닙니다. 그렇기 때문에 우리는 이 싸움의 결말이 어떻게 될지 알지 못하는 상황에서도 주인공의 자기희생적 도전과 용기를 응원하고 존경하게 되는 것입니다. 이와 같은 관점에서 본다면 오늘 본문의 예수님의 행동도 의로운 주인공과 같습니다. 예수님은 자신의 유익과 편안함을 위해서는 굳이 그렇게 하실 필요가 없음에도 광야로 나가 스스로 고립되기를 마다하지 않으셨으며, 40일 동안 금식하심으로 자신의 몸이 무력해지는 것을 받아들이셨습니다. 왜 예수님께서는 스스로 고립되고 무력해지기를 마다하지 않으셨습니까? 왜 예수님께서는 고난의 길을 회피하지 않고 십자가의 길을 가셨습니까? 다른 이유가 없습니다. 모두 사랑하는 사람들을 마귀로부터 구원하고, 마귀로 인해 무질서해진 이 땅에 하나님나라의 질서가 도래하게 하려는 대의를 이루시기 위함이었습니다.

예수님께서는 죄와 싸워 이기기 위해 죄의 소굴로 들어가기를 마다하지 않으셨고, 우리를 구원하기 위해 배고픔과 고립을 두려워하지 않으셨습니다. 그렇다면 예수님의 수난을 기념하는 사순절을 우리가 어떻게 보내야겠습니까? 히브리서 기자는 이렇게 도전하고 있습니다. "그런즉 우리도 그의 치욕을 짊어지고 영문 밖으로 그에게 나아가자"(13:13). 사순절을 보내면서 우리 모두가 예수님이 당하신 치욕을 기억하며 예수님을 위한 고난에 동참할 수 있기를 바랍니다.

종려주일 장년 설교 1

왕의 입성

_마 21:1-11

오늘은 종려주일입니다. 종려주일은 부활주일 바로 전 주일로 예수님께서 예루살렘에 입성하실 때 사람들이 종려나무 가지를 흔들며 환영한 것에서 유래했습니다(요 12:13). 즉, 십자가를 통한 구원을 위해 예수님께서 예루살렘에 입성하신 것을 기념하는 주일입니다. 오늘 본문이 바로 그 내용입니다. 종려주일을 맞아 예수님의 예루살렘 입성에 담긴 영적인 교훈을 나누고자 합니다.

첫째, 예수님은 겸손한 모습으로 입성하셨습니다(5절). 예수님은 겸손하셔서 어린 나귀 새끼를 타셨습니다. 이는 스가랴서에 예언된 것이기도 합니다. 당시 나귀는 군사용이 아니라 일반인들의 행보용으로 이용되었습니다. 즉, 예수님은 예루살렘에 입성하시면서 새끼 나귀를 타심으로 영광을 취하는 것이 아닌 겸손한 모습을 보여 주신 것입니다. 이는 예수님이 왕처럼 군림하는 것이 아니라 인류를 섬기기 위해 오셨음을 의미합니다. 이제 곧 예수님이 행하시려는 일의 본질을 암시하는 행동으로 이해할 수 있는 것입니다.

구약의 선지자들이 행동으로도 예언한 것처럼(렘 27:1-11), 예수님이 나귀를 타신 행위에는 의미가 있습니다. 왕이요 메시아로서 오셨지만, 당시 유대인들의 메시아관과 달리 영광을 취하기 위해서가 아니라 겸손히 죄인들을 섬기고 자신을 대속물로 주려 입성하시는 것임을 보여 주시는 것입니다(마 20:28). 이것은 기독교의 본질이기도 합니다.

그러나 사람들은 열광합니다. 10절의 '소동하여'라는 말은 헬라어로 지진이 난 듯 요란하다는 뜻입니다. 제자들과 사람들은 예수님의 입성에 열광합니다. 예수님을 통해 얻을 영광을 기대했기 때문입니다. 이 사건 바로 직전에 제자들은 예수님의 좌우편의 자리를 두고 서로 다투었습니다(마 20:20-24). 지금 이들이 이토록 열광적인 이유는 '영광' 때문입니다.

그러나 기독교의 본질은 영광과 성공이 아닙니다. 이 세상에서 잘되는 것이 목적이 아닙니다. 섬김과 구원과 희생이 본질입니다. 세상의 기대와는 전혀 다른 것입니다. 사람들은 힘을 갖고 군림하려 합니다. 그러나 예수님은 섬기며 살라고 하십니다. 복 받으려고 예수님을 믿는 사람도 너무 많습니다. 믿음으로 성공을 얻으려 합니다. 예수님이 가르치신 기독교는 그런 것이 아닙니다. 요즘 기독교가 세상의 질타를 받는 것은 신앙으로 영광을 취하려 하기 때문입니다. 이것이 바로 기독교의 세속화입니다.

오늘날에도 이 땅에서 자신의 목적을 이루기 위해 예수님을 열광적으로 찾고 왕으로 모시려는 사람이 적지 않습니다. 그러나 예수님은 그것을 거절하십니다. 그리고 그들의 세상적인 기대에 자신의 겸손함과 초라함을 보이심으로 기독교의 본질을 드러내십니다. 진정한 기독교는 육신의 영광이 아니라 육신과 영혼의 구원을 추구합니다. 그러므로 교회와 성도는 세상적인 영광을 취하려 하지 말고, 서로를 섬기고 영혼을 구원하는 일에 매진해야 합니다.

둘째, 예수님은 예루살렘 입성을 통해 말씀을 이루셨고(4절), 사람들의 온전치 않은 충성도 받으셨습니다(7-9절). 예수님은 나귀 새끼를 타고 예루살렘에 입성하셨습니다. 이 모습은 즉흥적으로 만든 것이 아닙니다. 다분히 의도적인 것으로, 이로써 스가랴 9장 9절의 예언을 그대로 이루셨습니다.

예수님은 처음부터 끝까지 예언을 이루는 삶을 사셨습니다. 하나님과 동등한 분이셨지만 예언과 말씀의 테두리 안에서 사신 것입니다(고전 15:3-4). 오늘 본문도 이것을 보여 줍니다. 예수님의 생애는 철저히 성경의 말씀을 이루시는 생애였습니다. 우리도 주님을 따라 말씀을 이루며 살아야 합니다.

한편 제자들과 무리는 자신들의 겉옷을 나귀 위에 얹고 길에 깔았습니다. 왕의 행렬에 대한 경의의 표시입니다. 이러한 행동은 왕의 권위에 복종하겠다는 일종의 충성 서약과도 같습니다. 그러나 얼마 지나지 않아 그들은 예수님의 행동이 자신들의 생각과 일치하지 않자 십자가에 못 박고 맙니다. 모든 것이 자신들의 뜻에 따른 행동이었을 뿐 진정한 충성이 아니었던 것입니다.

예수님은 이 모든 것을 이미 다 알고 계셨지만 그 위선적인 행동을 멈추라고 하지 않으셨습니다. 온전한 충성이 아니니 그만두라고 하지 않으셨습니다. 누가복음 19장 36-40절에 의하면, 바리새인들이 제자들과 무리의 소란을 문제 삼자 오히려 이들을 두둔하십니다. 연약한 행동이요 고백이었지만 예수님은 이러한 충성도 받으신 것입니다.

예수님은 그 순간의 사람들의 일시적인 진심이나마 기꺼이 받으셨습니다. 나중에 배신당할지언정 그때는 그대로 받으셨습니다. 몰라서 그러신 것이 아닙니다. 다 아시면서도 받아 주신 것입니다. 이것이 사랑입니다. 이런 사랑이 사람을 살리는 것입니다. 부족한 것을 받아 주시니 다음에 더 잘하게 되는 것입니다.

예수님께서 예루살렘 입성을 통해 보여 주신 대로, 기독교의 본질은 성공과 영광이 아니라 섬김과 희생과 구원임을 기억합시다. 그리고 예수님처럼 삶으로 하나님의 말씀을 이루며, 다른 사람의 연약함을 받아 주는 성도가 되길 바랍니다.

종려주일 장년 설교 2

왕을 맞이할 준비가 되었습니까

_막 11:1-10

　오늘은 종려주일입니다. 종려주일은 예수님께서 십자가의 죽으심을 위해 예루살렘으로 입성하신 날을 기념하는 절기입니다. 당시 사람들은 자신의 겉옷이나 나뭇가지를 길에 펴면서 예수님을 맞이했습니다(8절). 예수님을 로마의 압제에서 자신들을 구원해 주실 왕으로 믿고 환대한 것입니다. 또 그들은 종려나무 가지를 손에 들고 흔들며 "주의 이름으로 오시는 이여"(9절) "우리 조상 다윗의 나라여 가장 높은 곳에서 호산나"(10절) 하고 외치며 예수님을 소리 높여 찬양했습니다. 그런 면에서 종려주일은 기쁨과 축제의 날이라 할 수 있습니다.

　그러나 예수님은 이날에 '나귀 새끼'를 타고 입성하십니다. 큰 나귀를 탈 수 있었음에도 굳이 어린 나귀를 타신 것입니다. 이는 앞으로 한 주 동안 예수님 앞에 어떤 날이 펼쳐질지를 미리 보여 주는 것과 같습니다. 즉, 예수님의 예루살렘 입성이 승리한 왕이 누리는 형식은 갖추고 있지만, 그 승리의 방식은 우리가 기대하는 것과 전혀 다르다는 것입니다.

우리는 왕으로 입성하시는 예수님의 영광을 보면서도 그분의 이 겸손하심을 놓치지 말아야 합니다.

성경은 예수님의 탄생을 다루면서도 예수님이 이 땅에 '왕'으로 오셨음을 강조합니다. 마태복음 1장 1절은 예수님을 '다윗의 자손'으로 설명하고 있는데, 이는 예수님이 다윗 왕의 혈통을 따라 오신 분으로서 하나님께서 약속하신 왕이심을 강조하고 있는 것입니다. 또 예수님의 생애를 통해서도 예수님이 왕이심을 보여 주고 있습니다. 세상의 모든 것이 예수님 앞에 굴복합니다. 동방의 박사가 예수님을 경배하고, 천사가 수종을 듭니다. 예수님의 말씀에 파도가 잠잠해지고, 병들고 귀신에 매인 자들이 예수님의 능력으로 치유와 자유를 누리게 됩니다. 심지어 죽은 자도 죽음에서 해방을 얻습니다. 예수님은 배고픈 사람들에게 오병이어의 기적으로 양식을 공급하시고, 무지한 사람들을 깨우쳐 진리의 지식에 이르게 하는 분이었습니다. 하나님께서 모든 피조 세계의 왕이시듯, 예수님은 구속 받을 모든 피조물의 왕이신 것입니다. 그리고 그 왕이 우리를 구원하기 위해 이 땅에 오신 것입니다. 우리도 오늘 본문의 이스라엘 백성처럼 예수님을 기쁨으로 맞이할 수 있기를 바랍니다. 우리가 표현할 수 있는 최고의 것으로 예수님을 맞이합시다. 입술로 찬양을 드릴 수도 있고, 가진 것을 예수님께 드릴 수도 있을 것입니다. 무엇으로든 기쁘게 예수님을 맞이합시다.

예수님은 2천 년 전 하늘로 올라가시면서 다시 오겠다고 약속하셨습니다. 그때는 정말 승리의 왕으로, 심판의 주로 오신다고 말씀하셨습니다. 그렇다면 우리는 왕으로 다시 오실 예수님을 맞이하기 위해 무엇을 준비해야 합니까? 마태복음 24장 45-51절의 말씀처럼 우리가 준비할 것은 예수님께서 우리에게 맡기신 일을 충성되고 지혜롭게 감당하는 것입니다. 우리에게 맡기신 일이 무엇입니까? 하나님을 사랑하고, 이웃을 자신의 몸처럼 사랑하는 것으로 요약할 수 있을 것입니다(마 22:34-40). 즉, 하나님을 사랑하기 때문에 하나님께서 사랑하시는 것들을 우리도 사랑하는 것입니다. 우리가 왜 이웃을 사랑해야 합니까? 하나님의 형상을 입었기 때문입니다. 왜 원수를 사랑해야 합니까? 예수님께서 그 원수를 위해서도 십자가에서 돌아가셨기 때문입니다. 왜 가난한 자와 약자를 돌봐야 합니까? 하나님께서 그들을 소중히 여기시고 특별한 관심으로 돌보고 계시기 때문입니다. 이렇게 사랑을 실천하는 것이 바로 왕으로 오실 예수님을 맞이하는 가장 확실한 준비인 것입니다.

예수님의 예루살렘 입성은 2천 년 전의 일이지만, 예수님의 재림은 곧 이루어질 현재적 약속입니다. 이 사실을 기억하고 왕으로 다시 오실 예수님을 맞이하기 위해 오늘도 충성되고 지혜롭게 우리에게 맡겨진 바를 잘 감당하길 소망합니다.

종려주일 청년 설교

겸손의 왕을 향해 '가장 높은 곳에서 호산나'

_마 21:9

오늘은 예수님의 예루살렘 입성과 관련해 매우 역설적인 장면을 기록한 본문 말씀을 통해, 이 종려주일에 우리에게 주시는 하나님의 음성을 듣고자 합니다.

마태복음 21장에서 예수님은 예루살렘으로 들어가십니다. 그러면서 많은 사람의 환영과 환호를 받으셨습니다. 수많은 무리가 나귀를 타신 예수님을 앞서거니 뒤서거니 하며 따랐습니다. 또 그들은 종려나무 가지를 손에 들고 흔들며 "호산나! 다윗의 자손이여! 찬송하리로다! 주의 이름으로 오시는 이여! 가장 높은 곳에서 호산나!" 하고 소리 높여 외쳤습니다. 예수님께서 다윗의 자손으로서 자신들에게 가져다줄 구원을 기대하며 기뻐했던 것입니다.

하지만 그들은 예수님께서 어떻게 구원을 가져다주시는지에 대해서는 철저히 무지했습니다. 그렇지 않았다면 예루살렘에 들어오시는 예수님을 향해 그처럼 환호하지는 못했을 것입니다. 예수님이 예루살렘으로 들어오신 것은 많은 백성이 오랫동안 기다려 온 구원을 위한 것이었지만, 한편으론 죽음을 맞기 위한 것이기도 했습니다. 예수님께서는 베드로의 고백(마 16:16)을 통해 자신이 그리스도인 것을 제자들에게 알리신 후, 그리스도로서의 직무를 위해 예루살렘으로 올라가야 할 것을 말씀하셨습니다. 마태는 이에 대해 다음과 같이 기록합니다. "이때로부터 예수 그리스도께서 자기가 예루살렘에 올라가 장로들과 대제사장들과 서기관들에게 많은 고난을 받고 죽임을 당하고 제삼일에 살아나야 할 것을 제자들에게 비로소 나타내시니"(16:21).

예루살렘으로 들어오시는 예수님을 따랐던 그 무리는 미처 몰랐겠지만, 사실상 그들은 죽으러 오신 예수님을 기쁨으로 맞으며 환호한 것입니다. 어쩌면 그들의 눈에는 나귀를 탄 승리자의 겸손함이 매력적으로 보였을지도 모릅니다. 그러나 그 겸손함이 자기 영혼을 버려 사망에 이르게 하며, 범죄자 중 하나로 헤아림 받는(사 53:12) 자리까지 자신을 낮추는 것일 줄은 상상도 하지 못했습니다. 또 그들은 곧 그 거룩하고 의로운 이를 거부하고 도리어 살인한 사람을 놓아 주기를 구해 생명의 주를 죽일 만큼(행 3:14-15) 자신들과 예루살렘에 가득한 죄악에 대해서도 인식하지 못했습니다.

요컨대 그들은 메시아로 인해 얻을 승리와 구원을 기뻐하긴 했지만, 그것이 무엇에 대한 승리이며, 무엇으로부터의 구원인지에 대해서는 알지도 못한 채 환호한 것입니다. 예수님께서 예루살렘으로 오신 것은 죽으시고 부활하시기 위함이요, 그 죽음과 부활은 하나님이 사랑하시는 시온의 딸을 압제하는 죄와 사망을 이기시고, 그로부터 자기 백성을 건지시기 위함이었습니다. 그러나 그들은 그 큰 구원을 이해하지 못하고 그저 자신들의 얄팍한 기대와 흥분된 마음을 따라 목소리를 높일 뿐이었습니다.

그런데 여기서 주목할 것은, 예수님께서 자신들의 죄악이나 예수님이 이루실 구원에 대해 무지했던 그들의 외침과 찬양을 금하지 않으시고, 오히려 그들과 어울려 예루살렘으로 들어가셨다는 것입니다. 그들의 무지함을 꾸짖거나 변덕스러운 마음을 혐오하지도 않으셨습니다. 나귀를 타신 예수님은 무지하고 어리석은 그들 틈에서 잠잠하셨습니다. 이는 예수님의 온유하심을 보여 줍니다. 이 온유함은, 빌라도의 "네가 유대인의 왕이냐?" 하는 경멸 어린 말에 "네 말이 옳도다"(마 27:11) 하시며 잠잠하신 것과, 총독의 군병들에게 희롱당하며 끌려가실 때(마 27:27-31)나 십자가에서 주변 사람들에게 조롱과 욕을 당하실 때(마 27:38-44) 입을 열지 않으신 것에서도 엿볼 수 있습니다. 이사야 선지자는 이런 예수님의 온유함에 대해 다음과 같이 예언했습니다. "그가 곤욕을 당하여 괴로울 때에도 그의 입을 열지 아니하였음이여 마치 도수장으로 끌려가는 어린 양과 털 깎는 자 앞에서 잠잠한 양같이 그의 입을 열지 아니하였도다"(53:7).

더욱 놀라운 것은 겸손하고 온유하신 예수님께서, 무엇을 구해야 하는지도 바르게 알지 못하고 소리치던 그 "어린 아기와 젖먹이들의 입에서 나오는 찬미를 온전하게"(마 21:16) 하셨다는 것입니다. 예수님께서는 스스로를 구원할 힘과 지혜, 생명에 관하여는 아무 소망이 없던 죄인들에게 오셔서 친히 그들의 지혜와 의로움과 거룩함과 구원함이 되셨습니다!(고전 1:30) 찬송할 자격이 없는 자들의 자격이 되어 그러한 찬송을 영원히 부를 수 있게 하신 것입니다.

오늘 종려주일을 맞아, 영광스러운 구원을 위한 예루살렘 입성 길에서 드러난 백성들의 어리석음과 무지함에까지 빛을 비추시고 마침내 그들의 부족한 찬양마저 온전하게 하신 예수님을 기억합시다. 그리고 여전히 무지와 죄악에 머무르려는 우리의 악한 본성에서 돌이켜, 그분을 아는 지식에서 자라가며, 그리스도만이 우리의 구원이시요 찬송의 이유이심을 고백하는 자가 됩시다.

종려주일 중고등부 설교

인스타 '좋아요': 흔들리지 않는 정체성

_마 21:1-11

오늘은 종려주일로, 예수님께서 대속의 죽음을 위해 예루살렘에 입성하신 날을 기념하는 절기입니다(마 21:1-11; 막 11:1-11; 눅 19:28-40; 요 12:12-19). 예수님께서 나귀를 타시고 예루살렘에 입성하셨을 때 많은 사람이 자신의 겉옷을 길에 펴고 종려나무 가지를 흔들며 환영했기에 '종려주일'이라고 합니다. 성경에서 종려나무는 의와 아름다움, 승리 등을 상징합니다.

오늘 본문은 예수님의 예루살렘 입성 장면을 보여 줍니다. 이 장면은 두 부분으로 나눌 수 있는데, 하나는 예수님께서 예루살렘으로 들어오실 때 어린 나귀를 타고 오시는 장면입니다. 예수님은 말이나 큰 나귀가 아닌 나귀 새끼를 타고 입성하셨는데, 이는 구약 시대 이사야 선지자의 예언을 성취하시기 위함이었습니다(5절). 즉, 이사야 선지자는 이스라엘을 구원해 주실 분은 겸손하셔서 세상의 왕처럼 큰 말이나 화려한 마차를 타고 오시는 것이 아니라 작은 자처럼 오신다고 예언했습니다. 이 예언을 성취하기 위해 예수님께서 어린 나귀를 타고 예루살렘에 들어오시는 것입니다.

다른 한 부분은 이스라엘 백성이 예수님을 환영하는 장면입니다. 이들은 예수님께서 예루살렘에 오신다는 소식을 듣고 크게 기대했습니다. 구약의 선지자들이 예언한 이스라엘의 구원자가 바로 예수님이라고 생각했기 때문입니다. 이들은 당장이라도 예수님께서 '유대인의 왕'이 되어 로마의 압제에서 자신들을 구원해 주시기를 바랐기 때문에, 종려나무 가지를 흔들고 겉옷을 길에 펴면서 예수님의 입성을 환대했던 것입니다. 재밌게도 두 장면은 서로 교묘하게 대조를 이루고 있습니다. 두 장면 모두 예수님을 이스라엘의 구원자로 드러내고 있지만, 예수님 자신은 겸손한 왕으로 자신을 낮추신 반면, 예수님을 맞이하는 사람들은 예수님께서 당장이라도 로마의 세력을 몰아내 주실 것같이 그분을 높이고 있는 것입니다.

종려주일을 생각하면 마음 한 구석이 씁쓸해집니다. 모두 잘 알고 있듯, 예수님의 예루살렘 입성을 이토록 환영했던 사람들 중 다수가 몇 날이 못 되어 예수님을 십자가에 못 박으라고 소리쳤기 때문입니다. 대중의 기대와 환대라는 것이 얼마나 허무한지 오늘 본문은 잘 보여 주고 있습니다. 예수님은 사람들이 어떤 태도로 자신을 맞을지 이미 알고 계셨던 것 같습니다. 그러나 예수님은 사람들의 평가나 일시적인 인기를 의지하지 않으셨습니다. 그들을 더 열광하게 만들 어떤 특별한 장치를 활용하거나, 그것으로 자신의 존재감을 드러내려 하지 않으셨습니다. 예수님은 그저 어린 나귀를 타고 입성하셨는데, 이는 자신의 영광을 위해서가 아니라 선지자의 예언을 따라 하나님의 뜻을 온전히 이루기 위함이라는 자기 정체성이 확고했기 때문입니다.

많은 사람이 페이스북이나 인스타그램 등을 통해 자신이 얼마나 잘 먹고, 잘 입고, 잘 놀고, 잘 지내는지 보여 줌으로 사람들의 환호를 받고 싶어 하는 듯합니다. 이들은 얼마나 짧은 시간에, 얼마나 많은 사람이 '좋아요'를 누르는지에 관심이 많습니다. 그래서 사람들이 '좋아요'를 많이 눌러 줄 만한 사진이나 콘텐츠를 만드는 데 공을 들입니다. 그런 모습을 보면, 사람들이 눌러 주는 '좋아요'를 통해 자신의 가치를 확인하는 것은 아닌가 하는 생각이 들기도 합니다. 그런데 페이스북이나 인스타그램의 '좋아요' 숫자를 통해 자신을 평가하는 것이 정말 정당할까요?

요한복음 2장 24-25절에 의하면, 예수님께서는 사람들에게 인기가 많으셨음에도 그것을 의지하지 않으셨습니다. "예수는 그의 몸을 그들에게 의탁하지 아니하셨으니 이는 친히 모든 사람을 아심이요 또 사람에 대하여 누구의 증언도 받으실 필요가 없었으니 이는 그가 친히 사람의 속에 있는 것을 아셨음이니라."

지혜롭고 현명한 삶이 무엇입니까? 주변 사람들의 평가에 쉽게 흔들리지 않는 삶입니다. 스스로 하나님의 형상을 따라 존귀하게 지음 받은 존재요, 하나님의 사랑받는 자녀라는 확신을 가지고 그에 어울리게 겸손히 자신의 길을 걸어가는 것입니다. 그러다 보면 어느 순간 자신에게서 예수님의 모습을 발견하게 됩니다. 우리 모두가 그렇게 예수님을 닮아가길 소망합니다.

고난주간 장년 설교 1

고난이 남긴 것

_행 17:1-9

　　인생은 어떤 식으로든 고난을 피해 갈 수 없습니다. 인간이 고난에서 완전히 자유로워지는 것은 불가능합니다. 그렇다면 이 고난을 제대로 이해하고 대응하는 것이 필요합니다. 오늘은 고난주간을 맞아 이 고난에 관해 본문이 우리에게 주는 교훈을 살펴보고자 합니다.

　　첫째, 고난은 인생에 귀중한 열매를 남깁니다. 바울은 2차 전도여행 때 빌립보를 지나 마게도냐(그리스반도 북쪽)의 수도 데살로니가에 도착합니다. 그리고 유대인의 회당에서 3주간 복음을 전한 결과, 많은 사람이 받아들입니다(4절). 그러나 유대인들의 반대도 심했습니다(5절).
　　데살로니가전서 2장 2절에서 바울은 자신이 '많은 싸움' 중에 복음을 전했다고 말합니다. 여기서 '싸움'에 해당하는 헬라어는 당시 투기장에서 검투사들이 목숨을 걸고 하던 싸움에 사용하던 단어로, 이는 바울이 겪은 반대가 얼마나 심했을지 짐작하게 해줍니다. 이미 빌립보에서는 매 맞고 투옥되기도 했는데, 이제 데살로니가에서는 유대인들의 심한 반대까지 겪으며 복음을 전했던 것입니다.

그러나 그 결과, 많은 열매가 있었습니다(4절). 그렇습니다. 어떤 고난도 하나님이 도우시는 사역의 열매를 막을 수는 없습니다. 오히려 하나님은 바울 일행이 심한 어려움을 연이어 당하고 있었기에, 3주라는 짧은 시간에 많은 열매를 얻게 하심으로 그들을 격려하셨습니다.

어려움을 안고 하나님의 일을 한다는 것이 얼마나 힘듭니까? 평온해도 어려운데 힘든 상황에서는 더 말할 것도 없습니다. 그러나 이런 상황을 겪을 때 본문의 말씀을 기억해야 합니다. 바울은 어려움 중에서도 하나님의 일을 감당했기에 데살로니가 교회가 탄생했다고 말하고 있습니다. 그는 이 데살로니가 교회를 무척 자랑스러워했습니다(살전 1:7; 살후 1:4).

그러므로 삶에 어려움이 생겼다고 좌절하면 안 됩니다. 하나님의 큰 역사에는 방해도 큰 법입니다. 그러므로 오히려 어려움이 있을 때 이렇게 생각해야 합니다. '내 인생에서 얼마나 의미 있는 열매를 거두게 하시려고 이런 일을 허락하실까?' 정말 귀한 것은 어렵게 얻는 법입니다.

데살로니가 교회나 빌립보 교회처럼 훌륭한 교회는 모두 이런 어려움 속에서 탄생했습니다. 고난이 바울에게 남긴 것은 인생에 이정표가 될 귀중한 열매들이었습니다. 우리 역시 지금 당하는 어려움이 우리 인생에서 지금까지 경험하지 못한 가장 귀한 열매를 남기게 될지도 모르는 것입니다.

인도의 시성 타고르는 나라를 빼앗기고 슬픔으로 괴로운 나날을 보냈다고 합니다. 국가적 고난의 상황에서 설상가상으로 아버지와 사랑하는 아내, 아들마저 잇따라 세상을 떠납니다. 그는 이러한 고통에서 벗어나기 위해 기도와 명상을 하면서 시 쓰는 일에 몰두했습니다. 이 일련의 고난은 훗날 그에게 노벨상을 안겨 준 시집 『기탄잘리』의 밑거름이 되었다고 합니다.

둘째, 고난은 성숙한 신앙을 남깁니다. 대개 사람들은 어려움을 겪으면 한이 남는다고 합니다. 한국인에게는 특별히 화병이라는 것이 있습니다. 마음에 분노와 원한이 쌓여 생기는 증상입니다. 이 경우 고난은 자신에게 어려움을 준 사람이나 상황에 대해 분노하고 복수하겠다는 마음을 남긴 것입니다.

그렇다면 바울에게 고난은 무엇을 남겼을까요? 데살로니가전서 2장 7-8절에서 바울은, 자신이 그리스도의 사도로서의 권위를 주장하지 않는 유순한 자가 되었다고 말합니다. 또 유모가 자기 자녀를 기름과 같이 교회를 섬겼으며, 복음뿐 아니라 목숨까지 줄 정도로 교회를 사랑했다고 고백합니다. 큰 싸움 중에 고생한 사람으로서 너무나도 유순하고 헌신적인 모습입니다.

더구나 자신을 괴롭힌 유대인들에 대해서도 깊은 원한을 갖지 않습니다. 이는 그가 데살로니가에서 유대인들에게 쫓겨났음에도, 이후의 전도여행에서 계속 유대인의 회당을 통해 복음을 전한 것에서 알 수 있습니다. 바울은 유대인을 원망해 상종하지 않거나 포기하지 않습니다.

고난을 통해 바울은 이처럼 더욱 유순한 자가 됩니다. 부드럽고 여유 있는 신앙을 갖게 됩니다. 이것이 복음의 힘입니다.

예수님이 십자가에서 하신 첫 마디는 자신을 죽음으로 몰아넣은 자들에 대한 용서였습니다(눅 23:34). 스데반 역시 마찬가지입니다(행 7:60). 우리는 어떻습니까? 지금 겪고 있는 어려움과 고난이 우리에게 무엇을 남기고 있습니까? 고난 속에서도 성숙한 신앙을 남기고 있습니까?

고난주간 장년 설교 2

십자가를 지신 주님을 따르는 길

_마 16:21-25

예수님이 이 땅에 그리스도로 오셔서 행하신 가장 중요한 일이 무엇일까요? 그것은 바로 세상 죄를 짊어지시고 십자가에 못 박혀 죽으신 것과 죽음을 이기고 다시 사신 일입니다.

그러나 예수님이 처음부터 이러한 사실을 제자들에게 알리신 것은 아닙니다. 빌립보 가이사랴 지방에서 "너희는 나를 누구라 하느냐?" 하는 예수님의 질문에 베드로가 "주는 그리스도시요 살아 계신 하나님의 아들이시니이다"(마 16:16)라고 고백한 후부터 자신의 죽음과 부활에 대해 말씀하시기 시작합니다. 마태는 그때의 장면을 이렇게 기록합니다. "이때로부터 예수 그리스도께서 자기가 예루살렘에 올라가 장로들과 대제사장들과 서기관들에게 많은 고난을 받고 죽임을 당하고 제삼일에 살아나야 할 것을 제자들에게 비로소 나타내시니"(16:21). 비록 제자들은 이 말의 의미를 잘 알아듣지 못했지만, 예수님은 예루살렘으로 올라가 십자가 죽음과 부활을 위한 여정을 본격적으로 시작하시기 위해 "이때로부터"" 비로소" 제자들에게 앞으로 있을 중요한 일들을 말씀해 주신 것입니다. 당시 예수님의 마음이 얼마나 비장하고 단호하셨는지는 그때 하신 이 말씀에서 충분히 엿볼 수 있습니다. "누구든지 나를 따라오려거든 자기를 부인하고 자기 십자가를 지고 나를 따를 것이니라"(마 16:24).

그러나 이 말씀은 단순히 십자가 죽음에 대한 예수님의 심정만 보여 주는 것이 아닙니다. 여기에는 십자가를 지러 가시는 예수님을 따라 그 고난에 참여해야 할 자들을 향한 애틋한 마음 또한 담겨 있습니다. 예수님은 예루살렘에 올라가 당하실 고난을 앞에 두신 중에도 자신의 뒤를 따를 제자들을 깊이 생각하신 것입니다. 그래서 예수님은 십자가를 지기 위해 예루살렘으로 가시는 동안 계속 제자들을 그와 같은 말씀으로 권면하셨습니다. 베드로, 요한, 야고보와 함께 변화산에 오르셨다 내려오셨을 때, 다른 제자들이 귀신들린 한 아이를 고치지 못한 것을 아시고 "믿음이 없고 패역한 세대여 내가 얼마나 너희와 함께 있으며 얼마나 너희에게 참으리요"(마 17:17) 하고 꾸짖으신 것이나, 누가 크냐 하는 문제로 다투는 제자들을 타이르신 것(눅 9:46-48)도 다 십자가의 길을 따를 제자들을 향한 애틋함에서 하신 말씀입니다.

우리가 이렇게 믿음 없는 부족한 제자들을 꾸짖고 나무라시는 예수님의 모습에서 보아야 할 것은, 그런 자들을 아끼고 위하시는 예수님의 마음입니다. 예수님은 고난받는 종으로 온 자신을 따르는 제자들이 앞으로 얼마나 거칠고 외롭고 고된 길을 가게 될지 내다보셨습니다. 이제부터 제자들은 예수님과 함께 십자가의 길을 가야 했고, 더구나 예수님의 죽으심과 부활과 승천 이후에는 교회와 함께 더욱 분명한 고난의 길을 걸어야 했습니다. 예수님은 그들을 긍휼히 여기시면서도, 한편으론 아무나 또는 아무렇게나 자신을 따를 수는 없다는 사실을 분명히 말씀해 주셨습니다. 즉, 주님을 따르는 자들에게 '자기를 부인하고 날마다 십자가를 지는' 결단과 희생을 요구하시며, 고난이 있어도 포기하지 말고 끝까지 따르라고 하신 것입니다.

우리는 예수님의 고난을 생각할 때마다, 그것이 우리의 죄와 형벌을 대신 담당하신 은혜라는 것뿐 아니라, 그 은혜와 사랑의 강권하심을 받아 예수님을 따를 때 우리 역시 주님의 고난과 인내에 동참해야 한다는 사실을 기억해야 합니다. 예수님을 거부하고 미워하고 박해했던 이 세상은, 오늘날도 여전히 그분의 몸으로서 주님을 믿고 그 뜻을 따르는 우리를 환난에 처하게 합니다(요 16:33). 그러나 예수님께서 그러셨던 것처럼, 주님을 따라 고난과 죽음의 자리까지 나아가는 우리의 최종적인 결론 역시 승리의 부활입니다. 예수님께서는 처음 제자들에게 수난과 죽음을 예고하실 때부터 "제삼일에 살아나야 할 것"(마 16:21)을 말씀해 주셨습니다. 이러한 예수님의 부활과 승리는 그분을 따르는 자들이 힘든 여정을 지나 궁극적으로 참여하게 될 영광의 기초입니다.

성경은 우리가 진정으로 예수님을 따르고자 한다면 그분의 부활의 영광만이 아니라 고난에도 함께해야 한다고 강조합니다(롬 8:17). 그러나 현재의 고난은 장차 얻을 영광과 비교할 수 없다고 말합니다(롬 8:18). 즉, 우리가 잠시 받는 환난은 가벼운 것이요, 이를 통해 얻을 영광은 영원하고 중한 것입니다(고후 4:17).

예수님을 따르기 위해, 또 의를 위해 고난받는 자리에 있다면 두려워하거나 근심하지 말고 스스로를 복된 자로 여기십시오(벧전 3:14). 그리고 우리로 기꺼이 이 길을 가도록 하는 소망에 대해 묻는 자들에게 답할 것을 준비하십시오(벧전 3:15).

고난주간 청년 설교

나무에 달리신 주님 안에 있는 신비

_벧전 2:24

오늘 본문에서 우리는 모두가 익히 알고 있는 역사적 사실에 관해 사도 베드로가 말해 주는 큰 신비를 마주하게 됩니다. 본문이 말하는 역사적 사실이란 다름 아닌 베드로의 주님이시요, 우리 주님이신 예수 그리스도의 십자가 사건입니다.

본문의 '나무에 달렸다'는 표현은 예수님의 십자가 죽음을 가리킵니다. 예수님이 달리신 십자가를 이렇게 나무로 표현한 것은, 일차적으로 십자가가 나무로 만든 형틀이기 때문입니다. 그러나 단순히 십자가의 재료를 알려 주기 위해 예수님의 십자가 죽음을 "나무에 달려"라고 말한 것은 아닙니다. 베드로는 십자가를 '나무'라고 표현함으로써 신명기 21장 22-23절을 상기시키고자 한 것입니다. 이는 사람이 율법을 거슬러 죽을 죄를 범하면, 그를 죽여 나무에 달아 그 죽음이 하나님의 저주로 말미암은 것임을 알게 하라는 무시무시한 명령입니다. 베드로는 이 명령에 담긴 하나님의 저주가 십자가에서 나타났다는 사실을 알았고, 그것을 이

편지의 수신자들에게 강조한 것입니다.

왜 하나님께서 사람의 죄에 대한 저주를 하필 나무 위에서 나타내려 하셨는지는 정확히 알 수 없습니다. 성경이 이에 대해 침묵하기 때문입니다. 그러나 그것이 매우 슬픈 일임은 분명합니다. 나무는 하나님이 우리에게 허락하신 가장 친근하고 유용한 이 땅의 피조물 중 하나입니다. 나무는 태초부터 우리에게 달콤한 과실을 주었고, 쉼터인 그늘을 만들어 주었으며, 갖가지 건물과 물건의 재료가 되었습니다. 심지어 그 줄기와 잎, 꽃, 열매는 아름답기까지 합니다.

그러나 나무는 인류가 처음 하나님께 반역한 지점이요, 이스라엘을 비롯한 온 세상 사람에게 가장 인기 있는 우상숭배의 도구와 장소가 되었습니다. 하나님께서는 에덴동산에 창조주로서 자신의 풍성한 은혜와 불가침의 권위를 상기시키는 피조물로 나무들을 두셨지만, 인류는 그 나무 앞에서 가장 큰 수치와 추악한 모습을 드러냈습니다. 어쩌면 이것이 하나님께서 나무라는 피조물에 죄인에 대한 자신의 엄중한 진노와 저주를 나타내겠다고 말씀하신 이유인지도 모릅니다. 분명한 것은 실제로 하나님께서 자신의 부요함과 지혜와 권위와 아름다움을 나타내던 나무 위에 불타오르는 저주와 진노를 쏟아부으셨다는 것입니다. 즉, 오늘 본문은 십자가 나무에 부으신 하나님의 맹렬한 저주를 보여 줍니다.

하지만 그것은 본문이 보여 주는 신비의 일면일 뿐입니다. 십자가를 더욱 가까이 들여다보십시오. 그러면 하나님께서 진노와 저주를 쏟아부으신 정확한 지점이 나무 자체가 아닌 거기에 달린 사람임을 알 수 있습니다. 더욱 놀라운 사실은 그 사람이 바로 인간의 몸으로 오신 하나님의 아들이라는 것입니다. 우리의 시선이 향해야 할 곳은 그 나무에 달려 "친히" "그 몸으로" 저주를 받으신 그분입니다. 나무에 달리신 그분은 나무와는 전혀 비교도 할 수 없는 하나님의 지혜와 능력, 신성에 속한 모든 거룩한 성품과 위엄을 나타내는 그야말로 하나님의 참 형상이시요, 영광의 광채이신 분입니다. 예수님은 극히 부분적으로만 하나님을 반영하는 피조물들과 달리, 창세 전부터 하나님 아버지께 온전히 사랑받는 존재요, 모든 천사와 만물이 기뻐할 이유였습니다. 그처럼 '죄를 범하지 아니하시고 그 입에 거짓도 없으신'(벧전 2:22) 예수님께서 "친히" "그 몸으로" 우리 모두의 죄를 담당하시고 정죄받으심으로 저주 아래 고통과 죽음을 당하신 것입니다. 나무 위에서 나타난 이 일은 참으로 모든 천사만이 아니라 마음이 완악한 죄인들까지도 놀라고 당혹스러워할 만한 사건입니다.

우리는 이 같은 말씀이 증언하는 예수님의 고난과 고통을 가볍게 여겨서는 안 됩니다. 수시로 십자가를 묵상하며 죄 없으신 예수님께서 당하신 고난과 죽음의 이유를 생각해야 합니다. 그분이 담당하신 우리의 추악한 죄와 그에 대한 하나님의 공의로운 진노를 잊지 말아야 합니다.

하지만 그렇다고 비통함에만 머물러 있지는 마십시오. 성경은 십자가를 슬픔과 아픔의 소식으로 전하지 않습니다. 오히려 복음, 곧 기쁜 소식이라고 부릅니다. 저주의 나무에서 당하신 예수님의 고난과 죽음이, 그분과 신비롭게 엮여 있는 우리에게는 저주에서의 해방이요, 나음과 참 생명의 근원이 되었기 때문입니다. 본문은 예수님이 당하신 고난으로 인해 우리에게 이루어진 아름다운 신비를 말해 줍니다. "이는 우리로 죄에 대하여 죽고 의에 대하여 살게 하심이라 그가 채찍에 맞음으로 너희는 나음을 얻었나니."

믿음의 눈으로 이 신비에 주목합시다. 이것이 부활의 영광에 이를 때까지 예수님께서 본을 보이신 그 고난의 자취를 따라오라고 부르심 받은 자들에게 마땅한 바입니다. 우리 모두가 이 신비를 깨달아, 고난이 늘 함께하는 이 세상 길을 가는 동안 그 너머의 기쁨과 영광을 바라보며 예수님의 발자취를 따를 수 있기를 소망합니다.

고난주간 중고등부 설교

배신당하는 고통: 연약함

_마 26:69-75

고난주간은 그리스도의 십자가 고난과 죽음을 기념하는 절기로, 종려주일 다음 날부터 부활절 직전까지의 한 주간을 말합니다. 예로부터 성도들은 고난주간이 되면 그리스도의 십자가를 묵상하며 경건하게 보냈습니다. 특히 최후의 만찬과 세족식을 기념하는 목요일(세족 목요일)과 예수님이 십자가에 달려 돌아가신 금요일(성금요일)에는 더욱 경건하게 보내고자 했습니다.

우리는 보통 친한 친구가 몹시 아프거나 심적으로 힘든 일이 있다는 것을 뒤늦게 알게 되면, 적어도 그 친구 앞에서는 지난 주말에 놀이공원에 가서 재밌게 놀았다거나, 근사한 음식점에서 가족들과 멋진 시간을 보냈다고 자랑하지 않을 것입니다. 오히려 친구는 힘들고 고통스러운 시간을 보냈을 텐데 그것도 모르고 혼자만 즐겁고 행복한 시간을 보냈다는 것 때문에 미안한 마음이 생길 것입니다. 이번 고난주간을 보내면서 우리가 이런 마음가짐을 가지면 어떨까 제안해 봅니다. 예수님께서 우리를 위해 십자가 고난과 죽음 앞에서 겪으신 고통을 헤아리면서 조금이나마 예수님의 고난에 참여하는 시간을 가지면 좋겠습니다(한 끼 금식도 좋고, 미디어 금식도 좋습니다. 어떤 모양으로든 예수님의 고난에 동참하길 바랍니다).

예수님이 당하신 고난에는 다양한 측면이 있겠지만, 그중에서도 제자들에게 배신당하신 고통을 생각하면 마음이 더욱 저릿해지는 것 같습니다. 왜 그럴까요? 예수님이 채찍에 맞으시고 십자가에 손발이 못 박히시는 고통이 안타깝기는 하지만, 사실 오늘날 우리에게 그런 일이 벌어질 것이라고는 생각하지 않기 때문에 그것은 그저 타인의 고통으로만 남습니다. 그러나 배신은 다릅니다. 배신은 오늘날에도 우리의 일상에서 자주 일어나기 때문입니다. 우리는 종종 누군가에게 배신을 당하기도 하고, 때론 우리가 누군가를 배신하기도 합니다. 그래서 우리는 제자들에게 배신당하시는 예수님을 보면서 동질감을 느낍니다.

오늘 본문은 베드로가 예수님을 배반하는 이야기입니다. 베드로가 누구입니까? 예수님의 충성스러운 제자 중 하나입니다. 3년 동안 예수님과 동고동락하면서 누구보다 예수님을 사랑하고, 다른 제자들보다 특별한 경험을 했던 사람입니다(물 위를 걷기도 했고, 영광스럽게 변화하신 예수님을 직접 보기도 했습니다). 그래서인지 베드로는 다른 제자들이 다 예수님을 배반할지라도 자신만은 절대로 그러지 않겠다고 장담합니다(마 26:33). 그런데 예수님께서 로마 병사들에게 잡혀 가시고, 제자인 자신마저 위협받는 상황이 되자 어떻게 합니까? 너무나 두려운 나머지 예수님을 모른다고 부인해 버립니다. 그것도 한 번이 아니라 세 번이나 부인합니다. 성경은 그가 처음에는 "부인"(70절)만 했지만, 두 번째는 "맹세하고 또 부인"(72절)하고, 마지막에는 "저주하며 맹세"(74절)했다고 말함으로, 베드로의 배신이 우발적 실수가 아님을 보여 주고 있습니다. 물론 바로 돌이켜 회개하기는 했지만(75절), 베드로는 그 순간 두려움 때문에 예수님을 배반한 것입니다.

여기서 베드로의 배신이 보여 주는 두 가지 측면을 함께 생각해 보고자 합니다. 첫째는 우리도 누구나 베드로가 될 수 있다는 것입니다. 지금은 우리가 예수님을 위해 목숨을 바칠 각오가 되어 있고, 절대로 예수님을 부인하지 않으리라는 결단이 진심이더라도, 사실 우리는 그것을 지켜 낼 능력이 없습니다. 우리는 연약한 사람이라는 것입니다. 그래서 우리는 하나님의 도우심이 필요하고 성령의 능력을 힘입어야 합니다. 신앙은 진심과 결단만으로 유지되는 것이 아닙니다. 둘째는 우리가 연약하듯 우리 주변 사람들도 연약함을 인정하고 받아들여야 한다는 것입니다. 즉, 사람들이 나쁜 마음과 의도로만 다른 이들을 배신하는 것은 아닐 수 있습니다. 우리가 베드로처럼 두려움 앞에 무력해질 수 있듯, 다른 사람들도 연약하기는 마찬가지라는 것입니다. 이러한 인식이 있을 때, 우리도 예수님처럼 자신을 배신한 사람을 찾아가 다시 기회를 줄 수 있는 것입니다. 자신을 배신하거나 실망시킨 사람을 용서하는 것은 힘든 일입니다. 그러나 예수님은 그 일을 행하셨습니다. 그러니 우리도 고난주간을 보내면서 이 같은 마음과 결단하는 용기를 주시도록 기도합시다. 사람으로서는 할 수 없지만 하나님으로서는 할 수 있습니다.

우리는 누구나 베드로가 될 수 있습니다. 그러므로 하나님의 도우심과 성령의 능력을 힘입어야 합니다. 나아가 우리 자신만큼이나 다른 사람들도 연약하다는 사실을 기억하고 예수님처럼 다른 사람의 잘못을 용서할 수 있어야 합니다. 고난주간을 보내면서 이러한 은혜가 우리 모두와 함께하길 소망합니다.

부활주일 장년 설교 1

부활의 증거

_마 28:1-15

본문은 예수님이 부활하신 뒤 당시 종교지도자들이 이 사실을 은폐하는 내용입니다. 부활은 인간의 상식으로는 믿기 힘든 사건임이 분명합니다. 그래서 예수님이 공생애 기간 여러 번 언급하셨지만 제자들조차 누구도 부활을 기대하지 않았습니다. 그러나 성경은 이에 대해 당시 상황을 묘사하며 직·간접적인 충분한 증거를 제공합니다.

첫 번째 부활의 증거는 빈 무덤입니다. 무덤이 비었다는 것은 당시 예수님의 제자든 예수님을 반대하던 사람이든 모두 인정한 사항입니다. 어쨌든 시체가 사라진 것은 사실입니다. 그러나 종교지도자들이 거짓 소문을 낸 대로 제자들이 훔쳐가는 것은 불가능합니다. 당시 경비병들이 종교지도자들의 명령으로 무덤을 지켜 그런 일이 일어날 가능성을 철저히 차단했기 때문입니다(마 27:62-66). 아이러니하게도 부활을 준비한 것은 결국 예수님을 죽인 유대인 자신들이었습니다. 예수님의 제자들도 믿지 못한 것을 이들은 일말의 가능성조차 없애고자 철저히 준비했던 것입니다. 그러므로 이들의 주장대로 제자들이 시체를 훔쳐가는 것은 불가능합니다. 그렇다면 한 가지 가능성만 남습니다. 예수님의 몸은 무덤 외부에서 침입한 자들에게 도난당한 것이 아니라, 무덤 내부에서 부활하신 것입니다.

두 번째 증거는 제자들의 변화된 모습입니다. 모두가 잘 알고 있는 대로, 예수님이 로마 군병들에게 잡혀 가셨을 때 제자들은 모두 도망갔고, 큰형 격인 베드로는 예수님을 보러 대제사장의 관정에 들어갔다 앞장서서 예수님을 부인했습니다. 이것이 성경이 보여 주는 십자가 사건과 연관된 제자들의 모습입니다. 예수님은 이미 죽으시기 전에 부활을 여러 번 언급하셨고, 이는 예수님을 반대하던 사람들도 알고 있을 정도였습니다. 그러나 그들은 누구도 부활을 믿지 않았습니다. 예수님이 붙잡히시자 다 흩어지고 도망갑니다. 오늘 본문에서 볼 수 있듯, 예수님이 부활하신 아침에도 그들은 혹시나 하는 마음으로라도 무덤을 찾지 않았고, 무덤 문이 열린 것을 발견한 사람도 그들이 아닌 여자들이었습니다.

이것이 공관복음에서 발견되는 예수님의 죽음과 관련된 제자들의 모습입니다. 그러나 그들은 이후 어떻게 변했습니까? 사도행전의 기록에 의하면, 성령 강림 사건 이후 담대한 부활의 증인이 됩니다. 예루살렘에 초대교회가 형성되고 공회가 이를 박해함에도 굴하지 않는 사람들이 됩니다. 예수님을 부인했던 베드로는 설교로 수천 명을 주님께 돌아오게 합니다. 심지어 이후 사도 요한을 제외하고는 모두 순교자가 되었다고 교회사는 전하고 있습니다. 이 모든 것이 가능했던 것은 그들이 예수님의 부활을 목격했기 때문입니다.

부활의 세 번째 증거는 사람들의 반응과 기독교의 성공입니다. 예수님의 무덤은 예수님이 십자가에 못 박히신 골고다 언덕에 위치했습니다

(요 19:41-42). 이는 아리마대 요셉이 바위 속에 판 자신의 새 무덤입니다(마 27:60). 사도행전의 기록에 의하면, 제자들이 부활을 설교했던 곳은 예수님의 무덤에서 매우 가까웠습니다. 만약 시체가 그곳에 있었거나 제자들의 변화가 거짓이라면 당시 사람들이 보여 준 폭발적인 반응은 도저히 설명되지 않습니다. 당시 오순절을 맞아 천하 각국에서 예루살렘에 왔던 사람들과 그곳 거민들 중 수많은 유대인이 회심합니다. 그들을 중심으로 복음이 이방으로까지 퍼져 갔다는 것이 사도행전의 내용입니다. 이런 기독교의 성공은 부활이 사실이 아니고서는 도저히 설명되지 않습니다. 당시 모든 사람이 예수님의 부활을 기정사실로 받아들였던 것입니다.

그러나 이런 확실한 많은 증거에도 부활은 현대인들에게 여전히 믿기 힘든 사건입니다. 심지어 주님이 승천하실 때조차도 믿지 못하는 사람들이 있었다고 성경은 기록하고 있습니다(마 28:17). 그러니 현대인들이 시간의 벽을 넘어 부활의 사실을 인정한다는 것은 쉽지 않은 일입니다. 성경은 이런 우리에게 부활을 무조건 믿으라고 강요하지 않습니다. 여기서 믿음이란 보지 않고 믿는 것을 말합니다. 물론 우리는 예수님의 부활을 직접 목격하지는 못했습니다. 그러나 성경은 오늘 본문처럼 예수님의 부활이 사실이라는 증거를 거듭 제시합니다.

흔히 기독교를 역사적인 종교라고 부릅니다. 이 말은 기독교가 역사성을 가진다는 뜻입니다. 제자들은 자신의 삶과 심지어 생명으로 부활을 담보했습니다. 제자들의 제자들, 흔히 속사도라 부르는 이들이 이것을 보고 로마의 위협에도 부활 신앙을 지켰습니다. 이것이 오늘 우리에게까지 전해진 것입니다. 부활은 어느 날 불쑥 튀어나온 이야기가 아닙니다. 오랜 역사를 통해 우리에게 증거되고 있는 사실입니다.

부활주일 장년 설교 2

부활의 기쁨

_요 16:20-24

　오늘은 기쁜 부활절입니다. 우리는 지난 한 주를 고난주간으로 보냈기 때문에 부활절에도 뭔가 숙연하고 무겁습니다. 하지만 본래 부활절은 기쁜 날입니다. 우리의 구원이 이루어진 날이기 때문입니다. 서양의 부활절은 축제입니다. 보통 부활절이 있는 4월을 '거룩한 유머가 있는 달'(Holy Humor Month)이라고 부르기도 합니다. 그리고 그 핵심에 부활절이 있습니다.

　서양에서 4월은 우리나라처럼 만우절(April Fools' Day)로 시작합니다. 이날은 이성을 잠시 내려 놓고 편하게 하루를 보냅니다. 이러한 인간 이성의 어리석음에 대한 유머의 기원을 성경에서 찾는 이도 있습니다. 고린도전서 4장 10절의 "우리는 그리스도 때문에 어리석으나"(fools for Christ's sake)라는 바울의 표현이 인간 이성에 대한 유머와 농담을 즐기는 만우절과 그 의미가 상통한다는 해석인데, 꽤 그럴듯합니다.

　이처럼 믿음과 신앙은 어느 정도 인간 이성의 어리석음을 인정할 때

가능합니다. 원래 '농담'(joke)은 예상치 못한 상황이나 이성적이지 않은 뜻밖의 행동을 통해 웃음을 주는 것을 의미합니다. 그래서 혹자는 예수님의 부활을 하나님의 '조크'라고 해석하기도 합니다. 부활은 누구도 예상치 못한 일이었기 때문입니다. 하나님이 인간의 이성을 비웃으시며 만들어 내신 가장 큰 사건이 부활인 것입니다. 오늘은 이런 부활을 통해 우리가 누려야 할 진정한 기쁨이 무엇인지 본문을 통해 알아보고자 합니다.

첫째, 진정한 기쁨은 진리를 아는 사람만이 누릴 수 있습니다. 진정한 기쁨이란 단순히 즐거운 상태가 계속되는 것을 의미하지 않습니다. 그것은 불확실함이 제거되고 안전함을 느낄 때 누리게 되는 것입니다. 즉, 진리가 무엇인지 알게 될 때 누리는 것이 진정한 기쁨입니다. 그러므로 진정한 진리이신 예수 그리스도에 대해 이해하는 순간, 인생은 불확실함이 제거되고 진정한 기쁨을 누리게 됩니다. 본문 20절은 예수님의 죽음과 부활이 가져올 결과를 말합니다. 즉, 근심하며 애통하던 제자들에게 기쁨이 넘칠 것입니다. 출산 때의 고통(십자가의 죽음)은 아이의 탄생(부활)으로 잊혀질 것이며(21절), 부활하신 주님을 보고 기뻐할 것입니다(22절).

오늘 본문은 제자들에게 진정한 기쁨은 예수님의 부활이 가져다주는 기쁨임을 강조합니다. 이것은 죽음이 끝인 줄 알았는데 부활이 있음을 목격하고 깨달은 후 얻는 기쁨입니다. 이 진정한 기쁨이 제자들에게 있을 것입니다. 이처럼 인생의 불확실함이 제거되고 참 진리를 아는 것이 진정한 기쁨입니다.

우리는 부활절에 이러한 진정한 기쁨을 느껴야 합니다. 인간의 슬픔과 기쁨은 예수님의 죽음과 부활로 나누어집니다. 부활의 진리를 아는 자는 기쁨을 누리지만, 그렇지 못한 자는 슬픔이 가득한 인생을 살 수밖에 없습니다. 예수님을 알지 못하면 다른 많은 것을 가지고 있어도 인생의 근본적인 기쁨을 가진 것이 아닙니다. 근본적인 허무의 문제가 해결되지 않았기 때문입니다.

진정한 기쁨은 이처럼 진리를 아는 순간 생기는 것으로, 제자들이 누렸던 기쁨이요, 우리가 누리는 기쁨입니다. 성경이 성도들에게 항상 기뻐하라고 권면하는 이유가 무엇일까요? 세상이 모르는 진정한 진리를 알고 있기 때문입니다. 우리에게 이런 기쁨이 있습니까? 인생의 진정한 방향과 의미를 아는 데서 오는 이런 기쁨이 있습니까? 진리를 알기에 죽음까지도 넘어설 수 있는 기쁨이 있습니까?

둘째로 진정한 기쁨은 어떤 경우에도 빼앗기지 않습니다(22절). 쉽게 사라지고 빼앗긴다면 진정한 기쁨이 될 수 없습니다. 진정한 기쁨은 세상의 조건이 빼앗아 갈 수 없습니다. 배고픔도, 질병도, 가난도 빼앗을 수 없는 기쁨입니다. 예수님의 제자들은 고난과 능욕을 받으면서 이런 기쁨을 누렸습니다(행 5:41). 바울은 어떠한 형편에서도 자족하기를 주 안에서 배웠다고 고백했습니다(빌 4:11-12). 구원의 감격과 기쁨을 체험한 성도는 세상을 이기는 것입니다.

이런 기쁨을 소유한 사람은 세상 앞에서 비굴해지거나 열등감을 갖지 않습니다. 언제나 당당합니다. 가장 훌륭한 것을 지닌 사람이 조금 덜한 것을 못 가졌다고 초라해질 필요가 없기 때문입니다. 지식이 없어도, 명예가 없어도 예수님을 소유한 사람은 당당합니다. 예수님이 가장 소중한 진리이며, 그분이 주신 가장 값진 구원을 받았기 때문입니다.

그러나 사탄은 이런 기쁨을 어떻게든 빼앗아 가려 합니다. 욥도 그런 일을 겪었습니다. 사탄은 그가 가진 모든 것을 빼앗아 가고, 그것을 통해 그를 넘어뜨리려 했습니다. 그러나 진정한 기쁨을 소유했던 욥은 그 모든 것을 믿음으로 이겨 냈습니다(욥 1:21).

우리에게는 누구도 빼앗을 수 없고, 어떤 상황에서도 변치 않는 믿음이 있습니까? 그것은 부활하신 주님을 만난 진정한 기쁨을 소유한 자만이 누릴 수 있는 은혜입니다. 우리 모두가 이 부활의 진정한 기쁨을 얻기를 소망합니다.

부활주일 장년 설교 3

죄인의 자리에서 의인의 자리로

_롬 4:25

오늘은 예수님께서 죽음의 권세를 이기고 죽은 자들 가운데서 다시 살아나신 부활의 날입니다. 기독교에 여러 절기가 있지만 그중에서 가장 중요한 절기를 하나만 고른다면 그것은 당연히 부활절입니다. 부활절에는 기독교의 가장 핵심적인 메시지가 담겨 있을 뿐 아니라, 다른 모든 종교와 차별되는 점이 있기 때문입니다.

예수님의 부활은 십자가 죽음을 전제합니다. 산 자의 죽음 없이는 죽은 자의 부활을 말할 수 없기 때문입니다. 예수님의 십자가 죽음은 모든 사람의 죄를 대속하기 위해 반드시 겪어야 하는 과정이었습니다. 그것은 큰 고통이었지만 예수님은 하나님의 뜻에 순종해 그 길을 가셨고, 마침내 십자가에서 죽으셨습니다.

그러나 기독교의 놀라운 점은 바로 여기서 시작됩니다. 예수님께서 죽은 자와 함께 무덤에 머물러 계시지 않고 살아나셨다는 것입니다. 부활 자체도 놀라운 일이지만, 예수님께서 죽은 자 가운데서 살아나셨다는 사실에는 두 가지 중요한 메시지가 담겨 있습니다. 첫째는 하나님께서, 예수님이 메시아로서 사역을 완수했음을 '인정'하셨다는 것입니다. 예수님이 자신의 죄가 아니라 모든 인류의 죄를 위해 십자가에서 대신 죽으심으로, 자기 백성을 구원할 메시아임을 부활로 확증해 주신 것입니다. 둘째는 예수님을 믿고 의지하는 자들이 죄 용서받는 것을 넘어 의롭다 하심을 얻게 되었다는 것입니다. 이 사실은 우리 그리스도인들의 정체성에 매우 중요한 의미를 부여합니다. 기독교는 예수님의 십자가 대속으로 우리가 죄 사함 받았다는 것(죄인이 아닌 것)에만 머무르지 않습니다. 죄 사함의 단계를 넘어 의로운 자(의인)의 자리에까지 나아갑니다. 이 둘은 명확하게 구분되어야 하는 개념입니다.

가령 어떤 사람이 심각한 죄를 지어 감옥에 들어가게 되었다고 합시다. 그 사람은 현재 명백한 죄인입니다. 그런데 그 사람이 자신의 형을 다 살고 감옥에서 나오게 되었습니다. 그렇다면 그는 죄에 대한 법적인 처벌은 다 받은 것입니다. 이제 그는 죄인의 상태가 아닙니다. 그러나 그를 '선인'(의인)이라고 하지는 않습니다. 그저 죄가 없는 상태일 뿐이지, 그를 착하거나 선하다고 말하지 않습니다. 그를 선하다고 판단하려면 그것을 증명해 줄 내용이 필요한 것입니다. 그런 측면에서 예수님이 십자가에서 죽으심으로 모든 사람의 죄를 대속하셨다는 것과 예수님께서 죽은 자 가운데서 다시 살아나셔서 잠자는 자들의 첫 열매가 되신 것(고전 15:20)은, 우리의 상태를 전혀 다른 차원으로 인도하신 사건인 것입니다.

그러므로 예수님께서 죽은 자 가운데서 다시 살아나신 것은, 우리로 하여금 이제는 죄인의 자리에 머물러 있는 것이 아니라 의인의 자리에서 살아가게 하기 위함입니다. 예수님의 십자가 대속의 사건이 너무나 강렬해 우리는 종종 우리가 죄 사함 받은 것에만 집중합니다. 그러다 보니 죄에서 면책된 것에 대한 감격과 감사에 젖어 앞으로 살아가야 할 삶에 대해서는 깊이 생각하지 못합니다. 그러나 예수님의 부활은 우리를 여기에 머물러 있게 하지 않습니다. 즉, 우리를 '죄인이 아닌' 자리에서 '의인'의 자리로 이끌고, 우리에게 예수님처럼 살 수 있는 가능성을 열어 주십니다.

우리는 예수님의 십자가 죽음만 붙잡고 살아가는 사람들이 아닙니다. 그것을 통해서는 '죄인이 아닌' 자리로 옮겨졌을 뿐, '의인'의 자리에 있는 것은 아니기 때문입니다. 하나님나라는 '죄인이 아닌 자'가 아니라 '의인'이 들어갈 수 있는 나라입니다. 그래서 우리는 예수님의 십자가뿐 아니라 부활을 반드시 의지해야 하는 것입니다.

오늘은 부활의 날입니다. 우리 모두가 이제는 '죄인이 아닌' 자리에만 머물러 있지 말고, 부활의 첫 열매가 되신 예수 그리스도와 함께 의인의 자리에서 하나님 백성답게 선을 행하고 의를 이루며 살아가길 소망합니다.

부활주일 청년 설교 1

예수님의 부활과 성도의 거듭남

_벧전 1:3

오늘 우리는 우리 주 예수 그리스도의 부활을 기뻐하며 예수 그리스도의 아버지 하나님께 영광을 돌리고 찬송하기 위해 이 자리에 모였습니다. 이 시간에는 본문을 통해 이처럼 부활을 기뻐하며 찬송하는 우리가 누구인지에 대해 생각해 보고자 합니다.

우리는 그저 마음 맞는 사람들끼리 모인 동아리 집단이 아닙니다. 우리는 교회입니다. 이는 부활의 의미를 묵상하며 이를 기념할 때 반드시 기억해야 할 가장 중요한 사실 중 하나입니다.

이 땅의 교회는 인간의 계획과 필요에 의해 우연히 발생한 집단이 아닙니다. 교회는 하나님께서 친히 원하시고 계획하셔서 이루신 신적 공동체입니다. 하나님께서는 사망의 그늘 아래 있던 백성을 긍휼히 여기셔서 복음으로 불러 죄 사함을 얻게 하셨습니다. 그리고 그 백성에게 죄인들의 구주이신 예수 그리스도를 믿는 믿음을 주심으로, 그리스도와 합해 세례를 받고 그리스도께 속한 자들이 되게 하셨습니다. 이로써 그리스도께서 이루신 구속에 참여하게 된 자들의 공동체가 바로 교회입니다.

오늘 본문에서 사도 베드로는 하나님께서 이와 같은 우리에게 허락하신 구원을 '거듭나게 하신 것'으로 표현하며, 그 은혜가 다름 아닌 예수 그리스도의 부활로 말미암은 것이라고 말합니다. 우리의 거듭남과 구원이 예수님의 부활과 관계되어 있다는 것입니다.

우리는 교회로서 부활절뿐 아니라 예수님의 부활을 기념하는 매 주일 이 사실을 기억하며 깊이 묵상해야 합니다. 우리가 교회로서 모여 기념하며 기뻐하는 예수님의 부활은 우리의 구원과 밀접하게 관계되어 있습니다. 우리와 같은 죄인들을 위해 자신을 낮추심으로 우리와 같은 사람이 되시고 우리의 머리가 되신 예수님의 부활로, 그분의 몸인 교회로서의 우리는 그 부활 생명에 참여합니다. 즉, 그리스도의 부활로, 그분 안에 있는 우리가 이제 하나님에 대해 산 자로서 생생한 경외함과 기쁨을 가지고 하나님께 나아가 하나님과의 회복된 관계와 화목을 누리게 된 것입니다.

전에 우리는 모두 아담 안에서 하나님의 통치에 반기를 들고, 하나님의 사랑의 대상이 아닌 원수가 되고, 하나님의 생명이 아닌 사망에 속했던 자들입니다. 이것이 우리가 태어날 때부터 본래 가지고 있던 비참한 상태요, 지금까지도 이어지고 있는 이 세상의 상태입니다. 하지만 하나님께서 심판과 사망의 그늘 아래 있던 우리에게 은혜의 빛을 비추어 주셨습니다. 죄가 없으심에도 우리의 죄과를 대신 짊어지시고 십자가에서 하나님의 진노와 저주를 받으신 하나님의 아들을 통해 복음의 빛이 우리 영혼에 비추어진 것입니다.

그러나 우리의 죄과를 도말하신 예수님의 십자가 죽음이 우리에게 비친 빛의 전부는 아닙니다. 십자가에서 죽으신 그리스도께서는 부활하서서 새로운 인류의 문을 여셨습니다. 믿음으로 그분의 죽음에 합해 죄 사함 받은 자들은 그분의 부활에도 참여해 영원으로 이어질 새 생명을 얻습니다. 하나님께서 그리스도를 죽은 자 가운데서 다시 살리신 것은 저주 아래 있는 옛 세상을 새롭게 할 새 창조의 시작이었습니다. 이 놀라운 사역은 어둠을 깨치고 일어난 첫 열매인 그리스도의 부활(고전 15:20)에서 시작해, 그분의 몸인 교회가 새롭게 되는 것으로 이어집니다. 교회를 그리스도 안에서 새로운 피조물이 되게 하시는 것입니다(고후 5:17).

하나님께서 만물을 새롭게 하시는 새 창조는 먼저 우리의 머리이신 예수 그리스도를 부활하게 하심으로 시작되어, 그분의 몸인 교회를 새로운 생명, 회복된 하나님나라의 질서와 위엄과 영광으로 충만하게 하시는 것으로 이어집니다(엡 1:22-23). 그리스도와 합해 그분과 함께 죽고 그분과 함께 다시 일으키심을 받은 자들로서 교회가 더는 죄와 사망이라는 옛 질서 아래 살지 않게 된 것입니다. 교회는 만물보다 먼저 그리스도 안에서 거룩하신 하나님과의 온전한 화목과 하나님의 은혜로운 통치를 풍성히 누리는 새 나라의 삶, 새 생명을 허락받게 되었습니다. 우리는 이같이 사망을 이긴 첫 열매인 그리스도의 부활로 시작된 하나님의 구속과 새 창조에 속하게 된 그분의 몸인 교회로서 부활을 기뻐하며 여기 모인 것입니다.

그러므로 우리는 그리스도의 부활을 우리와 상관없는 일인 것처럼 무미건조하게 기념할 수 없습니다. 물론 하나님의 창조 목적대로 만물이 온전히 하나님께 영광을 돌리는 새 하늘과 새 땅은 아직 임하지 않았습니다. 아담의 죄로 말미암아 저주와 사망 아래 있던 옛 세상의 풍조는 아직 다 지나가지 않았습니다. 그러나 그리스도의 부활로 하나님의 새 창조는 이미 시작되었습니다. 바로 교회인 우리가 친히 새 창조의 첫 열매 되신 예수님 안에서 새로운 피조물이 된 자들입니다. 우리 모두가 하나님께서 예수 그리스도의 부활을 통해 시작하신 이 놀라운 일을 소중히 여기고 풍성히 누리길 소망합니다.

부활주일 청년 설교 2

예수님의 부활과 성도의 산 소망

_벧전 1:3

    오늘은 예수 그리스도의 부활을 기뻐하며 기념하는 날입니다. 예수님의 부활은 참으로 놀라운 일입니다. 그것이 단순히 일어나기 힘든 기적이어서만이 아니라, 그로 인해 우리와 같은 죄인이 죄와 사망의 지배에서 해방되어 영원한 영광으로 나아갈 수 있게 되었기 때문입니다. 예수님의 부활은 하나님께 반역해 저주받은 죄인들과 모든 피조 세계를 새롭게 하시는 새 창조의 첫 열매입니다. 하나님께서는 그리스도의 부활에서 새 창조를 시작하십니다. 특히 그분의 교회로 하여금 예수님의 죽으심과 부활에 참여하게 하심으로 새로운 피조물로서 새 생명을 누리게 하십니다.

    이 놀라운 일을 깊이 생각해 보십시오. 하나님의 아들 예수 그리스도께서는 언약 백성의 대표로서 우리를 대신해 죽으심으로 우리의 죄과를 모두 담당하셨을 뿐 아니라, 다시 살아나심으로 우리의 의로움과 생명이 되셨습니다(롬 4:25). 예수님 안에서 우리는 그분의 죽으심과 부활에 참여한 자로서 죄 사함 받아 죄 없는 자로 인정됩니다. 또 죄인이지만 의인으로 여김 받아 의인들의 장막에 거하게 됩니다. 더는 사망 아래서 죄의 종노릇 하는 진노의 자녀가 아니라, 새 생명을 가지고 하나님의 은혜로운 통치 아래 살아가는 사랑받는 자녀로 살게 된 것입니다. 이처럼 우리는 장차 이루어질 새 창조에 일찍부터 속한 자가 되었습니다.

본문에서 베드로는 그리스도의 은혜로 말미암은 이 구원의 실체를 '거듭나게 하신 것'이라고 말합니다. 죄로 죽었던 우리를 그리스도 안에서 하나님과 의에 대해 산 자가 되게 하셨다는 것입니다. 좀 더 넓은 관점에서 보면, 우리를 새 창조의 세계에 속한 새로운 피조물이 되게 하셨다는 뜻입니다. 그리스도의 부활에 참여한 우리는 더는 하나님을 대적하며 죄의 종노릇 하는 옛 세상의 질서가 아닌, 그리스도 안에서 이 땅에 도래한 하나님나라의 시민으로서 새로운 세상의 질서, 곧 성령의 생명의 법을 따르는 자가 된 것입니다. 이는 예수님의 부활을 기념하는 우리의 매우 중요한 정체성입니다.

그러나 우리가 부활절과 매 주일에 예수님의 부활을 기념할 때마다 반드시 기억해야 할 또 한 가지가 있습니다. 우리가 그리스도 안에서 참여하게 된 새 창조는 아직 완성되지 않았다는 것입니다. 그리스도의 부활로 우리에게 허락된 이 새 생명은, 이제 하나님에 대해 죽은 죄의 종이 아니라 살아 있는 의의 종으로서 이 땅을 살아가고 있다는 인식의 차원에서 머무는 것이 아닙니다.

본문에서 사도 베드로는 하나님께서 예수 그리스도의 부활로 우리를 "거듭나게 하사 산 소망이 있게" 하셨다고 말합니다. 이는 거듭남 곧 우리에게 주신 새로운 생명이 '산 소망'과 불가분의 관계에 있다는 사실을 말해 줍니다. 우리, 곧 교회는 말씀이나 세례, 성찬과 같은 은혜의 방편을 통해 하나님께서 그리스도 안에서 우리에게 베풀어 주신 생명과 화목의 실체를 맛봅니다. 그러나 이는 우리가 소망으로 얻은 구원의 달콤함을 조금 맛보는 것일 뿐, 아직 우리에게 허락하신 구원의 완전하고 영광스러운 실체는 온전히 나타나지 않았습니다.

우리는 믿음으로 그리스도와 연합했지만, 아직 그리스도처럼 부활에 이르지는 않았습니다. 그러나 우리는 이미 허락하신 것들에 대해서만 감사하며 예수님의 부활을 기억해서는 안 됩니다. 거기서 더 나아가 아직 우리가 이르지 못한 그 영광스러움을 바라고 소망하는 가운데 예수님의 부활을 기억하며 우리 앞에 있는 그것을 잡으려 달려가야 합니다(빌 3:10-14).

예수님을 믿음으로 그분과 연합해 그분의 몸의 지체가 된 우리는 이미 그리스도의 부활로 거듭났지만, 우리가 얻은 그 생명의 참된 아름다움과 영광스러움은 아직 다 드러나지 않았습니다. 우리는 이미 그것을 얻었지만, 아직 그것이 온전히 나타날 때를 기다리고 있습니다. 이 소망을 가지고 사십시오! "사망을 삼키고 이기리라"(고전 15:54)는 말씀은, 우리가 그리스도와 같이 썩거나 죽지 않을 그 부활의 때에 마침내 온전히 이루어질 것입니다. 위에서 임할 그 영광을 기다리며 위의 것을 생각하고 땅의 것을 생각하지 마십시오(골 3:2). 아직 우리 생명은 그리스도와 함께 하나님 안에 감추어져 있습니다. 하지만 이것을 막연하게 생각하지 말고 소망 중에 믿음으로 장차 올 영광을 바라봅시다. 우리 모두가 예수님께서 부활하심으로 우리에게 주신 이 '산 소망'을 따라 살기를 바랍니다.

부활주일 중고등부 설교 1

부활은 정말 역사적인 사건인가: 부활의 증거

_눅 24:1-12

부활절은 예수님이 십자가에서 죽으셨다 삼 일 만에 다시 살아나신 것을 기념하는 기독교의 핵심적인 절기입니다. 기독교의 가장 큰 축제일을 성탄절이라고 생각하기 쉽지만, 사실 성탄절보다는 부활절이 더 중요한 기념일입니다. 그것은 예수님의 십자가 죽음이 그저 운 없게 억울한 누명을 쓰고 당하신 일이 아니라, 모든 인류를 구원하시기 위해 대속의 희생 제물로 드려진 사건인데, 이 일을 온전히 이루셨다는 것을 확인해 준 사건이 바로 예수님의 부활이기 때문입니다. 기독교 신앙의 기초는 이 두 사건, 즉 예수님의 십자가 죽으심(죄를 사하심)과 부활(의롭게 하심)에 전적으로 의존하고 있습니다(롬 4:25).

그런 면에서 오늘은 부활의 역사성에 대해 함께 생각해 보고자 합니다. 여러분은 예수님께서 죽으셨다 다시 살아나셨다는 것을 정말 믿습니까? 그보다 먼저, 죽은 사람이 다시 살아날 수 있습니까? 혹시 제자들이 예수님의 시신을 훔쳐 감추고는 예수님께서 부활하셨다고 거짓 소문 낸 것을 우리가 그대로 믿고 있는 것은 아닐까요? 죽은 사람이 다시 살아나는 것은 말도 안 되는 일이기에 스스로 이성적이라고 생각하는 사람들은 이런 논리를 펴기도 합니다. 그래서 지금은 유명한 기독교 복음주의 운동가이자 저술가인 존 스토트가 자신의 책 『기독교의 기본진리』에서 제시한 내용을 토대로, 예수님의 부활이 역사적 사실이라는 주장의 근거에 대해 몇 가지 살펴보려 합니다.

첫째, 가장 확실한 것으로 예수님의 시체가 없어졌습니다. 이는 예수님의 무덤을 찾아간 여인들과 일부 제자가 확인한 사실입니다. 또 무덤을 지키던 로마 병사들도 확인했습니다. 만약 무덤에 예수님의 시체가 그대로 있었다면, 이후 유대 종교지도자들이 예수님의 부활을 사람들에게 알리는 제자들을 협박할 게 아니라 무덤에 있는 예수님의 시체를 보여 주면 해결됐을 것입니다. 그러나 그들은 그렇게 하지 못했습니다. 그것은 예수님의 시체가 실제로 무덤에 없었다는 것을 뜻합니다. 제자들이 예수님의 시체를 훔쳐 다른 곳에 숨겨 놓고 부활했다고 거짓말한 것이라는 주장도 합리적이지 않습니다. 스스로 거짓말하고 있다는 것을 인식하는 사람이 그 거짓말을 위해 목숨까지 내놓을 수는 없기 때문입니다. 적어도 제자들은 예수님의 시체를 옮기지 않았습니다. 그 이유는 알 수 없지만, 예수님의 시체가 사라진 것은 사실입니다.

둘째, 수의가 헝클어지지 않았습니다. 성경의 기록에 의하면, 예수님의 시체를 쌌던 수의가 무덤에 남아 있었는데 헝클어지지 않고 처음의 형태 그대로 있었다는 것입니다. 그리고 머리를 쌌던 수건도 다른 곳에 처음에 쌌던 모습 그대로 놓여 있었습니다(요 20:7). 이는 누군가가 예수님의 시체를 훔쳐 가거나 옮긴 것이 아니라는 것을 의미합니다. 분명 당시와 같은 긴박한 상황에서는 세마포를 두른 상태 그대로 시체를 옮겼을 것이기 때문입니다. 예수님의 시체는 그 상태에서 변화되었기에, 몸과 머리를 감쌌던 세마포와 수건이 그 모양을 유지한 채 그대로 놓여 있었던 것입니다.

셋째, 부활하신 주님이 사람들에게 나타나셨습니다. 예수님은 부활하신 후 10회에 걸쳐 제자들에게 나타나셔서 자신의 모습을 보이셨습니다. 한 사람이 특정 상황에서만 부활하신 예수님을 봤다고 주장한다면 환상이나 착각이라고 말할 수 있지만, 다양한 상황에서 여러 사람이 수차례에 걸쳐 목격했다면 그것은 말이 달라집니다. 예수님이 실제로 부활하셔서 제자들에게 나타나셨다고 보는 것이 더 합리적입니다.

넷째, 제자들이 변화되었습니다. 예수님이 잡히실 때 제자들은 생명의 위협을 느껴 도망치고, 심지어 예수님을 부인했습니다. 그러나 예수님이 부활하신 이후에는 달라졌습니다. 생명의 위협에도 예수님이 부활하셨다는 사실을 부인하지 않았고, 오히려 그 사실을 전하는 데 자신의 목숨을 걸기도 했습니다. 적어도 제자들은 예수님이 실제로 부활하셨음을 믿고 확신했다는 것을 알 수 있습니다.

존 스토트는 이 같은 설명을 통해 예수님의 부활은 역사적인 사실로 받아들일 만한 충분한 증거가 있다고 말합니다. 우리 모두가 이러한 합리적인 근거에 기초해, 예수님의 부활이 허황된 신화나 애매한 비유가 아닌 실제 사건임을 믿고 신앙의 토대를 더욱 굳건히 하길 소망합니다.

부활주일 중고등부 설교 2

부활의 의미: 완벽한 몸을 원합니까

_고전 15:42-44

부활절은 예수님께서 십자가에서 우리를 대속해 죽으셨다 삼 일 만에 다시 살아나신 것을 기념하는 절기입니다. 사람이 죽었다 다시 살아난다는 것은 상식적으로 불가능한 일이기에 예수님의 부활은 매우 놀라운 사건이고, 교회가 기념할 만한 날인 것은 분명합니다. 어떻게 보면 예수님의 탄생을 기념하는 성탄절보다 부활절이 그리스도인들에게는 더 의미 있는 날이라고도 볼 수 있습니다. 그럼에도 우리는 이런 의문을 가질 수 있습니다. '예수님이 2천 년 전에 부활하신 사건이 지금 우리에게 무슨 의미가 있지?'

오늘은 이 질문의 답이 될 만한 이야기를 해보려 합니다. 바울은 고린도전서 15장에서 부활이란 주제를 다루면서 먼저 성도들의 부활에 대해 언급합니다. 그리고 그 근거로 예수님의 부활이 사실임을 강조합니다(고전 15:12-19). 즉, 예수님의 부활은 단순히 예수님이 죽음도 이기시는 분으로서 자신의 능력을 보여 주신 것을 넘어, 예수님을 믿는 사람들도 그분처럼 부활하게 됨을 미리 보여 주신 사건이라는 것입니다. 그래서 바울이 예수님의 부활을 "잠자는 자들의 첫 열매"(고전 15:20)가 되신 일이라고 설명하고 있는 것입니다.

예를 들어, 최고의 시설을 갖춘 놀이공원이 새로 생겼는데, 입장료가 너무 비싸 도저히 가볼 엄두를 내지 못하고 있는 상황이라고 해봅시다. 그런데 그 놀이공원에서 만 20세가 된 사람에게 생일 당일 하루 무료입장권을 주는 이벤트를 한다는 것입니다. '설마' 하고 있는데, 아는 형이 얼마 전 생일을 맞아 만 20세가 되었는데 정말 무료입장권을 받아 놀이공원에 다녀왔다고 말합니다. 그게 사실이라면 이제 우리는 어떤 기대를 갖겠습니까? 당연히 만 20세가 되는 생일을 기다릴 것입니다. 아는 형이 만 20세의 무료입장이 실제로 가능하다는 것을 증명해 주었으니, 우리도 만 20세가 되면 그럴 수 있겠다는 확신을 가질 수 있는 것입니다. 예수님께서 부활의 첫 열매가 되셨다는 것은 우리에게 그와 같은 확신을 주는 일입니다. 우리도 예수님처럼 죽음에 굴복하지 않고 승리할 수 있다는 확실한 증거가 있기에, 용기를 가지고 자신이 믿고 확신한 대로 살아갈 수 있는 것입니다. 죽음의 두려움에 매여 살아가는 사람과 그렇지 않은 사람의 삶의 방식은 완전히 다를 수밖에 없습니다.

바울이 부활과 관련해 다루는 또 하나의 주제는 부활했을 때의 몸의 변화에 대한 것입니다. 예수님은 영혼으로만 부활하신 것이 아니었습니다. '몸'을 갖고 부활하셨습니다. 그래서 제자들이 예수님의 몸을 만질 수 있었고, 예수님은 음식을 드실 수 있었습니다. 그러나 이전과 동일한 몸은 아니었습니다. 몸으로 부활하셨지만 그 몸은 이전과는 다른 영광스러운 몸이었습니다. 마찬가지로 부활할 때 우리의 몸도 그와 같이 변화될 것입니다.

오늘 본문에서 바울은 '썩을 것으로 심고 썩지 아니할 것으로 다시 살아난다'(42절)고 말하고 있습니다. 불완전한 몸이 아니라 완전한 몸으로 새로워진다는 것입니다. '욕된 것으로 심고 영광스러운 것으로 다시 살아난다'(43절)고도 말합니다. 비루하고 비천한 몸의 상태가 매우 고귀하고 우아한 몸으로 변한다는 것입니다(그러므로 외모를 좀 더 보완해 보겠다고 너무 많은 돈을 들이며 애쓰지 말기 바랍니다. 헛돈 쓰는 것이 될 수 있습니다). 또 '약한 것으로 심고 강한 것으로 다시 살아난다'(43절)고 말합니다. 지금은 비록 작고 약하더라도 영원히 그런 것은 아닙니다. 부활의 날에는 몸도 마음도 강건해지는 것입니다. 우리에게 부활은 우리 자신에 대한 모든 아쉬움이 극복되는 날입니다. 이 같은 부활의 날을 믿고 살면 현재의 부족함과 연약함에 쉽게 좌절하거나 위축되지 않습니다. 그런 것들은 나중에 모두 극복될 수 있기 때문입니다.

우리 그리스도인은 믿음으로 기다리면 장차 얻게 될 것이 많은 사람들입니다. 바라는 것이 지금 당장 있는 것도 좋겠지만 조금만 기다리면 완벽하게 좋은 것을 가질 수 있습니다. 이 같은 믿음을 가지고 오늘의 부족함과 한계, 연약함에도 불평과 불만이 아닌 기쁨과 소망을 견지하기를 바랍니다.

2장

5-8월 절기설교

어린이주일 장년 설교 1

올바른 자녀 양육의 길

_엡 6:4

    5월은 가정의 달입니다. 그리고 오늘은 어린이주일입니다. 우리나라는 OECD 회원국들 중 매년 높은 이혼율과 자살률을 기록하고 있습니다. 게다가 어린이 행복지수는 거의 최저에 이르고 있습니다. 초등생 10명 중 1명은 자살 충동을 느낀다는 통계도 있습니다. 이 모든 것을 종합해 보면 우리는 행복하지 않습니다. 우리 자녀들도 행복하지 않습니다. 가정의 위기입니다. 그러나 흔히 말하듯, 위기는 기회가 될 수 있습니다. 문제가 다 드러났기에 이제 고치기만 하면 되기 때문입니다. 이제 이대로는 안 됩니다. 바꾸어야 합니다. 오늘 어린이주일을 맞아 특별히 자녀 양육에 대한 말씀을 살펴보면서, 이 시대의 가정의 위기에 어떻게 대처해 나가야 할지 생각해 보고자 합니다.

    첫째, 자녀는 부모 마음대로 되지 않습니다. 오늘 본문은 자녀를 노엽게 하지 말라고 권합니다. 화나거나 상처받게 하지 말라는 뜻입니다. 부모가 어떻게 할 때 자녀가 이런 상태가 될까요? 부모가 과도하게 욕심을 부릴 때 자녀가 상처받을 수 있습니다. 자녀의 인생을 부모 마음대로 하려 할 때 부모와 자녀 간에 부딪침이 심해집니다. 부모들은 이렇게 항변합니다. "이 정도도 안 하는 부모가 어디 있어?" 그러나 부모의 경험과 생각으로 강요하는 그것이 꼭 옳다는 보장은 없습니다. 사실 자신의 인생도 제대로 모르는 것이 우리 인간입니다. 그러니 자녀의 인생을 지도한다는 것은 더 쉽지 않습니다.

성경에는 부모와 자녀에 관한 네 가지 조합이 모두 나타납니다. 즉, 훌륭한 부모와 훌륭한 자녀, 훌륭한 부모와 못난 자녀, 못난 부모와 훌륭한 자녀, 못난 부모와 못난 자녀가 그것입니다. 이것이 무엇을 의미합니까? 자녀 양육이 그만큼 어렵다는 것입니다. 이 네 가지 경우가 말하는 것은, 자녀가 잘되고 안 되는 책임이 전적으로 부모에게만 있는 것은 아니며, 따라서 자녀 양육에 정도(定道)는 없다는 것입니다. 부모가 잘한다고 자녀가 모두 훌륭하게 되는 것은 아닙니다. 반대로 부모가 못해도 자녀가 훌륭하게 되는 경우도 있습니다. 세상일처럼 자녀 양육도 우리의 계획과 욕심대로 안 되는 것입니다. 그러니 너무 욕심 부리지 마십시오. 어느 시점에서는 그냥 내버려 두는 수밖에 없습니다. 그것이 자녀와 싸우고 노엽게 하는 것보다 낫습니다.

오늘 본문에서 바울은 특히 '아비들'에게 자녀 양육에 관해 교훈하고 있습니다. 당시에는 자녀 양육의 책임이 아버지에게 있었기 때문입니다. 오늘날은 많이 바뀌어 아버지들은 자녀들을 돌볼 시간이 별로 없습니다. 그래서 자녀들을 더 노하게 만들기가 쉽습니다. 평소에 관계가 잘 형성되어 있지 않은 상태에서 간혹 만나면 훈계만 하니 자녀로서는 받아들이기가 힘듭니다.

자녀는 결코 부모 마음대로 되지 않는다는 사실을 기억하십시오. 우리 인생도 우리 마음대로 안 되지 않습니까? 공부만 잘하면 다 되는 것도 아닙니다. 하버드대 출신과 보스턴 빈민가 출신을 비교한 연구에 의하면, 단기적으로는 하버드생이 훨씬 많이 성공하지만 장기적으로는 빈민층 출신만큼이나 하버드대 출신 중에서도 마약중독자나 알코올중독자 등 사회적 실패자가 많이 나온다고 합니다. 캘리포니아의 영재 1,528명에 대한 추적 검사에서도 같은 결과가 나왔다고 합니다. 지능지수 145 이상의 영재 집단도 다른 집단과 마찬가지의 성공과 실패 분포를 보인 것입니다.

그래서 요즘은 교육에서 인성을 강조합니다. 지식 위주의 공부가 아니라 열정, 모험심, 호기심, 자신감, 가치관 등 포괄적인 영역에 대한 탐구를 중요하게 여기기도 합니다.

오늘 본문은 부모에게 자녀를 노엽게 하지 말라고 훈계합니다. 부모로서 우리는 자신의 욕심 때문에 자녀를 노엽게 하지 말고, 그에 앞서 자녀와 인격적이고 친밀한 관계를 만들어 가는 일에 더 관심을 가져야 할 것입니다.

둘째, 하나님을 향한 부모의 태도가 자녀의 성공에 큰 영향을 미칩니다. 이 사실은 성경의 인물 중 한나와 엘리를 비교해 보면 분명히 드러납니다. 어렵게 얻은 귀한 아들을 서원대로 하나님께 드리기 위해 한나는 젖을 뗀 후 사무엘을 바로 제사장에게 보냅니다(삼상 1:19-28). 반면 엘리는 하나님보다 자녀들을 더 사랑해(삼상 2:29) 그들의 잘못을 바로잡아 주지 않습니다. 이처럼 자녀 양육의 문제는 부모와 자녀 사이의 문제가 아닙니다. 부모와 하나님 사이의 문제입니다. 모든 삶의 문제가 그렇듯, 자신과 하나님 사이에 문제가 생기면 곧 자녀나 배우자, 또는 다른 사람과의 사이에 문제가 생기는 것입니다.

오늘 본문은 오직 주의 교양과 훈계로 자녀를 양육하라고 말합니다. '오직'이란 단서가 붙었으니 다른 길은 없다는 뜻입니다. 부모로서 자신의 인간적인 판단이나 생각을 내세우지 말라는 것입니다. 오직 하나님의 교양과 훈계대로 해야 합니다. 여기서 교양은 징계와 책벌을 의미합니다. 또 훈계는 말로 충고하는 것을 가리킵니다. 그런데 이 모든 것이 효력이 있으려면 부모가 먼저 하나님의 말씀대로 살아야 합니다. 말뿐인 교양과 훈계는 자녀들을 움직이지 못합니다. 자녀 양육의 성패는 하나님을 향한 부모의 태도에 달려 있습니다. 주의 교양과 훈계로 양육하려면 부모가 먼저 그것에 복종해야 합니다. 부모는 올바른 자녀 양육을 위해서라도 신앙생활을 잘해야 합니다. 그것이 곧 자녀를 위하는 길입니다.

어린이주일을 맞아 부모로서 자신의 자녀 양육 태도를 겸손히 점검해 보고, 바울의 권면처럼 자녀를 노엽게 하지 말고 주의 교양과 훈계로 양육하되, 부모인 우리 자신이 먼저 철저한 말씀의 사람이 되기를 소망합니다.

어린이주일 장년 설교 2

자녀 사랑의 아름다움을 지키려면

_삿 17:1-3

성경에 따르면 우리는 서로 사랑하는 존재로 지어졌습니다. '서로 사랑하라'는 명령은 예수님께서 제자들에게 새 계명으로 주신 것이지만(요 13:34), 실은 구약의 율법을 통해 이미 주어졌던 것이며(레 19:18), 더 거슬러 올라가 첫 사람 아담과 하와를 만드셨을 때부터 하나님이 그들에게 기대하셨던 것입니다(창 2:22-25). 하나님은 우리에게 모든 사람을 사랑하라고 하셨습니다. 그것은 우리를 사랑의 하나님의 형상으로 지으신 가장 중요한 목적 중 하나입니다. 무엇보다 가정은 사랑이라는 하나님의 창조 목적을 실현해야 하는 가장 기본적인 영역입니다. 부부, 부모와 자식, 형제 간의 사랑은, 성경에서 하나님과 그 백성, 주님과 우리의 관계를 묘사하는 데 빈번하게 사용될 만큼 하나님이 아름답게 만드신 작품입니다.

그러나 우리가 서로 사랑하기 위해 반드시 기억해야 할 것이 있습니다. 그것은 우리에게 사랑을 요구하고 가르쳐 주시는 하나님을 먼저 사랑하고, 그분의 말씀에 귀를 기울여야 한다는 것입니다. 다시 말해, 우리는 사랑의 원형이신 하나님께 배우는 자로서 서로 사랑해야 합니다. 하나님을 떠나 죄에 물든 상태에서 행하는 사랑에는 더러움과 기만이 가득할 수밖에 없습니다. 이 세상의 사랑 중 가장 순수하고 순결하다고 여겨지는 부모의 자녀를 향한 사랑도 예외일 수 없습니다.

본문은 이스라엘에 왕이 세워지기 이전인 사사 시대를 배경으로 합니다. 사사기 기자는 이때의 영적·도덕적 상황을 "그때에는 이스라엘에 왕이 없었으므로 사람마다 자기 소견에 옳은 대로 행하였더라"(17:6)라고 요약합니다. 이 말은 중의적인 의미로, 우선은 왕정이 시작되기 전 당시의 사회적 무질서함을 가리키며, 한편으론 참된 왕이신 하나님의 뜻과 말씀을 따르지 않는 이스라엘의 영적인 혼란스러움을 표현한 것입니다.

본문의 미가 가정에도 이러한 무질서함과 혼란스러움이 있었습니다. 오늘 본문은 사사기 17-18장 두 장에 걸쳐 우스꽝스럽고도 당황스럽게 전개되는 이스라엘의 '웃픈'(웃기지만 슬픈) 사건의 발단을 기록한 것입니다. 이 에피소드에 등장하는 인물은 모두 어떤 냉철함이나 뚜렷한 기준 없이 행동합니다. 미가와 그의 어머니부터, 미가가 자기 집 제사장으로 고용한 레위인, 미가의 집에서 그 제사장과 드라빔을 빼앗아 자신들의 소유로 삼은 단 지파 사람들까지, 모두 나름대로 하나님과 관련된 선택과 행동을 하지만 단 한 사람도 분별력이 없는 듯합니다.

이 참을 수 없이 가볍고 우스꽝스러운 이야기의 시작은 한 가정의 모자 간에 있었던 사건에서 비롯됩니다. 미가의 어머니가 은 천백을 잃어버리고는 화가 나 도둑질한 사람을 저주합니다. 그런데 어머니의 은을 훔친 사람은 다름 아닌 아들 미가였습니다. 미가는 어머니의 저주를 듣고 자신이 그 은을 가져갔다고 자백합니다. 그러나 자신의 잘못을 뉘우치는 모습은 조금도 내비치지 않습니다. 그가 자신의 행동을 자백하며 어머니의 돈을 돌려 준 것은 단지 어머니의 저주가 두려웠거나, 왠지 마음이 불편했기 때문인지도 모릅니다.

그러나 더욱 황당하고 어처구니없는 것은 그런 미가에 대한 어머니의 반응입니다. 미가의 어머니는 아들의 자백을 듣자마자 "내 아들이 여호와께 복 받기를 원하노라"(2절)라고 말합니다. 아마도 자신이 내뱉은 저주가 아들에게 임할까 염려되었기 때문일 것입니다. 분명 여호와의 이름으로 저주했을 텐데, 그 저주를 막기 위한 축복 또한 여호와의 이름으로 하고 있습니다. 자신의 기분과 욕심에 따라 하나님의 이름을 마구 가져다 사용하고 있는 것입니다. 그리고 무엇보다 하나님을 우상처럼 대하는 그녀의 행동에는 삐뚤어진 자녀 사랑이 자리 잡고 있습니다. 아들이 진정으로 그릇된 행실을 버리고 복된 길로 가도록 하는 것이 아니라, 비록 그가 잘못된 길을 가더라도 모든 수단과 방법을 동원해 그의 유익을 도모하려는 그릇된 마음이 하나님마저 이용하게 만든 것입니다. 그래서 아들을 위해 신상을 부어 만들고자(이는 하나님께서 엄히 금하신 일입니다) "이 은을 여호와께 거룩히 드리노라"(3절)며 말도 안 되는 결단을 하고 있는 것입니다.

우리는 우리의 자녀 사랑이 이같이 어리석게 하나님을 기만하고, 자녀를 망칠 정도로 우상화되지 않도록 주의해야 합니다. 대개 자녀 사랑과 관련된 일은 정당화되는 경향이 있지만, 하나님의 백성은 이에 대해 깊은 경각심을 가져야 합니다. 하나님을 경외하지 않고 그분의 거룩함을 무시하는 죄는, 하나님이 주신 귀한 것을 가장 더럽고 가증스럽게 만들 수 있다는 사실을 기억하고, 부모로서 우리의 자녀 사랑이 추해지지 않도록 그런 일을 두려워하고 피할 수 있기를 바랍니다.

어린이주일 청년 설교

다음세대를 위한 의무

_신 6:16-25

오늘은 어린이주일을 맞아 하나님께서 이스라엘 백성에게 다음세대의 신앙을 위해 어떤 일을 하도록 하셨는지 살펴보면서 오늘 우리의 삶에 적용해 보고자 합니다.

하나님은 이스라엘 백성을 애굽에서 건져내신 후 자기 백성으로 삼으셨습니다. 애굽의 종이었던 이스라엘 백성은 출애굽을 통해 하나님을 섬기는 하나님의 백성이라는 새로운 정체성을 갖게 된 것입니다. 애굽의 질서를 따라 애굽을 섬기는 종에서, 이제는 하나님의 뜻을 따라 하나님을 섬기는 백성이 된 것입니다.

하나님은 이스라엘 백성이 이러한 사실을 분명히 기억하며 살도록 하셨습니다. 유월절 규례를 지키게 하신 것도 이런 정체성을 대대에 전하게 하시려는 것이었습니다(출 12:14-27). 이 규례를 지키는 매우 중요한 의미 중 하나는, 그들의 자녀들이 하나님께서 일찍이 하신 일에 대해 알게 하려는 것이었습니다. "이후에 너희의 자녀가 묻기를 이 예식이 무슨 뜻이냐 하거든 너희는 이르기를 이는 여호와의 유월절 제사라 여호와께서 애굽 사람에게 재앙을 내리실 때에 애굽에 있는 이스라엘 자손의 집을 넘으사 우리의 집을 구원하셨느니라 하라 하매 백성이 머리 숙여 경배하니라"(출 12:26-27). 하나님이 명령하신 규례를 지킴으로 하나님이 행하신 일들을 다음세대에게 가르쳐 알리도록 하신 것입니다.

그러나 이스라엘의 새로운 정체성을 나타내는 더욱 실제적이며 중요한 요소는 율법이었습니다. 하나님은 이스라엘을 시내산으로 불러 언약을 맺으시며 말씀하셨습니다. "세계가 다 내게 속하였나니 너희가 내 말을 잘 듣고 내 언약을 지키면 너희는 모든 민족 중에서 내 소유가 되겠고 너희가 내게 대하여 제사장 나라가 되며 거룩한 백성이 되리라 너는 이 말을 이스라엘 자손에게 전할지니라"(출 19:5-6). 이에 모든 백성이 하나님의 명령을 지켜 행하겠노라고 대답했습니다(출 19:8). 하나님은 이스라엘 백성이 단순히 애굽의 압제에서 건짐받았다는 사실만이 아니라, 하나님의 말씀을 따르며 하나님을 섬기기 위해 건짐받았다는 사실을 분명히 기억하게 하셨습니다. 이런 면에서 율법을 지키는 것은, 이스라엘 백성이 자신들의 정체성을 실제적으로 확인하고 살아낸다는 의미가 있었습니다.

물론 이스라엘 백성은 광야에서부터 하나님의 말씀을 거역하고 하나님을 시험했습니다(16절). 그러나 하나님은 그때마다 기회를 주시며, "명하신 명령과 증거와 규례를 삼가 지키며 여호와께서 보시기에 정직하고 선량한 일을 행하라"(17-18절)고 재차 말씀하셨습니다. 그렇게 하심으로 애굽과 이 세상의 종이 아닌 하나님께로 구별된 거룩한 백성, 하나님을 섬기는 제사장 나라라는 정체성을 드러내며 살게 하신 것입니다. 그것은 넓게는 온 세상을 위한 일이었습니다. 하나님께서는 일찍부터 이 아브라함의 자손들로 하여금 "여호와의 도를 지켜 의와 공도를 행하게 하려고"(창 18:19) 아브라함을 택하셨고, 그들을 통해 천하 만민에게 복을 주려 하셨습니다(창 18:18). 하지만 하나님의 말씀을 따름으로 '세상으로부터' '하나님을 위해' 구원받은 하나님의 백성임을 나타내는 일은 무엇보다 다음세대를 위한 것이었습니다.

이스라엘 백성이 하나님의 말씀에 순종하며 따른다면 자녀들이 그 이유에 대해 물을 것이고, 그러면 자녀들에게 자신들의 정체성을 말해 주어야 할 것입니다. "후일에 네 아들이 네게 묻기를 우리 하나님 여호와께서 명령하신 증거와 규례와 법도가 무슨 뜻이냐 하거든 너는 네 아들에게 이르기를 우리가 옛적에 애굽에서 바로의 종이 되었더니 여호와께서 권능의 손으로 우리를 애굽에서 인도하여 내셨나니 곧 여호와께서 우리의 목전에서 크고 두려운 이적과 기사를 애굽과 바로와 그의 온 집에 베푸시고 우리 조상들에게 맹세하신 땅을 우리에게 주어 들어가게 하시려고 우리를 거기서 인도하여 내시고 여호와께서 우리에게 이 모든 규례를 지키라 명령하셨으니 이는 우리가 우리 하나님 여호와를 경외하여 항상 복을 누리게 하기 위하심이며 또 여호와께서 우리를 오늘과 같이 살게 하려 하심이라"(20-24절). 이것이 바로 하나님 백성의 특권이자 의무입니다.

우리가 이스라엘 백성처럼 하나님의 은혜를 입었다면, 우리 역시 하나님의 백성으로서 그분의 말씀을 듣고 순종하는 복을 누릴 뿐 아니라, 그러한 생명의 길을 보여 주고 전해 주어야 합니다. 이 역시 넓게 보면 온 세상을 위한 일이지만, 먼저는 우리 공동체에 속한 다음세대를 위한 것입니다. 우리는 세상과 구별된 '다른 삶'을 보여 주고, 그 이유에 대해 말해 주어야 하는 자들입니다.

어린이주일 중고등부 설교

미숙한 동생 참아 주기

_창 37:1-11

어린이주일은 성경에 근거한 교회 절기는 아닙니다. 그럼에도 이날이 교회 절기로 보편화된 것은 근세로 들어서면서 어린이들에 대한 관심이 높아졌기 때문입니다. 과거에는 사회적으로 지금처럼 어린이들의 교육이나 인권에 대해 중요하게 생각하지 않았습니다. 오히려 어린이는 저임금의 노동력 정도로 취급받았습니다. 그러나 점차 어린이들에 대한 관심이 높아지면서 어린이가 어떻게 교육받는지가 국가의 미래를 좌우한다는 인식을 갖게 되었습니다. 이런 분위기에서 1856년 미국의 레오날드(G. H. Leonard) 목사가 어린이에 대한 어른들의 인식을 새롭게 하기 위해 6월 둘째 주일을 어린이주일로 정했습니다. 이것이 이후 교단 전체로 확대되면서 교회 절기가 되었고, 우리나라에서는 어린이날이 있는 주와 연계해 5월 첫째 주일을 어린이주일로 정했다고 합니다.•

여러분은 청소년이니 스스로 어린이는 아니라고 생각할 것입니다.

• 참조. http://jinyhome.net/worship/season/6.htm

그렇다면 어린이와 청소년은 정확히 어떻게 구분할까요? 어린이는 보통 4~5세에서 초등학생(대략 13세)까지를 가리킵니다. 그럼 청소년은 몇 살까지일까요? 청소년이라는 말이 청년과 소년을 합친 것이니 법적으로 보면 9세에서 24세까지라고 합니다(생각보다 범위가 넓죠?). 어린이와 청소년이 서로 겹치는 나이가 있긴 하지만, 어린이라고 하면 대략 우리 동생들을 떠올리면 될 듯합니다. 우리에게 동생은 어떤 존재입니까? 귀엽고 사랑스러운 존재입니까, 아니면 때려 주고 싶을 만큼 얄미운 존재입니까?

오늘 본문은 야곱의 아들들에 대한 이야기입니다. 야곱에게는 열두 명의 아들이 있었습니다. 그중 열한 번째가 우리가 잘 아는 요셉입니다. 우리는 요셉을 멋진 사람으로 알고 있는데, 오늘 본문에 의하면 어릴 적에는 그런 인물이 아니었던 것 같습니다.

요셉의 나이 17세 때의 일화입니다(본문에서는 그를 '소년'이라고 말합니다). 요셉이 형들과 함께 양을 칠 때 그들이 잘못한 게 있으면 그것을 아버지 야곱에게 일러 바쳤다고 합니다(2절). 나이가 17세나 되었는데 고자질을 일삼았다는 것이 잘 이해되지 않습니다. 또 아버지가 노년에 얻은 아들이라 요셉을 더 사랑해 형들에게는 입히지 않은 채색옷을 해주었는데, 요셉은 눈치 없이 그 옷을 입고 형들에게 자랑했던 것 같습니다(3-4절). 당연히 형들은 기분이 상했을 것이고, 요셉을 멀리하기 시작했습니다. 한번은 요셉이 신기한 꿈을 꿨다면서 형들을 불러 놓고, 형들의 곡식 단이 자신의 곡식 단에 절하고, 하늘의 해와 달과 열한 별이 자신에게 절했다는 이야기도 했습니다(6-9절). 요셉은 형들의 마음이 상할 수밖에 없는 이야기를 거리낌 없이 한 것입니다. 나이는 17세지만 생각하는 수준이나 하는 행동은 7세 어린이 못지않았던 것입니다.

　이 당시 요셉은 눈치도 없고 모든 말과 행동이 미숙했기에 형들의 미움을 받게 됩니다. 이후 벌어지는 일이지만, 결국 형들이 아버지가 없는 틈을 이용해 동생 요셉을 상인에게 팔아 버립니다. 그리고 아버지에게는 마치 요셉이 들에서 짐승에게 잡혀 먹힌 것처럼 거짓말을 했습니다. 얼마나 동생이 얄미웠으면 그렇게까지 했겠습니까? 형들도 잘한 것은 아니지만 요셉의 미숙함과 철없음이 화를 자초했다는 것을 성경은 말해 주고 있습니다.

　그런데 세월이 흐른 후 요셉이 어떻게 됩니까? 형들 때문에 종으로 팔려가 고생하고 억울한 일도 많이 당하지만, 결국에는 거대한 나라 애굽의 총리가 되어 기근이라는 국가적 위기를 잘 관리하고 극복하는 뛰어난 지도자가 됩니다. 더 놀라운 것은 자신을 상인에게 팔아 버렸던 형들을 다시 만났을 때 복수하기는커녕, 오히려 형들을 용서하고 그들의 자녀까지도 잘 살 수 있도록 도와주는 성숙한 어른이 되었다는 것입니다. 요셉은 그 모든 과정을 통해 그렇게 변화되어 갔던 것입니다.

　솔직히 같이 지내다 보면 동생들이 얄밉거나 철없어 보일 때가 있을 것입니다. 그래서 화가 나기도 합니다. 그때 두 가지를 기억합시다. 하나는 우리도 그런 모습을 거쳐 지금 이 자리에 있다는 것입니다(다 거쳐 가는 과정입니다). 또 하나는 요셉의 삶입니다. 요셉은 17세가 될 때까지 철이 없었습니다. 그러나 하나님이 그를 얼마나 멋진 사람으로 만들어 가셨습니까? 이런 믿음을 가지고 사랑과 애정으로 동생들을 대해 주길 바랍니다. 그리고 스스로에 대해서도 그 소망을 놓지 않기를 바랍니다.

어버이주일 장년 설교 1

순종하고 공경하라

_엡 6:1-3

부모 공경은 성경의 명령입니다. 본문은 '순종하라' '공경하라'며 명령형으로 말하고 있습니다. 그러므로 이것은 선택이 아니라 무조건 해야 하는 일입니다. 오늘은 어버이주일을 맞아 본문을 통해 부모 공경의 윤리적 개념만이 아니라 신앙적 의미까지 살펴보고자 합니다.

부모 공경에 관한 첫 번째 명령은 '순종하라'입니다(1절). 여기에는 여러 단서가 붙어 있습니다. 처음 단서는 '주 안에서'입니다. 즉, 주 안에서 순종을 명령합니다. 주 안에서가 아니면 순종하기 어려운 상황도 많기 때문입니다. 부모도 사람이니 틀리는 경우가 있습니다. 또 자격 없는 부모도 있습니다. 그럼에도 주 안에서 순종하라고 합니다. 주 안에서 기뻐하라는 말씀도 같은 맥락입니다(빌 4:4). 주 안에서가 아니면 감옥에 있으면서 어떻게 기뻐할 수 있겠습니까? 주 안에서가 아니면 기뻐하거나 사랑하지 못할 순간도 많습니다. 그래서 '주 안에서' 순종하라는 것입니다.

'주 안에서 순종하라'의 또 다른 의미는 주님의 뜻 안에서 순종하라는 것입니다. 어디까지나 주님의 뜻이 먼저입니다. 주님의 뜻을 벗어나는 일에 순종하는 것은 해당사항이 없습니다. 아무리 부모님 말씀이라도, 교회 가지 말라든가 하나님 믿지 말라는 말씀을 따를 수는 없습니다. 예수님도 제자가 되기 위해서는 부모를 포함해 세상의 그 어떤 관계보다 하나님과의 관계가 우선이어야 한다고 말씀하셨습니다(마 10:37).

두 번째 단서는 '너희 부모에게'입니다. 성경은 순종의 대상을 기본적으로 인간이 아닌 하나님으로 전제합니다. 그러나 이 본문에서는 부모가 순종의 대상입니다. 그만큼 부모와 자식 간은 중요한 관계입니다. 부모에게 순종하지 않는 자는 하나님을 섬긴다고 말할 수 없습니다. 그러므로 부모의 권위는 이 땅에서 무엇보다 존중되어야 합니다. 눈에 보이지 않지만 우리가 절대적으로 복종해야 하는 권위가 하나님께 있다면, 눈에 보이는 절대 권위는 부모에게 있습니다.

성경은 먼저 눈에 보이는 사람에게 잘하라고 명령합니다(요일 4:20). 그것이 신앙의 진정성을 증명하는 것입니다. 보이는 사람에게 잘하지 못하면서 보이지 않는 하나님께 잘할 수 없기 때문입니다. 부모를 공경하지 못하면서 하나님을 잘 섬긴다는 것은 어불성설입니다. 그러므로 신앙적인 이유에서라도 부모를 잘 섬겨야 합니다.

마지막 단서는 '이것이 옳으니라'입니다. 다른 설명이 없습니다. 그냥 그것이 옳다는 것입니다. 그만큼 절대적인 선언입니다. 골로새서 3장 20절은 부모에게 순종하는 것이 주님을 기쁘시게 하는 일이라고 말합니다. 즉, 부모에 대한 순종은 부모는 물론이고 주님을 기쁘시게 하는 신앙 행위입니다. 그래서 이것은 무조건 옳은 일입니다.

본문의 두 번째 명령은 '부모를 공경하라'입니다(2절). 순종과 공경은 비슷하지만 약간 다릅니다. 순종이 외적 행함이라면 공경은 마음에 관한 것입니다. 즉, 마음 깊은 곳에서부터 존경하는 것입니다. 공경이 없이도 순종할 수 있습니다. 그러나 성경은 마음으로부터 순종하라고 가르칩니다. 사실 마음이 없는 순종은 진실한 순종이 아닙니다. 오히려 복종에 가깝습니다. 그래서 성경은 마음에서 시작되는 윤리를 가르칩니다. 신명기에서 마음을 다해 하나님을 사랑하라고 한 것(신 6:5)이나, 예수님이 산상수훈을 통해 마음의 간음을 언급하신 것(마 5:28)도 모두 같은 맥락입니다. 오늘 본문도 부모를 마음으로부터 공경하고 사랑하라고 말하고 있습니다. 외적 행동뿐 아니라 진심을 담아 공경하라는 것입니다.

그리고 오늘 본문은 이것이 약속 있는 첫 계명이라고 말합니다. 물론 십계명의 제2계명에도 하나님의 계명을 지키는 자에게는 천 대까지 은혜를 베푸신다는 약속이 있지만, 본문에서 이렇게 말하는 것은 이 명령이 더 구체적인 복을 언급하고 있기 때문입니다(3절). 하나님은 이 계명에 약속, 곧 땅에서 잘되고 장수하는 복이 있다고 말씀하셨습니다. 부모 공경은 결국 자신이 복 받는 길이기도 한 것입니다.

무엇보다 우리 자신이 잘되기 위해서라도 부모를 공경해야 합니다. 성경의 명령을 행하면 언제나 자신에게 먼저 복이 됩니다. 그러므로 하나님이 만드시고 소중히 여기시는 우리 자신을 위해서라도 하나님 말씀에 순종해야 합니다.

주 안에서 부모에게 순종하고, 마음으로부터 부모를 공경하는 것은 하나님의 약속이 있는 첫 계명입니다. 우리 모두가 이 계명을 따름으로 땅에서 잘되고 장수하는 하나님의 약속을 받아 누릴 수 있기를 소망합니다.

어버이주일 장년 설교 2

부모를 공경하라

_막 7:9-16

　오늘은 어버이날을 기념하며 지키는 어버이주일입니다. 부모를 공경하는 것은 당연한 일임에도 국가가 이처럼 날을 정해 기념하는 데는 두 가지 이유가 있는 것 같습니다. 먼저는 교훈적인 의미가 있을 것입니다. 사회가 부모 공경을 중요한 가치로 삼고 있다는 것을 구성원 모두에게 상기시키는 효과가 있는 것입니다. 즉, 국가는 어버이날을 통해 부모의 은혜에 대해 생각하고 감사의 마음을 표할 수 있는 기회를 제공함으로 우리 사회가 중요하게 여기는 부모 공경의 가치를 공고히 하는 것입니다.

　다른 하나는 어버이날을 통해 공식적으로 부모들의 자긍심을 높여 주기 위한 것으로 볼 수 있습니다. 마치 국군의 날에 군인들의 헌신과 노고를 치하함으로 자부심을 갖게 하는 것과 같습니다. 그런 의미에서 어버이날에 자녀들이 부모의 가슴에 카네이션을 달아 드리거나 선물을 드리며 감사의 마음을 전하는 것은 매우 중요합니다. 자식을 위해 헌신한 삶에 대한 인정과 보상을 받는 듯하기에 부모의 자긍심이 높아지기 때문입니다. 동서고금을 막론하고 부모를 공경하도록 가르치지 않는 사회는 없는 듯합니다. 그만큼 부모의 공로는 보편적으로 인정받을 만한 것입니다.

그러나 최근 들어 우리 주변에서 이러한 상식에 맞지 않는 일들이 많이 발생하고 있습니다. 자신의 힘만으로는 살아가기 어려운 부모를 방치하다시피 버려 두는 자식들에 대한 이야기나, 부모의 재산을 노린 자식의 범죄를 다룬 뉴스가 심심찮게 들려옵니다. 이 정도는 아니더라도 우리 역시 종종 이런 자책을 합니다. '부모님은 지금도 자식들을 위해 노심초사하시고 뭐 하나 더 줄 게 없을까 늘 생각하시는데, 나는 왜 부모님께 안부전화도 자주 드리지 못할까?' '내가 부모님께 받은 것이 얼마나 많은데, 나는 왜 부모님을 섬기는 일에 이리 계산적이고 야박할까?' 자녀로서 모두가 같은 마음일 것입니다. 그래서 우리에게 어버이날이 꼭 필요한지도 모르겠습니다. 이때를 기해서라도 자신을 더욱 성찰하고 반성하게 되기 때문입니다. 그리고 다시 새롭게 결심하게 됩니다. 때론 형식적이나마 작은 일을 실천하기도 합니다. 그러면서 우리는 사람이라면 누구나 마땅히 가져야 할 마음을 다시 품도록 도전 받고 결심하게 됩니다. 어쩌면 우리는 이러한 후회와 반성, 그리고 작은 실천과 노력의 과정을 반복하면서 부모의 마음을 배우고, 또 점점 부모다워지는 것인지도 모르겠습니다.

오늘 본문에는 이 같은 후회와 반성의 기회조차 스스로 포기해 버린 사람들이 등장합니다. 이들에게도 '네 부모를 공경하라'는 법이 있었습니다. 그리고 그 법을 어길 경우 무섭게 책임을 묻는 사회적 장치도 있었습니다. 그래서 사람들은 형식적으로나마 부모를 공경해야 했습니다. 그러지 않으면 사회에서 인정받을 수 없기 때문입니다.

그러나 어느 순간 사람들은 부모를 공경하지 않고도 사회적으로 인정받을 수 있는 꼼수를 발견하게 됩니다. 그것은 바로 '고르반'이라는 제도를 활용하는 것이었습니다. '고르반'이라는 것은 부모에게 드려야 하는 것이라도 그것을 하나님께 드리면 부모에게 드린 것으로 인정해 주는 제도입니다. 사람들이 이 제도를 악용한 것입니다. 즉, 부모에게 드려야 할 것까지 모두 하나님께 드림으로, 정작 부모는 섬기지 않는데 신앙적으로는 더 인정받았던 것입니다. 그들은 사회적으로나 종교적으로는 인정받았을지라도 실제 삶에서는 부모에 대한 기본적인 공경조차 하지 않았습니다. 그러면서도 '고르반' 되었기에 괜찮다고 생각했습니다. 예수님은 사람들의 이 같은 행위와 관습의 문제점을 지적하셨던 것입니다. "너희가 전한 전통으로 하나님의 말씀을 폐하며 또 이 같은 일을 많이 행하느니라"(13절).

만약 우리가 교회에서 열심히 봉사하고 헌금도 많이 드려 목사님과 성도들에게는 칭찬을 받으면서도, 정작 마땅히 섬겨야 할 부모님을 위해서는 시간과 물질을 드리지 못한다면 과연 우리의 신앙이 건강한 것일까요? "보는 바 그 형제를 사랑하지 아니하는 자는 보지 못하는 바 하나님을 사랑할 수 없느니라"(요일 4:20). 우리는 이 말씀에 스스로를 비추어 보아야 합니다. 눈에 보이는 부모도 섬기지 못하면서 보이지 않는 하나님 아버지를 섬긴다는 것은 어불성설입니다. 생명의 근원이신 하나님을 예배하는 사람이라면 육체의 생명을 주신 부모도 마땅히 존중해야 합니다.

"네 부모를 공경하라 그리하면 네 하나님 여호와가 네게 준 땅에서 네 생명이 길리라"(출 20:12). 하나님의 말씀을 따라 진심으로 부모를 공경하여 모두 이러한 복 받기를 주님의 이름으로 축복합니다.

어버이주일 청년 설교

부모의 권위를 인정하라

_출 20:12

종교개혁자 칼빈은 십계명 중 "네 부모를 공경하라"는 명령에 대해 다음과 같이 설명했습니다. "하나님이 여기서 부모를 공경하라고 말씀하신 것은, 우리를 우리의 본성에 가장 적합하고 적절한 방식으로 이끄시기 위함입니다. 인간은 너무나 오만하기 때문에 누구에게도 쉽사리 머리를 숙이지 않습니다. 너 나 할 것 없이 우리 모두는 자신이 다른 이들의 주인이 될 수 있다고 생각합니다. 사실 우리가 하나님이 우리를 쉽게 지배하실 수 있을 만큼 자신을 낮추거나, 우리보다 높은 권위를 가진 자들에게 순종하는 것은 매우 어렵습니다. 그러므로 순종이 우리의 본성에 그토록 어렵다는 것을 아시는 하나님은, 우리를 매우 온화한 방식으로 이끄시기 위해 우리 앞에 부모라는 상징을 제시하신 것입니다."
다시 말해, 십계명의 제5계명은 하나님만이 아니라 하나님이 세우신 권위조차 인정하고 거기에 순복하기를 싫어하는 인간의 본성 때문에 주신 계명이라는 것입니다. 하나님은 인간에게 가장 친근하고 납득하기 쉬운 부모의 권위를 인정하고 따르게 하심으로 일찍부터 순종을 배우도록 하신 것입니다. 그러므로 이것은 매우 중요한 의미를 갖고 있는 명령입니다. 특히 오늘날에는 더더욱 그렇습니다.

오늘날 우리는 권위가 무너지는 시대를 경험하고 있습니다. 어떤 사람들은 이런 세태를 사회의 진보 또는 진화라고 생각하기도 합니다. 비로소 평등한 인간관계가 형성되고 있다고 여기는 것입니다. 물론 세대가 바뀌면서 과거의 권위주의적인 인습이 타파되는 일들이 종종 일어나는 것은 사실입니다. 하지만 권위의 왜곡에 문제를 제기하는 정도가 아니라 권위 자체에 대한 반감이 정당화되는 오늘날의 변화는 바람직하지 않습니다.

모든 권위는 하나님이 세우신 것입니다. 비록 그 권위가 죄악 된 인간에 의해 왜곡될 위험이 있더라도, 권위 자체를 부정하지는 말아야 합니다. 그것이 십계명의 제5계명을 통해 하나님께서 우리에게 가르쳐 주신 것입니다. 우리는 하나님이 우리에게 맡기신 권위를 정당하게 행사하는 방법 이전에 권위에 순종하는 것부터 배워야 합니다. 그리고 그 배움은 가정에서 시작되어야 합니다.

부모를 공경하라는 말은 하나님께서 위임하신 권위를 인정하고 거기에 순종하라는 의미입니다. 사람들은 일반적으로 인간관계를 통해 하나님이 세우신 권위를 경험함으로, 하나님을 인정하고 그 말씀에 순종하라는 하나님의 명령이 추상적이 아니라 매우 실제적이라는 사실을 알게 됩니다. 그래서 하나님은 우리가 부모를 통해 그러한 관계를 경험하게 하신 것입니다.

부모를 공경하라는 것은 단순히 노인이 된 부모를 잘 부양하거나, 애정 표현을 잘 해서 기쁘시게 하라는 정도의 의미가 아닙니다. 자녀로서 부모의 말에 순종하고 부모를 힘써 섬겨야 할 의무를 말하는 것입니다. 이는 하나님을 창조자와 구속자로 믿는 하나님의 백성이라면 당연한 일입니다. 단순히 하나님의 백성에게 요구되는 도덕적 수준을 명령하신 것이 아닙니다. 우리가 이 명령을 마음에 새기고 주의 깊게 행해야 하는 이유는, 이것이 죄로 뒤틀린 우리의 본성을 향한 하나님의 명령이기 때문입니다. 하나님은 우리가 그분이 위임하신 권세에 순종하는 것을 통해 하나님 자신의 권위에 대한 순종을 배우며 행하게 하신 것입니다.

더불어 하나님께서는 이 명령에 복된 약속을 덧붙여 주셨습니다. "그리하면 네 하나님 여호와가 네게 준 땅에서 네 생명이 길리라." 이는 자신이 받을 복을 위해 부모에게 순종하라는 뜻이 아닙니다. 세상에는 하나님께서 허락하신 질서가 있으며, 그 질서를 따라 조화를 이루며 사는 것이 가장 안전하고 복되다는 것입니다. 즉, 하나님께서 인류에게 주신 질서의 가장 근본이 되는 것은 부모의 권위며, 그 부모의 권위로 대표되는 이 땅의 질서가 바로 세워질 때, 그 조화로움을 통해 하나님이 주시고자 하는 복을 가장 풍성하게 경험하게 될 것이라는 뜻에서 덧붙여 주신 약속입니다.

그러므로 우리 삶의 모든 영역, 특히 가장 익숙하고 친근한 관계에서까지 하나님을 의식합시다. 하나님은 우리에게 어떤 관계도 아무 의미 없이 허락하신 것이 없으며, 부모와의 관계는 더더욱 그러합니다. 우리가 이 같은 관계에서 드러내는 태도는 결코 하나님을 대하는 태도와 무관할 수 없습니다. 그리고 분명한 것은, 우리가 부모를 참으로 공경하며 하나님께서 허락하신 질서와 관계에 충실할 때, 하나님이 주시는 평안과 기쁨을 풍성하게 경험하게 될 것이라는 사실입니다.

어버이주일 중고등부 설교

부모는 처음이라: 부모님께 기회 드리기
_출 2:1-10

　오늘은 어버이주일입니다. 대부분 어버이날과 가까운 주일을 교회에서 어버이주일로 지킨다고 생각하는데 사실은 정반대입니다. 교회에서 지키던 어버이주일이 어버이날의 근거가 된 것입니다. 우리나라의 어버이주일은 기독교 초창기 선교사들이 교회를 중심으로 '어머니날'을 지키도록 권면한 것에서 비롯되었다고 합니다. 우리가 본격적으로 어버이주일을 지키기 시작한 것은 1930년 6월 15일에 구세군이 '어머니주일'을 지키면서였습니다. 이승만 초대 대통령은 어머니주일의 정신을 일반 대중에게도 알리기 위해, 1955년 당시 어머니주일이었던 5월 8일을 어머니날로 제정하고 공포했습니다. 그 후 1960년에 교회에서 어머니주일을 어버이주일로 개칭한 뒤, 1974년에는 정부에서도 어머니날을 어버이날로 개칭해 오늘에 이르고 있는 것입니다.* 성경의 가르침(십계명 중 제5계명 '네 부모를 공경하라')이 교회를 통해 세상 문화에까지 영향을 미친

• 참조. http://jinyhome.net/worship/season/7.htm

대표적인 사례라 할 수 있습니다.

　이러한 어버이주일을 맞아 오늘은 자녀를 향한 부모의 마음에 대해 한번 생각해 보고자 합니다. 오늘 본문은 이스라엘의 위대한 지도자 모세의 탄생에 대한 이야기입니다. 모세는 당시 애굽의 노예였던 히브리 민족의 한 가정에서 태어났습니다. 그때 마침 애굽의 왕은 히브리인의 숫자가 너무 많아지자 위협을 느껴 남자아이가 태어나면 나일강에 던져 죽이도록 했습니다(출 1:22). 그러나 모세의 부모는 그 명령을 따르지 않고 석 달 동안 아이를 숨겨 키웠습니다. 생명의 위협을 느꼈겠지만 차마 자신들의 아이를 강물에 버릴 수는 없었을 것입니다.
　그러나 더는 숨기기 힘들었던 것 같습니다. 아이를 살리려다 아이도 가족도 모두 죽임당할 수 있었기 때문입니다. 결국 모세의 부모는 어린 모세를 강물에 버리기로 합니다. 그러나 아이를 포기하듯 내다 버리지는 않았습니다. 갈대 상자에 역청과 나무진을 칠해 물이 새어 들어오지 않게 만들고(노아가 방주를 만들어 홍수로부터 사람과 동물을 구하려 했던 것처럼, 모세의 부모 역시 갈대 상자를 만들어 모세의 생명을 보호하고자 한 것입니다), 거기에 아기를 담아 강가의 갈대 사이에 놓아 둔 것입니다. 아마도 하나님께서 아이의 생명을 지켜 주시기를 바라는 간절한 마음도 거기에 함께 담았을 것입니다.
　부모라면 누구나 자녀를 자기 생명처럼 아끼고 사랑하며, 또 마땅히 그래야 합니다. 그러나 오늘 본문을 보면 부모임에도 그럴 수 없는 상황이 생길 수 있음을 알게 됩니다. 부모로서 자녀를 너무나 사랑하지만, 때론 불가피하게 자녀의 안전과 생명을 온전히 지켜 낼 수 없는 상황에 직면하기도 하는 것입니다. 모세의 경우와 같이 극단적인 상황은 아니지만, 살다 보면 부모가 능력의 한계나 경험 부족으로 마음과는 달리 자녀에게 충분한 사랑과 안정감을 주지 못하는 경우가 발생할 수 있습니다. 어쩌면 우리 중에도 이미 그로 인해 마음에 상처를 입어 힘들어하고 있는 사람이 있을지도 모릅니다.

그러나 부모님께 다시 한번 기회를 드립시다. 우리 부모님도 모세의 부모처럼 인간적인 연약함과 한계를 가지고 있습니다. 그래서 우리가 기대하는 만큼 충분한 이해와 사랑을 표현하지 못할 수 있고, 왜곡된 판단을 할 수도 있는 것입니다. 이제 우리가 어린애가 아니라면 부모님을 이해하고 다시 기회를 드릴 수 있기를 바랍니다.

부모님을 공경하십시오. 부모가 처음이라 자녀를 사랑하는 데 서툴고 연약하시지만 사실 그 본심은 우리도 잘 알고 있습니다. 그러므로 그런 부모님을 조금 더 이해하고 다시 기회를 드립시다. 이것이 부모를 공경하는 것이며, 그런 사람에게는 하나님께서 복을 주실 것입니다.

성령강림주일 장년 설교 1

성령은 어떤 분인가

_요 14:16-17

오늘은 초대교회 시대 오순절에 성령께서 임하신 사건을 기념하는 성령강림주일입니다. 우리는 이 성령에 대해 좀 더 자세히 알 필요가 있습니다. 그래야 성령에 대한 오해에서 벗어나 온전한 신앙생활을 할 수 있기 때문입니다. 그런 의미에서 오늘은 예수님께서 직접 하신 말씀을 통해 성령이 어떤 분이신지 함께 살펴보고자 합니다.

첫째, 성령은 또 다른 보혜사로 우리 가운데서 일하십니다(16절). '보혜사'는 문자적으로 '누군가의 옆으로 부름 받은 자'라는 뜻이며 곧 위로자, 돕는 자, 변호하는 자를 말합니다. 성령은 보혜사로서 하나님과 인간 사이를 화목하게 하며 중재하는 역할을 하십니다. 또 영원토록 우리와 함께 계십니다.

예수님께서 성령을 '또 다른 보혜사'라고 하신 것은, 예수님 역시 보혜사란 의미입니다. 즉, 예수님의 뒤를 잇는 분이기에 성령을 '또 다른 보혜사'라고 하신 것입니다. 이 성령은 삼위일체를 이루는 한 분이십니다.

그런데 우리는 이 성령과 그 일하시는 방법에 관해 많이 오해합니다. 우리가 흔히 말하는 '성령 충만'은 일종의 무아지경이나 감정적인 황홀경이 아닙니다. 우리는 성령을 신비하고 초인격적인 분으로 생각하는 경향이 있습니다. 그러나 성령은 인격적이고 상식적인 분이며, 또 그러한 방식 곧 우리의 인격과 삶을 통해 역사하십니다.

그래서 초대교회에서 집사를 세울 때 "성령과 지혜가 충만하여 칭찬 받는 사람"(행 6:3)을 택한 것입니다. 성령은 우리의 인격을 통해 역사하십니다. 그래서 성령의 역사를 인격적이라고 말하는 것입니다.

그러므로 성령의 도우심을 미래에 대한 예언과 같은 초월적인 것으로만 이해해서는 안 됩니다. 물론 성령은 초월적인 분이지만, 대개는 우리 안에서 내재적이고 인격적인 방법으로 역사하십니다. 그러므로 성령으로 충만해지면 신비한 무아지경에 빠지는 것이 아니라, 사물에 대한 바른 이해와 판단이 생깁니다. 현실을 부정하거나 외면하는 것이 아니라, 자신의 일에 더욱 성실하게 됩니다. 이것이 성령이 역사하시는 좀 더 일반적인 방식입니다.

둘째, 성령은 진리의 영이십니다(17절). 성령께서 진리의 영이시라는 말은 진리와 함께 역사하신다는 것을 의미합니다. 성령은 예수님을 증언하시고(요 15:26), 예수님의 영광을 나타내고 예수님의 것을 가지고 알리시며(요 16:14), 예수님이 가르치신 것을 생각나게 하십니다(요 14:26). 예수님이 진리시니(요 14:6), 그분을 드러내시는 성령이 진리의 영이신 것입니다. 성령은 우리가 예수님에 대해 더욱 깊이 알도록 우리에게 예수 그리스도를 알리고 깨닫게 하십니다.

또 예수님께서는 성경을 자신에 대해 증언하는 책이라고 말씀하셨습니다(요 5:39). 그래서 우리가 성경을 읽을 때 진리의 영이신 성령께서 역사하셔서, 우리를 모든 진리로 인도하시고(요 16:13), 모든 것을 가르치십니다(요 14:26). 그러므로 성도라면 이 성경을 꾸준히 읽고 묵상해야 합니다. 그것이 진리의 영이신 성령의 인도를 받는 방법입니다. 좋은 믿음도 결국 말씀에 대한 깊은 이해에서 나옵니다(롬 10:17).

성령은 진리의 영이시기에 우리가 진리를 따르지 않으면 역사하시지 않습니다. 진리를 알려 주시고 깨닫게 하셨음에도 우리가 현실의 이익이나 어려움 때문에 그것을 거절하면 성령의 역사를 제한하는 것이 됩니다. 그러므로 성령의 역사를 경험하고자 한다면 진리를 떠나선 안 됩니다.

혹시 그동안 성령에 대한 오해가 있었다면 오늘 말씀에 근거해 바로잡기를 바랍니다. 그래서 우리 모두가 우리를 도우시는 보혜사이자 진리의 영이신 성령을 제대로 알아 그분의 역사하심을 날마다 경험하며 살아가길 소망합니다.

성령강림주일 장년 설교 2

성령의 은사

_고전 12:1-11

오늘 본문은 성령이 하시는 일에 관해 이야기하고 있습니다. 무엇보다 성령은 하나님의 사람을 통해 역사하십니다. 그래서 성령의 역사를 인격적이고 내재적이라고 말합니다. 그분은 우리와 함께, 우리 속에서 역사하십니다. 즉, 우리의 일상에 매우 가까이 계신 분입니다. 그러므로 일상적인 삶에서 성령의 역사와 인도를 구하는 것이 마땅합니다. 일상을 벗어나 뭔가 신비한 현상을 추구하는 것은 인간적인 생각과 욕심일 뿐입니다.

성령의 역사는 이처럼 우리의 일상과 관련되어 있기에 특정인만 경험하는 특수한 현상이 아닙니다. 어떤 황홀경이나 무아지경에 이르렀을 때만 경험할 수 있는 것도 아닙니다. 오히려 성령의 역사는 평범한 일상에서 이루어집니다. 오늘은 성령강림주일을 맞아 이 성령이 하시는 일을 좀 더 구체적으로 두 가지로 나누어 살펴보고자 합니다.

첫째, 성령은 성도 모두에게 동일하게 역사하십니다. 오늘 본문 3절은 "성령으로 아니하고는 누구든지 예수를 주시라 할 수 없느니라"라고 말하고 있습니다. 성령은 우리가 예수 그리스도를 주님으로 받아들이고 시인하게 하십니다. 성령이 아니고서는 누구도 예수님을 주님으로 고백할 수 없습니다. 구원은 반드시 성령과 함께 이루어지는 것입니다. 그러므로 우리가 예수님을 믿게 된 것도 우리의 노력으로 된 것이 아니라 성령께서 하신 것입니다. 바로 이것이 성령이 각 성도에게 행하시는 가장 기본적이고 중요한 일입니다. 예수 그리스도를 주님으로 시인하는 사람, 곧 성도라면 누구나 이미 성령이 함께하고 계시며, 그 은사(선물)를 체험하고 있는 것입니다. 성도이면서 그 안에 성령이 없는 사람은 없습니다. 다만 그것을 깨닫지 못하고 있을 뿐입니다. 그분은 영이시기에 눈에 보이지는 않지만 성도인 우리 안에 거하고 계십니다.

이러한 성령의 사역은 예수님이 주시는 평안과 직접적으로 연결되어 있습니다(요 14:26-27). 성령은 하나님의 평강으로 우리 마음을 지켜주십니다(참조. 빌 4:6-7). 그리고 이러한 평안과 같은 은사(선물)는 성도라면 누구나 경험하는 것입니다. 어떤 특별한 자격이 있는 사람만 경험하는 것이 아닙니다. 이는 성령께서 성도 모두에게 행하시는 보편적이고 일반적인 사역입니다. 그래서 성도는 어떤 문제에 부딪쳤을 때 잠시 마음이 흔들리다가도 기도하면서 이내 평안을 되찾습니다. 이것이 성령의 역사인 것입니다. 우리는 지금 이런 성령의 역사를 누리고 있습니까? 성령이 우리 모두에게 동일하게 베푸시는 이러한 역사를 믿고 기대하고 누리길 바랍니다.

둘째, 성령은 성도 각각에게 개별적으로도 역사하십니다. 성령은 성도 모두에게 보편적인 은사를 주시는 한편, 각각에게 개별적인 은사도 주십니다. 보통 '은사'라고 하면 이런 개별적인 은사를 말하는 경우가 많습니다. 개별적인 은사는 매우 다양합니다. 신약성경에서만 대략 27가지의 은사가 언급되고 있다고 합니다. 그만큼 은사가 다양하다는 것입니다.

그리고 성령은 평안과 같은 일반적인 은사를 성도 누구에게나 주시듯, 각기 다른 은사와 직분을 성도 각각에게 주십니다(4-6절). 그러나 중요한 것은 모두 한 성령이 주신 것이라는 사실입니다. 모든 은사의 근원이 같습니다. 그러므로 은사마다 차이는 있으나 우열은 없습니다. 성도 간에 서로 다투거나 경쟁할 것이 아니라는 뜻입니다. 이는 은사와 관련해 꼭 기억해야 하는 부분입니다.

이처럼 각 사람에게 다양한 은사를 주시는 것은 공동체를 유익하게 하시기 위함입니다(7절). 결코 개인이 자랑하거나 과시하도록 주신 것이 아닙니다. 본문 8-10절은 이러한 은사의 종류를 나열하고 있습니다. 또 로마서 12장이나 에베소서 4장 등에서도 다양한 은사를 언급하고 있습니다.

그런데 교회 내에 이러한 개별적 은사에 대한 오해가 많습니다. 그러다 보니 은연중에 은사를 계급화합니다. 병 고치는 은사 같은 초월적이고 신비한 은사를 더 높은 은사라고 생각합니다. 그리고 그런 은사를 받은 사람을 더 믿음이 좋은 사람으로 인식합니다. 그러나 그렇지 않습니다. 굳이 따지자면, 교회에 덕을 세워 더 많은 사람에게 유익을 주는 은사가 큰 은사입니다(고전 14:5). 하나님과 자신만 이해하는 일만 마디 방언보다 많은 사람을 깨닫게 하는 다섯 마디 가르침이 더 나은 은사인 것입니다(고전 14:19). 각 사람에게 주신 은사는 공동의 유익을 위한 것이기 때문입니다.

성령은 성도 각자에게 '차별'이 아니라 '구별'된 은사를 나누어 주십니다. 우리의 뜻이 아니라 그분의 뜻대로 주십니다(11절). 우리가 원한다고 주시는 것이 아니라 성령께서 필요에 따라 주시는 것입니다.

성령은 성도 모두에게 동일하게도 역사하시지만, 각각에게 개별적으로도 역사하십니다. 우리 모두가 이러한 성령의 일하시는 방식을 바르게 이해해, 성도 모두에게 주시는 일반적 은사와 각자에게 주시는 개별적 은사를 잘 누리고 사용하기를 바랍니다.

성령강림주일 청년 설교

성령 강림 후 교회의 변화

_욜 2:28; 요일 2:12-17

사도행전 2장에 기록된 오순절에 성령께서 강림하신 사건은 교회사에서 가장 중요하고 결정적인 장면 중 하나입니다. 그러나 성경을 피상적으로 읽는 사람들은 본문을 그릇된 관점에서 가르치고 강조합니다. 즉, 당시 마가의 다락방에 모여 있던 자들에게 임한 신비로운 경험과 흥분을 오늘날의 교회도 똑같이 구해야 한다는 것입니다. 이것은 매우 잘못된 해석과 적용입니다.

오순절에 성령께서 강림하신 사건은, 그리스도께서 구약의 예언을 따라 우리 죄를 대속해 죽으시고 다시 살아나신 것처럼, 하나님의 약속대로 일어난 구속사의 단회적인 사건입니다. 사도 베드로는 이때의 일에 대해 "선지자 요엘을 통하여 말씀하신 것"(행 2:16)의 성취라고 말합니다. 오순절 성령 강림을 오늘날에도 반복되어야 할 일로 여기며 그런 경험을 추구하는 것은, 마치 로마 가톨릭교회가 예수 그리스도께서 이미 '단번에' 제물로 드려진 일의 의미를 알지 못하고 미사를 통해 매번 그 죽으심을 재현하는 것처럼 그릇되고 어리석은 일입니다.

일찍이 구약성경과 예수님께서 약속하신 성령은, 오순절에 제자들과 교회에 임하심으로 영원토록 교회와 함께하십니다(요 14:16). 그분은 오순절을 기해 교회와 함께 거하시고 교회 속에 계심으로(요 14:17) 교회를 하나님의 성전으로 삼으십니다. 그래서 바울이 온갖 죄로 타락한 고린도 교회를 향해 "너희는 너희가 하나님의 성전인 것과 하나님의 성령이 너희 안에 계시는 것을 알지 못하느냐"(고전 3:16), "너희 몸은 너희가 하나님께로부터 받은 바 너희 가운데 계신 성령의 전인 줄을 알지 못하느냐"(고전 6:19)라고 확신하며 반문했던 것입니다. 이는 교회가 다른 어떤 자격이나 체험이 아니라 오순절 성령 강림을 통해 갖게 된 정체성입니다. 즉, 오순절 성령 강림은 "그날에는 내가 아버지 안에, 너희가 내 안에, 내가 너희 안에 있는 것을 너희가 알리라"(요 14:20)라는 예수님의 말씀이 이루어진 것입니다.

오늘 본문 요엘서의 "그 후에 내가 내 영을 만민에게 부어 주리니 너희 자녀들이 장래 일을 말할 것이며 너희 늙은이는 꿈을 꾸며 너희 젊은이는 이상을 볼 것이며"라는 종말론적 예언은, 좀 더 구체적으로는 예수님이 성령에 대해 하신 말씀의 성취를 통해 실현됩니다. 즉, "아버지께서 내 이름으로 보내실 성령 그가 너희에게 모든 것을 가르치고 내가 너희에게 말한 모든 것을 생각나게 하리라"(요 14:26), "그가 와서 죄에 대하여, 의에 대하여, 심판에 대하여 세상을 책망하시리라"(요 16:8), "진리의 성령이 오시면 그가 너희를 모든 진리 가운데로 인도하시리니 그가 스스로 말하지 않고 오직 들은 것을 말하며 장래 일을 너희에게 알리시리라"(요 16:13) 등의 말씀처럼, 제자들과 교회에 임한 성령은 그들의 눈을 여십니다.

교회는 성령으로 말미암아, 자신을 구속하신 하나님 아버지의 사랑과 우리 주 그리스도께서 사망과 세상 임금에 대한 승리를 우리에게 주신 것, 그로 인해 우리가 장래에 최종적으로 얻게 될 '이긴 자'로서의 지위 등을 '알고', 그것을 담대히 '전할' 수 있게 된 것입니다. 이것이 바로 장래 일을 말하고, 꿈을 꾸며, 이상을 볼 것이라는 요엘서의 예언과, 성령이 임하시면 권능을 받게 될 것(행 1:8)이라는 예수님의 말씀의 의미입니다. 요컨대 교회는 성령을 통해 받은 권능으로 복음의 능력을 알고 전할 수 있게 된 것입니다!

그러나 성령 강림을 통한 교회의 변화를, 복음을 전하는 데 필요한 '권능'을 받은 일로만 이해할 수는 없습니다. 오늘 본문 요한1서 2장 12-14절에서 사용된 '자녀' '아비' '청년' 등의 단어는 구약성경의 헬라어 번역인 70인경의 요엘서 2장 28절에 사용된 단어들과 다소 차이가 있지만('청년'은 같은 단어), 그럼에도 분명히 요엘서 본문을 상기시킵니다. 즉, 사도 요한은 장래 일을 말하고, 꿈을 꾸며, 이상을 볼 것이라는 요엘서의 내용을, 어떤 미래의 사건을 보는 환상, 환각, 환청 등의 신비체험이 아니라, 복음이 전하는 '죄 사함의 역사와 영원하시고 거룩하신 하나님 아버지를 아는 것, 악한 자를 이기시고 그 승리를 우리 것이 되게 해주신 은혜'(요일 2:13)를 깨닫는 것으로 이해했습니다. 요엘이 예언한 성령 강림을 통해 이런 이해를 갖게 되었다는 것입니다.

계속해서 사도 요한은 그런 깨달음을 가진 교회를 향해 "이 세상이나 세상에 있는 것들을 사랑하지 말라"(요일 2:15), "이 세상도, 그 정욕도 지나가되 오직 하나님의 뜻을 행하는 자는 영원히 거하느니라"(요일 2:17)라고 권면합니다. 즉, 성령을 통해 복음 안에 있는 아버지의 사랑과 영원한 승리를 얻은 자로서, 눈에 보이는 것만 사랑하는 세상 풍조를 거슬러, 보이지 않는 하나님을 더욱 사랑하고 하나님의 뜻을 행하는 자가 되라는 것입니다.

이는 오순절 성령 강림 이후 오늘날까지 오고 오는 모든 세대의 지상 교회가 받아야 할 말씀입니다. 성령의 열매는 굿판처럼 혼잡스러운 종교적 흥분이 아닌, 세상을 경건한 시각으로 바라보며 하나님의 말씀에 순종함으로 나타내는 하나님을 향한 사랑입니다. 우리 모두가 성령의 도우심을 힘입어 하나님 앞에서 그런 열매를 맺는 성도가 되기를 소망합니다.

성령강림주일 중고등부 설교

성령 강림과 교회의 탄생: 교회의 다음세대

_행 2:1-13

성령강림주일은 예수님께서 부활하신 후 50일째 되는 날 초대교회 성도들에게 성령께서 강림하신 것을 기념하는 절기로 부활절, 성탄절과 함께 기독교의 3대 절기에 포함될 만큼 중요한 날입니다. 이날은 구약시대에 이스라엘 백성이 지키던 3대 절기 중 하나인 오순절과 연관되어 있습니다. 오순절에 예루살렘에 모여 기도하던 제자들에게 예수님께서 말씀하신 대로 성령이 강림하셨습니다. 그리고 그날을 기점으로 교회가 시작되었습니다(행 2장). 한마디로 교회의 생일이라고도 할 수 있는 날입니다.

'교회'라고 하면 보통 하나의 공간이나 건물로서의 교회를 떠올리게 됩니다. 흔히 말하듯 '교회에 간다'는 말은 '교회가 있는 공간으로 간다'는 의미이기 때문입니다. 그러나 성경에서 말하는 교회는 특정 공간이나 건물이 아니라 '믿는 사람들의 무리'를 가리키며, '공간'이 아닌 '공동체'의 의미를 가지고 있습니다. 즉, 이 공간에 우리와 같은 믿는 사람들이 없다면 여기는 교회가 될 수 없습니다. 그저 '예배당'이 될 뿐입니다. 반대로 특정 건물이 없더라도 믿는 사람들의 공동체가 있다면 교회가 될 수 있는 것입니다. 이것이 바로 성경이 말하는 교회의 의미입니다. 그런데 이 같은 교회가 예수님께서 약속하신 성령의 강림을 통해 시작되었다는 것입니다.

사도행전은 예수님께서 부활하시고 하늘로 올라가신 이후에 일어난 일을 기록하고 있습니다. 그중에서도 오늘 본문은 예수님이 약속대로 이 땅에 성령을 보내 주셨고, 그로 인해 교회가 예루살렘에서 시작되었다는 것을 보여 줍니다. 그리고 그 후 교회를 통해 세상에 다음과 같은 놀라운 변화가 일어나게 됩니다.

첫째, 믿는 사람의 수가 더해집니다. 예수님의 제자가 그리 많지 않았음에도 오순절 성령 강림 이후 이들의 설교로 많은 회심자가 생깁니다. 이들이 예루살렘 교회를 이루는 초기 구성원이 됩니다. 예루살렘에서만 회심자가 생겨난 것이 아닙니다. 주변 나라에 흩어져 살다 오순절을 맞아 예루살렘에 왔던 유대인(디아스포라)들 중에 제자들의 설교를 듣고 회심한 사람들이 생겼고, 이들이 자신이 살던 곳으로 돌아가 거기서도 교회를 시작한 것입니다. 하나님께서는 오순절 성령 강림을 통해 이 땅에 교회를 세우시고 나아가 그것을 전 세계로 확장하기로 작정하신 것입니다. 그래서 예수님께서 제자들에게 이런 약속을 하셨던 것입니다. "오직 성령이 너희에게 임하시면 너희가 권능을 받고 예루살렘과 온 유대와 사마리아와 땅끝까지 이르러 내 증인이 되리라"(행 1:8). 사도행전의 이야기는 이런 교회가 어떻게 예수님의 약속을 따라 확장되어 갔는지를 보여 주고 있습니다.

둘째, 세상 권세가 교회를 통해 이 땅에 이루실 하나님나라의 사역을 막지 못합니다. 예수님은 "너는 베드로라 내가 이 반석 위에 내 교회를 세우리니 음부의 권세가 이기지 못하리라"(마 16:18)라고 말씀하셨습니다. 사도행전의 기록에 의하면, 당시 교회가 확장되는 것을 가로막는 많은 방해가 있었습니다. 종교지도자들이나 세상 권세자들, 그리고 이방신을 섬기는 사람들이 예수님의 복음을 거부할 뿐 아니라, 복음 전하는 자들을 따라다니며 방해하고 박해합니다. 그로 인해 제자들은 감옥에 갇히기도 하고, 돌에 맞아 생명에 위협을 느끼기도 합니다. 그럼에도 그들은 굴복하지 않고 복음을 전합니다. 음부의 권세가 교회를 이기지 못하기 때문입니다.

요즘도 교회는 세상에서 그리 환영받지 못하는 것 같습니다. 물론 이렇게 된 데는 교회인 우리의 잘못도 없지 않기에 우리는 늘 말씀에 비추어 스스로를 돌아봐야 합니다. 그러나 그럼에도 하나님께서 교회를 통해 이루실 일을 의심하거나 스스로 위축되어서는 안 됩니다. 다시 한번 하나님께서 교회를 통해 이루실 일을 기대해야 합니다. 그리고 성령 하나님을 의지해 용기를 가지고 일어나야 합니다. 예수님께서 피 흘려 사신 교회를 다시 일으켜야 합니다. 우리가 그 일을 이루는 다음세대가 되길 축복합니다.

맥추감사주일 장년 설교 1

감사로 제사를 드리는 사람

_시 50:23

맥추감사주일은 구약성경의 맥추절에서 유래했습니다(출 23:16). 맥추절은 밀이나 보리를 수확한 후 첫 열매를 드리는 날로, 오순절 또는 칠칠절이라고도 부릅니다(출 34:22). 또 이날은 오순절에 예수님께서 부활의 첫 열매가 되신 것과 연결해 의미를 부여하기도 합니다. 오늘은 이 감사절을 맞아 본문을 통해 성경적인 감사가 무엇인지 생각해 보고자 합니다.

첫째, 감사는 '환경'이 아니라 '사람'의 문제입니다. 우리 주변에는 역경을 이겨 낸 사람들이 많이 있습니다. 그들의 인생을 들여다보면 주어진 환경이나 여건은 삶에서 크게 문제 되지 않는다는 것을 깨닫게 됩니다. 오히려 어려운 환경이나 여건 때문에 훌륭한 일을 해내기도 합니다. 인생의 성패는 주변 환경이나 여건의 문제가 아닌 것입니다.

사람은 두 종류가 있습니다. 감사하는 사람과 감사하지 않는 사람입니다. 일반적으로 사람들은 감사할 수 있는 상황과 일이 따로 있다고 생각합니다. 보통 좋은 일이 있어야 감사할 수 있으며, 지금 자신에게 감사가 없는 것은 그런 상황이 아니기 때문이라며 스스로 합리화합니다. 그러나 그렇지 않습니다. 어떤 사람은 분명 감사할 만한 상황인데 감사하지 않는 반면, 또 어떤 사람은 감사할 상황이 아닌데도 감사합니다.

자동차 왕 헨리 포드가 어느 날 한 시골 여교사의 편지를 받았습니다. 학교에 피아노가 필요하니 천 달러를 기부해 달라는 요청이었습니다. 그는 의례적으로 십 센트만 보냈습니다. 워낙 많은 사람이 요청해 오니 어쩔 수가 없었습니다. 그러나 여교사는 실망하지 않았습니다. 그것으로 땅콩 농사를 지어 감사 편지와 함께 그 수익금의 일부를 그에게 보냈고, 여러 해 후에는 결국 피아노도 장만했습니다. 이 소식을 전해 들은 포드는 크게 감동받아 만 달러를 더 기부했다고 합니다.

이처럼 감사는 환경이나 상황과 관련된 문제가 아닙니다. 그 사람이 어떤 사람인가의 문제입니다. 심지어 같은 상황에서도 어떤 사람은 감사하지만, 또 어떤 사람은 감사하지 않습니다. 누가복음 17장의 기록에 의하면, 나병 환자 열 명이 예수님께 고침을 받지만 사마리아인 한 명 외에는 예수님께 찾아와 감사한 사람이 없었습니다.

오늘 본문은 '감사'로 제사를 드리는 자가 하나님을 영화롭게 한다고 말합니다. 그러므로 감사할 상황이어서, 또는 감사할 일이 있어서가 아니라 어떤 형편에서도 하나님께 감사를 드리는 사람이 되어야 합니다. 그런 사람이 하나님을 영화롭게 하는 것입니다.

감사는 선택입니다. 언제까지 상황과 여건을 탓하며 핑계만 대겠습니까? 우리가 감사하지 못하는 것은, 감사할 환경이 아니어서가 아니라 우리 자신이 감사하지 않기로 선택했기 때문입니다. 우리보다 훨씬 어려운 상황에서도 늘 감사하며 사는 사람이 우리 주변에 많이 있습니다. 감사할 조건이 있어서가 아니라 그냥 감사하는 사람이 되십시오.

둘째, 감사는 신앙의 척도입니다. 그렇다면 왜 감사해야 합니까? 오늘 본문은 감사로 제사를 드리는 자가 하나님을 영화롭게 한다고 말합니다. 우리가 감사할 때 하나님을 높이고 하나님께 영광을 돌리게 된다는 것입니다. 그리스도인을 가장 그리스도인답게 만드는 덕목이 감사입니다. 우리의 그런 모습을 통해 하나님께서 영광을 받으십니다. 하나님을 믿고 하나님이 천지만물의 주인이라고 고백하면서 한편으론 불평과 걱정만 쏟아 낸다면 그것이 하나님의 영광을 드러낼 수 있겠습니까? 하나님을 믿지 않는 사람과 무엇이 다르겠습니까? 정말 하나님이 모든 것의 주인이심을 믿는다면 입에서 감사만 나와야 하는 것입니다. 다시 말해, 감사는 우리가 하나님을 진정으로 천지만물의 주인으로 믿는다는 증거입니다. 감사는 곧 신앙의 척도인 것입니다.

데살로니가전서 5장 18절은 "범사에 감사하라 이것이 그리스도 예수 안에서 너희를 향하신 하나님의 뜻이니라"라고 말합니다. 범사에 감사하는 것이 하나님의 뜻입니다. 그 범사를 하나님이 주관하고 계시기 때문입니다. 그래서 상황이 어려워도 그것마저 하나님이 주관하시는 것이므로 감사하는 것이 하나님의 뜻입니다. 모든 상황이 하나님의 주관하심 아래 있다고 믿는 성도는 범사에 감사할 수 있습니다.

감사는 환경이나 상황이 아니라 '사람'의 문제입니다. 우리가 하나님을 믿는 사람이라면 어떤 상황에서도 감사해야 합니다. 그것이 하나님을 영화롭게 하는 길입니다. 나아가 감사는 신앙의 척도입니다. 감사가 많다는 것은 곧 믿음이 좋다는 뜻입니다. 우리 모두가 범사에 감사함으로 하나님께 영광 돌리는 큰 믿음의 사람이 되길 소망합니다.

맥추감사주일 장년 설교 2

삶의 중간 평가

_룻 1:19-22

　　오늘은 한국 교회가 맥추감사절로 지키는 날입니다. 그러나 먼저 구약의 맥추절과 오늘날의 맥추감사절이 어떤 관계가 있는지 한번 생각해 볼 필요가 있습니다. 구약의 맥추절은 시기상 유월절에서 50일이 지난 오순절과 같은 절기인데, 사실 우리는 얼마 전 그날을 성령강림주일로 지켰고, 맥추감사절인 오늘은 7월 첫 주일인 데다 성령강림주일에서도 꽤 시간이 지났기 때문입니다. 그래서 학자들은 한국 교회의 맥추감사절은 보리 추수 시기와 연관되어 변형되었다고 말합니다. 즉, 절기의 명칭은 구약의 맥추절에서 가져왔지만, 그 시기는 보리 추수가 끝난 이후인 7월 첫 주가 되었다는 것입니다. 아마도 보릿고개라는 우리만의 특수한 역사적 경험에서 기인한 것이 아닐까 싶습니다.

　　유대인들은 주요 절기에 공동체가 함께 읽는 성경이 있다고 합니다. 즉 유월절에는 아가서, 맥추절(오순절)에는 룻기, 장막절에는 전도서, 성전 파괴일(아브월 9일)에는 예레미야애가, 부림절에는 에스더서를 읽는다는 것입니다. 그중에서도 맥추절에 룻기를 읽는 이유는 아마 시기상으로 룻기의 배경이 보리 추수 때이기 때문일 것입니다. 오늘 본문 22절은 "그들이 보리 추수 시작할 때에 베들레헴에 이르렀더라"라고 말하고 있고, 룻기는 보리 추수 과정을 배경으로 중요한 사건들이 벌어집니다.

오늘 본문은 룻기 전체에서 매우 중요한 장면 중 하나입니다. 베들레헴에 살던 엘리멜렉과 나오미 가정이 기근으로 인해 모압으로 이주합니다. 그런데 상황이 더 나빠졌습니다. 남편 엘리멜렉과 두 아들이 모두 죽고, 모압에서 얻은 며느리 둘(오르바와 룻)만 남게 된 것입니다. 당시 남편이 없는 여성은 생존 자체가 쉽지 않았습니다. 결국 나오미는 두 며느리와 함께 고향 베들레헴으로 돌아가기로 결심합니다. 그리고 베들레헴으로 가는 과정에서 오르바는 모압으로 돌아갔고, 오직 룻만 끝까지 나오미를 따라 베들레헴으로 오게 됩니다. 여기까지가 룻기 1장의 내용입니다.

나오미의 지난 10년의 인생이 참으로 기구합니다. 10년 만에 모든 것을 잃고 고향으로 돌아왔으니 나오미는 얼마나 하나님이 원망스럽고 자신의 인생이 초라해 보였겠습니까? "나를 나오미라 부르지 말고 나를 마라라 부르라 이는 전능자가 나를 심히 괴롭게 하셨음이니라 내가 풍족하게 나갔더니 여호와께서 내게 비어 돌아오게 하셨느니라 여호와께서 나를 징벌하셨고 전능자가 나를 괴롭게 하셨거늘 너희가 어찌 나를 나오미라 부르느냐"(20-21절). 나오미의 심정이 어떠했을지 충분히 짐작할 수 있는 고백입니다.

그러나 오늘 본문은 장면을 전환시키며 이 이야기를 마무리합니다. 즉, 나오미가 돌아온 때가 보리 추수 시기였다는 것입니다(22절). 우리는 이 부분에 주목할 필요가 있습니다. 나오미는 고통 중에 살 길이 막막해 신세 한탄만 하고 있지만, 하나님은 이미 그들의 필요를 채우기 위해 준비하고 계셨습니다. 나오미로 하여금 하나님께서 자기 백성에게 양식을 주셨다는 소식을 듣게 하셨고(룻 1:6), 실제로 보리 추수가 시작되던 때에 나오미 일행이 베들레헴으로 돌아오게 하심으로, 그들에게 양식과 풍요로움을 주실 것이라는 신호를 보내신 것입니다. 더 나아가 하나님께서는 이미 모세의 법을 통해, 자기 땅이 없어 곡식을 거둘 수 없는 나그네와 과부도 그 땅에서 공존할 수 있는 제도를 만들어 놓으셨습니다. 또 보아스 같은 사람을 예비해 그 가정의 기업을 이어 갈 수 있도록 준비해 주셨습니다. 이 모두가 고통스러운 마음으로 베들레헴으로 돌아올 때는 상상도 할 수 없었던 것들입니다.

맥추감사주일은 일 년 중 반을 보내고 남은 6개월을 시작하는 날입니다. 지난 반년 동안 하나님의 은혜를 풍성히 누렸다면 그로 인해 하나님께 감사하시기 바랍니다. 그리고 그 풍족함을 이웃과 나누시기 바랍니다. 혹 지난 6개월의 시간이 힘들고 어려웠더라도, 앞으로도 계속 그럴 것이라며 미리 낙담하고 포기하지 마시기 바랍니다. 지금 우리 눈에 보이지 않는다고 하나님께서 아무것도 하시지 않는 것이 아닙니다. '아직' 하나님의 시간이 되지 않았기에 '지금' 우리 눈에 보이지 않을 뿐입니다. 여호와 이레의 하나님을 믿고 남은 6개월도 소망 가운데 살아가시기를 바랍니다.

맥추감사주일 청년 설교

감사의 선순환

_룻 2:1-13

오늘은 맥추감사주일입니다. 이날은 구약의 맥추절에서 그 이름은 가져왔으나, 한국의 역사적 특성이 반영되어 생긴 한국형 절기라고 볼 수 있습니다. 유대인들은 맥추절 같은 중요한 절기마다 공동체가 함께 읽는 성경이 있습니다. 유월절에는 아가서, 장막절에는 전도서, 성전 파괴일(아브월 9일)에는 예레미야애가, 부림절에는 에스더서를 읽는다고 합니다. 그럼 맥추절에는 어떤 성경을 읽을까요? 룻기를 읽는다고 합니다. 아마 룻기가 시기상으로 '보리 추수'(맥추)와 연관이 있기 때문일 것입니다. 오늘은 이 룻기를 통해 맥추감사절을 어떻게 보내야 하는지에 대해 살펴보고자 합니다.

오늘 본문에는 두 명의 인물이 등장하는데, 그중 하나가 룻기의 주인공인 룻입니다. 룻은 모압 사람으로, 베들레헴에서 모압으로 이주한 집안의 남자와 결혼했으나, 그 집안의 남자들이 모두 일찍 죽는 바람에 시어머니와 단둘이 시어머니의 고향인 베들레헴으로 온 여인입니다. 그녀는 그곳에서 생계를 유지하기 위해 다른 사람의 밭에 들어가 이삭 줍는 일을 합니다. 다행히 이들이 베들레헴에 온 시기가 보리 추수 때였던 것입니다(룻 1:22).

또 한 명의 주인공은 베들레헴의 유력인사로 지금 룻이 이삭을 줍고 있는 밭의 주인 보아스입니다. 보아스는 때마침 그 밭을 찾아왔고, 거기서 우연히 룻을 보게 됩니다. 보아스는 이미 룻에 대해 어느 정도 알고 있었습니다. 룻이 홀로된 시어머니를 잘 모신다는 소문이 베들레헴에 퍼져 있었기 때문입니다(11절).

보아스는 먼저 룻에게 호의를 베풀었습니다. 추수가 끝날 때까지 자신의 밭에서 이삭을 줍도록 해줌으로써 안정적인 일자리를 제공해 주었습니다(8절). 그리고 안전한 작업 환경도 만들어 주었습니다. 소년들에게 룻을 함부로 대하지 못하도록 주의를 주고(9절), 자신의 소녀들과 함께 있게 해준 것입니다(8절). 또 목마를 때 일꾼들이 떠온 물을 마실 수 있도록 해주었습니다.

맥추감사절을 보내면서 우리는 먼저 바로 이러한 약자에 대한 배려와 호의를 배워야 합니다. 받은 복에 대해 하나님께 감사하는 것도 중요하지만, 보아스처럼 그 감사를 누군가에게 흘려보내는 것도 그만큼 중요합니다. 아직 모든 것이 충분하지 못한 청년들에게는 이런 교훈이 부담스러울 수 있습니다. 그러나 여기서 중요한 것은 보아스의 '태도'입니다. 우리는 대부분 보아스만큼 넉넉한 자원을 가지고 있지 못합니다. 그러나 조금만 주변을 살피고 돌아보면 우리에게도 나눌 수 있는 것이 있습니다. 적으나마 용돈의 일부를 나눌 수 있으며, 시간의 일부를 나눌 수도 있습니다. 따뜻한 말과 격려의 문자 하나로도 충분히 호의를 베풀 수 있습니다. 중요한 것은 마음가짐입니다. 자신이 가지지 못한 것에만 주목하지 말고, 가지고 있는 것을 헤아려 그것이라도 필요한 사람에게 나눌 수 있는 마음이 있다면, 우리는 누구나 보아스가 될 수 있습니다. 감사절을 맞아 우리가 먼저 누군가의 감사의 제목이 될 수 있기를 바랍니다.

상대의 호의를 받아들이는 룻의 태도를 통해서도 배울 것이 있습니다. 룻은 자신이 상식 이상의 호의와 사랑을 보아스에게서 받고 있다는 것을 알았습니다(10절). 그래서 보아스 앞에 엎드려 감사를 표하고 감격을 고백했습니다. 지금 우리는 청년의 때를 보내고 있습니다. 이 시기에는 부모와 사회에 기여할 것이 별로 없습니다. 오히려 혜택과 지원을 받는 시기라 할 수 있습니다. 이런 시기에 우리가 어떤 마음을 가져야 하겠습니까? 감사와 감격입니다. 우리의 노력과 상관없이 우리에게 주어진 것들이 '은혜'요, '호의'라는 인식입니다. 이러한 인식의 결과가 바로 책임감과 성실한 삶입니다. 이것이 오늘날 젊은 세대인 우리가 표현해야 할 감사의 태도인 것입니다.

룻기의 이야기가 아름답게 마무리될 수 있었던 것은, 보아스는 부유한 자로서 자신이 가진 것을 나누며 섬기고, 룻은 대가 없이 받은 호의와 사랑에 감사하고 감격하는 마음을 표현했기 때문입니다. 맥추감사절을 맞아 감사의 제목이 선명하게 떠오르는 분들은, 하나님이 주신 복을 기회가 되는 대로 주변 사람들과 나눌 수 있기를 바랍니다. 혹 주변에 자신의 노력이나 수고 이상의 호의와 사랑을 베풀어 주는 분들이 있다면, 그분들에게 진심 어린 감사를 표하십시오. 맥추감사절을 맞아 우리에게 감사가 흘러넘치기를 주님의 이름으로 축복합니다.

맥추감사주일 중고등부 설교

맥추감사절 집중탐구: 중간 점검

_출 23:14-17

오늘은 맥추감사주일을 맞아 이날과 관련해 제기될 수 있는 몇 가지 질문을 살펴보며, 이 감사절을 어떻게 이해하고 보내야 하는지 함께 생각해 보고자 합니다.

첫 번째 질문은 맥추감사절의 성경적인 근거가 무엇인가 하는 것입니다. 오늘 본문은 이스라엘 남자들이 꼭 지켜야 하는 절기 중 하나를 맥추절이라고 말하고 있습니다. 아마도 우리가 지키고 있는 맥추감사절이란 말은 여기서 가져온 것이 아닌가 싶습니다. 그러나 성경에 언급된 맥추절을 오늘날 우리가 지키는 맥추감사절과 동일시하는 것에는 문제가 있습니다. 우선 본문 16절의 '맥추절'은 원어적으로 '보리'라는 뜻이 없고, 단지 '수확의 절기'(festival of harvest)라는 의미만 있다는 것입니다. 개역개정 성경이 이날을 '맥추의 초실절'(출 34:22)로 번역한 데 비해, 새번역과 공동번역 성경은 '밀 수확'(wheat harvest)으로 번역해 원문의 의미를 더 정확하게 담았습니다. 즉, 성경의 맥추절은 사실 보리가 아니라

밀 추수 때라는 것입니다(보리와 밀은 엄연히 다릅니다).

또 하나는 맥추절의 시기에 관한 문제입니다. 성경에서 맥추절은 오순절, 칠칠절로도 불립니다. 그런데 신약의 성령 강림 사건이 있었던 오순절은 시기적으로 부활절 이후 대략 50일이 지난 시점이며, 그렇다면 5월 초와 6월 초 사이에 성령강림주일(오순절)이 있어야 하는데 한국 교회는 맥추감사주일을 7월 첫 주에 지키고 있으니 이는 시기적으로도 맞지 않습니다.

마지막으로 신학적인 문제가 있습니다. 구약 시대에 이스라엘 백성이 지키던 절기를 신약 교회에서 그대로 지켜야 하는 것은 아니기 때문입니다. 그렇지 않다면 우리는 유월절과 수장절도 지켜야 하는데 신약의 교회가 그렇게 하지는 않기 때문입니다. 좀 어려운 말이지만, 일반적으로 예수 그리스도가 오심으로 '그림자로서의 절기'는 더는 지킬 의무가 없어졌다고 봅니다. 그래서 우리는 구약에서 정하고 있는 음식 규정이나 정결의식에 대한 의무가 없습니다. 결론적으로 지금 한국 교회가 지키는 맥추감사주일은 그 이름만 성경에서 가져왔지 성경적 근거는 없다는 것입니다.

그럼 왜 한국 교회는 성경적 근거도 명백하지 않은 맥추감사주일을 지키는지 의문이 생깁니다. 도대체 언제부터 무엇을 근거로 이날을 지킨 것인가 하는 것입니다. 일반적으로 한국의 특수한 상황 때문에 그렇게 되었다고 봅니다. 한국 사회가 산업화되기 전 농경문화에서 춘궁기의 힘겨운 시간을 보릿고개라고 했습니다. 가을에 추수한 곡식은 다 떨어지고 보리는 아직 익지 않아 먹을 것이 없던 기간이었기 때문입니다. 따라

• 참조. https://www.newsnjoy.or.kr/news/articleView.html?idxno=211944

서 당시 그리스도인들에게는 보리를 추수해 위기를 넘기고 새로운 시작을 할 수 있었던 이때의 감사와 기쁨을 담아 예배를 드리는 것이 당연했을 것입니다. 보리 추수를 보통 6월 말에는 마치게 되니 7월 첫 주를 맥추감사주일로 지키게 된 것이라 볼 수 있습니다. 물론 이제 우리는 '보릿고개'나 '춘궁기' 같은 단어가 생소하게 느껴질 정도로 잘살게 되었습니다. 보리를 한 번도 본 적이 없는 사람도 적지 않을 것입니다. 그럼에도 오늘날 맥추감사주일을 지키는 것이 무의미하다고 할 수는 없습니다. 맥추감사주일은 일 년의 반을 지나고 남은 반년을 시작하는 시점인 7월 첫 주에 지키기에, 우리는 이날을 그해 상반기의 삶을 돌아보는 기회로 삼아야 합니다.

인생은 열심히 달리는 것만 중요한 것이 아닙니다. 방향을 잘못 잡으면 오히려 그릇된 길로 가고, 원하는 목적지에서 더 멀어질 뿐입니다. 그러므로 중간에 멈춰 서서 주변을 돌아보는 시간을 가져야 합니다. 자신이 가야 할 방향을 잘 잡고 있는지도 점검해야겠지만, 지난 여정에서 알게 모르게 우리를 도와준 사람은 없는지 살펴야 합니다. 그리고 그 사람들에게 감사를 표현해야 합니다. 아울러 우리 역시 누군가의 고마운 존재가 되는 기회를 놓치지 말아야 합니다. 이것이 맥추감사주일을 맞아 우리가 가져야 할 마음가짐입니다.

3장

9-12월 절기설교

종교개혁주일 장년 설교 1

히스기야의 개혁

_대하 31:1-10

오늘은 종교개혁주일을 맞아 유다의 선한 왕 히스기야의 종교개혁을 통해 오늘날 교회가 나아가야 할 개혁의 방향을 생각해 보고자 합니다.

첫째, 히스기야의 개혁은 지속적이었습니다. 히스기야는 유월절을 회복한 왕입니다(대하 30장). 유월절은 애굽에서의 탈출을 기념하는 이스라엘의 독립기념일 같은 날입니다. 그런데 솔로몬 이후 히스기야 때까지 약 200년간 이 유월절을 제대로 지키지 못했습니다(대하 30:5, 26). 이것을 국가 차원의 행사로 처음 회복한 것이 히스기야 왕입니다. 이는 대단히 중요한 개혁입니다.

그러나 더 중요한 개혁이 오늘 본문에서 이어집니다. 히스기야는 유월절 회복에 그치지 않고 모든 종교개혁이 계속되도록 제사장과 레위인의 직임을 회복합니다. 또 십일조를 통해 그들의 삶을 보장함으로 개혁이 성전 중심으로 지속되게 합니다. 이 일을 위해 자신은 물론이고 백성들도 예물을 드리게 합니다. 즉, 개혁이 단발적으로 유월절 회복에 그치고 않고 계속해서 이어지게 한 것입니다. 한 번의 큰 개혁도 중요하지만, 그것을 지속하는 것은 더 중요합니다. 신앙도 마찬가지입니다. 신앙의 회복도 중요하지만, 더 중요한 것은 그 회복을 지속하는 것입니다. 회복된 것을 지속하지 않으면 다시 과거로 돌아가는 것은 시간문제입니다.

"실패한 사람은 없다. 단지 그만둔 사람만 있을 뿐이다"라는 말이 있습니다. 그만큼 지속하는 것이 중요합니다. 끝까지 해야 뭔가 이룰 수 있는 것이고, 반대로 포기하는 순간 실패하는 것입니다. '켄터키 프라이드 치킨'의 창업주 커넬 할랜드 샌더스는 자신이 운영하던 작은 식당이 불탄 뒤 64세에 빈털터리가 되었지만, 포기하지 않고 치킨 프랜차이즈 사업의 문을 끈질기게 두드린 결과, 1,008개 식당에서 거절당한 후 1,009번째에 첫 가맹점을 얻었다고 합니다.

신앙도 꾸준히 지속할 때 의미 있는 결과를 얻는 것입니다. 그러므로 우리 삶에서 믿음과 신앙이 지속되어야 합니다. 기도와 말씀과 봉사와 충성이 끊어지면 안 됩니다. 히스기야의 개혁은 지속적이었습니다. 우리의 신앙 개혁도 이와 같아야 합니다.

둘째, 신앙의 삶은 지속할 때 복이 있습니다. 히스기야는 유월절 회복에 이어 개혁을 지속하기 위해 제사장과 레위인이 자신의 직무로 돌아가게 하고, 이를 위해 십일조도 회복시켰습니다. 그 결과 백성이 드린 십일조가 필요한 만큼 쓰고도 남아 여러 더미를 이루며 쌓입니다. 본래 레위인은 가나안 땅을 분배받지 않았습니다. 대신 성전 일을 하며 백성이 드린 십일조로 살았습니다. 그런데 그동안은 백성이 십일조를 드리지 않아 살기에 부족했는데, 히스기야의 개혁 이후에는 필요한 만큼 쓰고도 남은 것입니다.

어떻게 십일조가 남게 되었을까요? 셋째 달부터 일곱째 달까지 백성이 십일조를 드렸는데(7절), 이 시기는 유대의 추수 기간입니다. 즉, 그 기간에 추수가 잘 되었기에 풍성한 십일조를 드린 것입니다. 하나님께서 계속해서 개혁적인 믿음으로 살려고 노력하는 히스기야와 유다 백성에게 복을 주심으로 추수 때 자연재해나 이방 민족의 침입이 없어 풍성한 추수가 가능했던 것입니다. 그래서 대제사장 아사랴가 십일조가 남은 것은 여호와께서 복을 주셨기 때문이라고 말한 것입니다(10절).

유다 백성이 지속적인 개혁을 통해 믿음으로 살자 하나님께서 복을 주셨습니다. 어쩌다 한 번 신앙적으로 살아서는 복을 받기 어렵습니다. 하나님의 복을 받으려면 믿음의 행위가 지속되고 쌓여야 합니다.

갈라디아서 6장 9절은 "선을 행하되 낙심하지 말지니 포기하지 아니하면 때가 이르매 거두리라"라고 말합니다. 낙심하지 않고 선을 쌓으면 때가 이르러 거두게 됩니다. 또 시편 1편 1절에서는, 복 있는 사람은 악인의 꾀를 따르지 않고, 죄인의 길에 서지 않으며, 오만한 자의 자리에 앉지 않는다고 말합니다. 여기서 사용된 동사 '따르다' '서다' '앉다'는 점진적으로 확대되는 양상을 나타냅니다(따르다 서고 앉는다). 죄인도 단번에 되는 것이 아니라 점진적으로 됩니다. 바늘 도둑이 소 도둑 된다는 것이 그런 의미입니다. 복 있는 사람도 단번에 되는 것이 아니라 점진적으로 됩니다. 계속되는 죄의 유혹을 따르지 않고, 그런 자리에 서지 않고, 앉지 않을 때, 즉 계속해서 의롭게 살아갈 때 복 있는 사람이 되는 것입니다. 결국 복 있는 사람은 복된 길로 계속해서 나아간 사람입니다.

신앙의 개혁은 지속적이어야 합니다. 계속해서 믿음으로 살아갈 때 하나님께서 복을 주십니다. 우리 모두가 멈춤 없이 계속해서 믿음으로 살아감으로 복 있는 사람이 되기를 소망합니다.

종교개혁주일 장년 설교 2

마른 뼈가 군대로

_겔 37:1-10

오늘날 세상에서 점점 힘을 잃어 가는 교회와 성도들의 모습을 바라보노라면 참으로 안타깝습니다. 어디서부터 다시 시작해야 할지 앞이 보이지 않아 답답하기도 합니다. 종교개혁주일을 맞아 오늘은 에스겔서를 통해 이처럼 무기력해진 교회와 성도들이 다시 힘을 얻을 수 있는 방법을 생각해 보려 합니다.

첫째, 본문에서 하나님은 마른 뼈가 군대가 되는 환상을 보여 주십니다. 마른 뼈는 이스라엘을 상징합니다. 이는 당시 나라가 패망해 포로로서 도무지 회생 가능성이 없어 보이는 삶을 살고 있던 이스라엘의 현실을 의미하는 것입니다. 이런 상황을 바라보며 그들 스스로도 소망이 없고 멸절되었다고 말합니다(겔 37:11). 그러나 하나님은 이처럼 소망이 없어 보이는 때에 에스겔을 통해 소망을 선포하십니다.
하나님은 우리가 절망하고 낙심해 소망을 버릴 수밖에 없는 비참한 상황에서도 우리를 포기하지 않으십니다. 오히려 소망을 선포하십니다.

우리가 스스로를 놓아도 하나님은 우리를 놓지 않으십니다.

에스겔이 하나님의 명령을 따라 대언하자 마른 뼈가 큰 군대가 됩니다(10절). 이전 상태와 비교해 보면 도저히 상상할 수 없는 엄청난 변화입니다. 하나님은 전혀 가능성 없어 보이는 것을 매우 의미 있는 것으로 바꾸는 데 탁월하십니다. 그 전과 후가 너무 달라 이전 상태가 생각나지 않을 정도입니다. 이것이 하나님이 하시는 일입니다.

하나님은 그분이 하시는 일의 시종을 사람으로 측량할 수 없게 하셨습니다(전 3:11). 그래서 하나님의 일은 그 시작만 가지고는 결과를 짐작할 수 없습니다. 그러므로 자신의 생각과 판단을 너무 믿지 마십시오. 어떤 절망적인 상황에서도 단언하지 마십시오. 그것이 하나님을 믿는 신앙입니다.

세상에도 이와 비슷한 '신념'이라는 것이 있습니다. 그러나 인간의 신념은 상황이 바뀌면 달라집니다. 커피전문점 할리스와 카페베네를 창업하며 커피 프랜차이즈 업계의 성공신화를 썼던 사람이 몇 년 전에 스스로 목숨을 끊었습니다. 자신의 책에서 청년들에게 "일이 안 풀려 괴로워도 조금만 버티라. 버티고 버티면 되는 날이 올 테니 그때까지만 참으라"며 충고했던 사람입니다. 그러나 그런 그도 사업에 큰 어려움이 닥치자 그만 주저앉고 말았던 것입니다. 이처럼 신념은 상황에 따라 흔들리기에 의지할 것이 못 됩니다. 성도의 믿음은 이런 세상의 신념과 다릅니다. 우리는 인간의 생각이 아니라 하나님을 믿는 것입니다.

둘째, 하나님의 말씀을 대언할 때 변화가 생겼습니다. 본문에서 하나님께서는 에스겔에게 그분의 말씀을 대언하라고 명령하십니다. 먼저 마른 뼈들에게 대언하게 하시고(4절), 그다음엔 생기를 향해 대언하게 하십니다(9절). 그 명령대로 대언하자 마른 뼈들이 살아 일어나 극히 큰 군대가 되었습니다(10절). 여기서 선지자가 하나님의 말씀을 대언할 때 변화가 시작되었다는 점에 주목해야 합니다. 하나님의 말씀에는 힘이 있습니다. 그래서 하나님의 말씀을 대언할 때 능력과 변화가 나타납니다. 우리는 자신의 삶과 가정, 교회, 국가에 주시는 하나님의 말씀을 대언해야 합니다. 그리고 그 하나님의 말씀을 의지해야 합니다. 그래야 능력이 나타납니다.

사복음서에는 예수님의 치유 사역이 많이 기록되어 있습니다. 그리고 그와 함께 '네 믿음대로 될지어다'라는 말씀이 자주 등장합니다. 결국 지금의 현실을 바꿀 수 있는 사람은 자기 자신이라는 말입니다. 교회에서 결코 해선 안 되는 말이 있습니다. "그거 해봤는데 안 되던데?"입니다. 그런 식으로 말했기 때문에 지금까지 안 된 것이고, 결국 그 믿음대로 된 것입니다. 예수님 당시에도 그런 사람들이 있었을 것입니다. "예수를 만난다고 병이 낫겠어?" 그러면서 예수님을 외면했던 사람들은 아무런 변화도 경험하지 못했습니다. 자신의 믿음대로 된 것입니다. 그러나 믿음을 갖고 예수님을 찾은 사람들은 다 고침 받았습니다. 역시 그 믿음대로 된 것입니다. 하나님의 역사의 비밀은 우리의 믿음에 있습니다. 우리가 어떤 상황에서도 에스겔처럼 하나님의 말씀을 믿고 대언하면 놀라운 역사가 일어날 것입니다.

오늘날의 교회와 성도들이 비록 마른 뼈 같을지라도 하나님의 말씀이 임하면 큰 군대로 다시 일어설 수 있습니다. 그 일에 필요한 건 우리의 믿음뿐입니다. 우리 모두가 하나님의 말씀의 능력을 믿고 교회와 자신을 향해 그 말씀을 대언함으로 생각지도 못했던 놀라운 변화를 경험할 수 있기를 소망합니다.

종교개혁주일 청년 설교

거짓된 교회를 원하는 종교적 열심

_삿 18:1-31

하나님의 말씀의 기초 위에 세워진 교회는 늘 그 하나님의 말씀에 비추어 개혁하며 온전함을 추구해야 합니다. 오늘날 조국의 교회 역시 마찬가지입니다. 조국 교회가 하나님의 말씀을 따라 세워진 교회라면 계속 말씀에 비추어 스스로를 돌아보고 회개하며, 버려야 할 것은 버리고 새롭게 해야 할 부분은 새롭게 해야 합니다. 그러나 이런 거국적인 '종교개혁'은 우리가 속한 각 교회의 개혁에서부터 시작되어야 합니다. 우리가 우리 자신조차 개혁하지 못하면서 한국 교회와 세계 교회에 대해 이렇다 저렇다 비판한다면, 그것은 아무도 귀 기울이지 않는 소음이 될 뿐입니다. 그런 의미에서 오늘은 사사기 본문을 통해 우리 각 교회가 먼저 추구해야 할 개혁이 무엇인지에 대해 나누고자 합니다.

교회에 다니는 사람 중에 자신의 교회가 회복되고 부흥하기를 바라지 않는 사람은 없을 것입니다. 모두가 '좋은 교회'를 꿈꿉니다. 하지만 안타깝게도 많은 사람이 '좋은 교회'에 대해 잘못된 생각을 가지고 있습니다. 즉, 자신의 욕심을 채우는 데 도움이 되도록 하나님의 말씀을 따라 몇 가지 구색을 맞춰 놓으면 그것이 좋은 교회라고 생각하는 것입니다. 그래서 마치 본문의 단 지파 사람들처럼 자신의 욕심을 위해, 곧 복 받기 위해(삿 17:13) 교회에 열심을 쏟습니다.

단 지파는 이스라엘의 가나안 정복 이후 본래 자신들에게 분배되었던 땅(수 19:40-46)의 원주민들을 물리치지 못해 그 땅을 소유하지 못하고 있었습니다(삿 1:34). 그러다 결국 그 땅의 원주민인 아모리 족속을 제압하고 그 땅을 분깃으로 얻은 것은 에브라임 지파였습니다(삿 1:35). 오늘 본문 1절의 "그들이 이스라엘 지파 중에서 그때까지 기업을 분배 받지 못하였음이라"라는 구절은 바로 이런 상황을 가리키는 것입니다. 그래서 그들은 거주할 땅을 구하고자 다섯 사람을 선발해 여러 땅을 정탐하게 했습니다.

에브라임 산지에 도착한 그들은 미가라는 사람의 집에 유숙하게 됩니다(2절). 사사기 17장의 기록에 의하면, 미가는 어머니의 은을 도둑질한 후 자백하고 돌려주는 과정에서 어머니가 그 은을 '여호와께 거룩히' 드려 만든 신상을 신당에 들이고, 자신의 아들 중 하나를 세워 자기 집 제사장이 되게 한 사람입니다. 그러던 중 마침 거주할 곳을 찾아 떠돌아 다니던 한 레위인을 만났는데, 레위인이 제사장이 되어야 한다는 율법을 알고 있었는지 선뜻 그를 자기 집 제사장으로 '고용'합니다. 하나님의 말씀대로 레위인을 제사장으로 세웠으니 이제 복을 받을 것이라고 생각한 것입니다.

처음부터 미가는 하나님을 경외하고 참되게 섬기고자 하는 마음이 없었습니다. 그저 자신의 죄로 인한 저주를 면해 보고자 어머니가 이끈 우상숭배자들의 방식을 따라 하나님이 금하신 신상을 만들고는 그것이 하나님을 섬기는 것이라고 생각했습니다. 자기 집에 들인 레위인 제사장은 그런 미가의 거짓된 종교심과 어설픈 율법 지식에 따라 구색 맞추기식으로 끼워 넣은 한 조각일 뿐입니다. 아마 미가는 자기 아들 대신 레위인을 제사장으로 세운 일을 큰 개혁으로 생각했을지도 모릅니다. 그러나 그것은 하나님을 기만하고 조롱하는 것과 다름없는 거짓된 종교적 열심일 뿐입니다.

그러나 더 황당한 것은 단 지파 사람들이 이런 미가 집의 종교적인 구색을 부러워하며 따라 하고자 했다는 것입니다. 그래서 미가의 신당에 있던 신상들과 제사장을 빼앗아 갑니다. 그들 역시 여호와 하나님을 경외하고 바르게 섬기고자 하는 마음이 없었던 것입니다. 더구나 그들이 미가가 고용한 레위인에게 "하나님께 물어 보아서 우리가 가는 길이 형통할는지 우리에게 알게 하라"(5절)고 부탁했을 때, 그가 "평안히 가라 너희가 가는 길은 여호와 앞에 있느니라"(6절)라고 대답해 준 것이 결정적이었던 것 같습니다. 자신들이 듣고 싶었던 말을 '하나님의 이름'으로 전해 주었기 때문입니다. 아마도 그 말을 들었을 때 미가 집의 종교적 구색을 자신들도 갖춰야겠다고 생각했을 것입니다. 오늘날로 말하자면, 자신들에게 복이 되는 교회를 갖고 싶었던 것입니다.

참으로 어리석고 악한 생각이었지만 놀랍게도 단 지파는 미가의 신상과 제사장을 빼앗은 뒤, '세상에 있는 것이 하나도 부족함이 없는'(10절) 라이스 땅을 정복하고 마침내 자신들이 원하던 성읍을 세웁니다(27-28절). 그러나 이후 단 지파의 새로운 땅은 결국 이스라엘을 넘어지게 하는 우상숭배의 대표적인 본거지가 되고(왕상 12:28-29), 훗날 단 지파의 이름은 이스라엘의 열두 지파에서 사라지고 맙니다(계 7:5-8). 이 모든 일은 분명 우연이 아닐 것입니다.

우리는 단 지파 사람들처럼 자신의 욕심을 위해 거짓된 마음으로 '좋은 교회'를 추구해서는 안 됩니다. 사람들의 거짓된 욕심을 드러내 회개로 이끌기보다, 오히려 욕심을 부추기고 정당화하며 복을 빌어 주는 교회를 부러워해서는 안 됩니다. 우리를 비롯한 이 땅의 모든 교회가 교회에 대한 이러한 잘못된 생각에서 돌이키는 것으로부터 참된 교회를 향한 개혁을 시작해 나가기를 소망합니다.

종교개혁주일 중고등부 설교

신앙의 뿌리를 찾아서: 건강한 저항정신

_롬 1:17

오늘은 교회가 종교개혁주일로 지키는 날입니다. 교회의 절기 중 부활절은 유대교와 그리스도교(기독교)를 구분하는 결정적인 절기입니다. 또 성령강림절은 신약 교회의 시작을 기념하는 절기입니다. 그렇다면 종교개혁주일은 어떤 날일까요?

보통 '그리스도교'라고 하면 지금 우리가 속해 있는 교회를 말한다고 생각하지만, 사실 그렇지 않습니다. 우리 신앙의 전통을 기독교에서도 '개신교' 즉 '프로테스탄트'(Protestant, 로마 가톨릭교회에 저항하는 신앙)라고 하는데, 이는 우리가 종교개혁을 통해 서방 교회에서 개혁된 교회라는 역사적 의미를 가지고 있습니다. 당시의 기독교가 로마 가톨릭이었다면 이를 그대로 유지한 교회를 '천주교회'(천주교)라고 하고, 여기서 개혁한 교회를 개신교라고 하는데, 우리가 바로 이 개혁 신앙 전통에 속해 있는 것입니다. 역사적으로만 본다면 유대교에서 예수 그리스도를 메시아로 믿는 기독교가 갈라져 나왔고, 그 기독교가 점차 본래의 모습에서 벗어나자 이를 개혁하고자 한 개신교가 갈라져 나온 것이라고 할 수 있습니다.

'개신교'로 번역된 영어 단어 '프로테스탄트'는 본래 '저항하는 사람들'이란 뜻입니다. 여기서 중요한 것은 저항 자체가 아니라 그 이유이며, 그것이 어디를 향했는가 하는 것입니다. 우리가 세계사를 통해 알고 있듯, 종교개혁은 마틴 루터가 95개 조항의 반박문을 비텐베르크 교회 정문에 붙였던 1517년 10월 31일에 시작되었습니다. 사실 마틴 루터의 이 같은 행동은 엄청난 저항이었습니다. 그가 상대해야 했던 로마 가톨릭은 당시 그 권위와 힘이 막강했고, 많은 사람이 그 권위에 도전하다 생명의 위협을 받거나 실제로 화형에 처해지기도 했기 때문입니다. 그럼에도 마틴 루터는 지금 로마 가톨릭교회의 모습이 성경의 가르침에서 너무나 벗어나 있다는 신앙적 확신 때문에 그 힘든 저항을 시작할 수밖에 없었습니다.

이 저항은 시간의 흐름에 따라 점점 왜곡되어 가는 중세 교회를 바로잡아 기독교 본래의 모습으로 돌아가기 위한 것이었습니다. 바로 이것이 종교개혁의 핵심입니다. 그래서 종교개혁자들의 핵심 구호가 성경으로 돌아가자는 것이었습니다. 성경에 근거하지 않은 가르침과 전통을 고수하는 교회의 관습을 버리고 성경 본연의 가르침으로 돌아가자는 것입니다. 오늘날의 개신교는 이러한 저항의 토대 위에 세워졌습니다. 그러므로 어떤 의미에서 우리는 종교개혁자들의 후손인 것입니다.

독립 운동가들의 후손이 조국의 '독립'에 다른 사람들보다 더 많은 관심을 가질 수밖에 없는 것처럼, 종교개혁자들의 후손인 우리 역시 다른 기독교인들에 비해 '성경'에 더 깊은 관심을 가져야 합니다. 그리고 그 성경의 핵심 메시지인 복음에 매여 있어야 합니다. 오늘 본문 로마서

1장 17절은 복음이 무엇인지 잘 드러내 주는 말씀입니다. 마틴 루터는 우리의 의나 공로가 아니라 그리스도 예수 안에서 이루신 하나님의 의가 구원의 근거라는 것을 이 본문을 통해 확신하게 됩니다. 이 놀라운 복음의 메시지에 대한 확신이 그에게 기존 교회의 그릇된 전통과 관습에 저항할 수 있는 용기와 힘을 주었던 것입니다.

공교롭게도 청소년 시기는 기성세대에 '저항'하는 특성을 지니고 있습니다. 저항이 나쁜 것만은 아닙니다. 무엇에 대한 저항인지, 무엇을 향한 저항인지가 중요합니다. 우리의 저항이 아무 의미 없는 소모적인 것이 아니라, 성경과 복음에 기초한 건강한 저항이 되길 바랍니다. 그래서 하나님께서 우리를 지으신 본연의 모습으로 거룩하고 균형 있게 자라가길 소망합니다.

추수감사주일 장년 설교 1

성경적 감사

_살전 5:18

추수감사주일을 맞아 오늘은 본문을 통해 성경적인 감사가 무엇인지 생각해 보고자 합니다.

첫째, 감사는 성도의 특권입니다. 오늘 본문은 범사에 감사하는 것이 우리를 향하신 하나님의 뜻이라고 말합니다. 감사는 성도를 향한 하나님의 뜻입니다. 특별히 '너희를 향하신'이라고 했으니 성도만이 범사에 감사할 수 있다는 말입니다. 그래서 감사는 성도의 특권입니다.

세상 사람들은 범사에 감사할 수 없습니다. 그들에게는 자신을 돌보는 하나님이 계시지 않기 때문입니다. 그러나 성도는 어려움 중에도 감사합니다. 그 어려움의 배후에 하나님이 계시니 고난조차도 유익이 된다고 믿기 때문입니다. 그래서 범사에 감사할 수 있는 것은 성도의 특권입니다.

나아가 범사에 감사하라는 말씀에는 항상 우리를 지켜 주겠다는 하나님의 약속이 내포되어 있습니다. 하나님께서 우리의 모든 일의 뒤를 봐주겠다고 선언하시는 것과 같습니다. 성도가 누리는 참으로 놀라운 특권입니다. 물론 세상 사람들에게는 해당되지 않는 이야기입니다. 우리는 하나님의 이러한 돌보심을 받고 있는 존재입니다.

하나님은 어떤 상황에서도 절대 우리를 포기하지 않으십니다. 혹 우리가 스스로를 포기하는 경우는 있을지 몰라도 하나님께서는 결코 포기가 없습니다. 그래서 범사에 감사하라고 말씀하시는 것입니다.

둘째, 감사는 명령입니다. 오늘 본문은 명령형으로 되어 있습니다. 명령은 억지로라도 해야 되는 것입니다. 감사는 좋은 것인데 왜 명령을 하셨을까요? 살다 보면 감사하기 어려운 때도 있기 때문입니다. 솔직히 힘들고 어려운 일을 만나면 감사하기가 쉽지 않습니다. 그러나 그때도 감사하라는 것입니다. 결국은 그 모든 것이 합력해 선을 이룰 것이기 때문입니다.

'감사하다'에 해당하는 영어 단어 'thank'의 어원은 '생각하다'라는 뜻의 'think'라고 합니다. '감사하다'와 '생각하다'가 어떻게 연결될까요? 어떤 일이든 조금만 '생각'해 보면 '감사'할 수 있기 때문입니다. 잘 생각해 보면 심지어 실패에도 감사할 수 있습니다. 결국에는 그것조차 자신에게 유익이 되기 때문입니다.

나폴레옹은 수필가로서 실패했고, 셰익스피어는 양모 사업가로서 실패했으며, 링컨은 상점 경영인으로서 실패했습니다. 그러나 잘 알다시피 이들은 이 실패를 토대로 각자에게 맞는 분야를 찾아 성공을 거두게 됩니다. 그야말로 실패는 성공의 어머니인 것입니다. 그러므로 아무리 어려운 일을 겪더라도 조금만 생각해 보면 감사할 수 있습니다.

낯선 땅에서 첫 추수감사절을 지켰던 청교도들처럼 우리에게 아무것도 없었던 처음을 생각해 보십시오. 그때를 생각하면 지금은 무조건

감사할 수밖에 없습니다. 욥처럼 어려움 중에서도 하나님께 영광 돌릴 수 있습니다(욥 1:21). 우리는 범사에 감사하는 것이 하나님의 명령임을 반드시 기억해야 합니다.

셋째, 감사가 습관이 되어야 합니다. 본문에서 '범사'라는 말은 모든 일이나 경우를 뜻합니다. 즉, 인생에서 겪는 크고 작은 모든 일을 말합니다. 그러므로 범사에 감사하라는 것은 곧 감사가 습관이 되게 하라는 뜻입니다. 큰 일이든 작은 일이든, 좋은 일이든 나쁜 일이든 항상 감사하는 것은, 감사가 습관이 될 때 가능한 일입니다.

우리는 대부분 큰 일에는 감사하지만 작은 일은 감사를 잊은 채 그냥 지나치곤 합니다. 그러나 그것은 잘못된 행동입니다. 크든 작든 모든 것이 하나님의 은혜로 된 것입니다. 그러므로 작은 일에도 감사해야 합니다. 이처럼 작은 일에도 감사를 놓치지 않으려면 감사가 습관이 되어야 합니다. 우리로서는 도무지 이해되지 않는 일을 만나도 감사부터 해야 합니다.

무엇이든 습관적으로 늘 하다 보면 그것이 삶이 됩니다. 모든 일에 늘 감사하라는 것은 단순히 매사에 감사하라는 것만이 아니라, 더 나아가 인생을 어떻게 살아야 하는지를 언급한 것입니다. 늘 감사하는 사람은 긍정적으로 살 수밖에 없습니다. 아주 오래전 코미디 프로 중에 〈웃으면 복이 와요〉가 있었습니다. 일반적으로 우리는 복이 와야 웃습니다. 좋은 일이 생겨야 감사합니다. 그러나 성도는 복이 오기 전에 먼저 웃습니다. 그러면 그런 긍정적인 인생에는 복이 따라옵니다.

반면에 습관적으로 불평하는 사람이 있습니다. 그 인생은 결국 불행해질 뿐입니다. 불평은 하나님의 뜻이 아니기 때문입니다. 하나님의 뜻을 따르는 성도라면 감사가 습관이 되어야 합니다.

범사에 감사하는 것은 우리를 향한 하나님의 뜻이자 명령입니다. 감사절을 맞아 우리 모두가 다시금 성도로서 감사의 특권을 누리고, 감사를 습관화할 것을 다짐함으로 우리를 향한 하나님의 뜻과 명령에 순종하기를 소망합니다.

추수감사주일 장년 설교 2

감사하는 사람

_마 25:14-25

'하나님의 우체통'이란 영상을 보신 적이 있습니까? 이 영상은 감사의 주제를 다루면서 인생은 생각하기 나름이라는 메시지를 줍니다. 예를 들면, 새로 산 옷이 너무 커 속상했는데 덕분에 엄마에게 선물하게 되어 감사했고, 손에 작은 가시가 박혀 온종일 고생했는데 덕분에 예수님의 고난을 조금이라도 느껴 본 것 같아 감사했다는 것입니다. 우리도 인생을 한번 다르게 생각해 보면 의외로 감사할 일이 많을지도 모릅니다.

어떤 사람이 타국에 가면서 종들을 불러 각각 다섯 달란트, 두 달란트, 한 달란트를 맡깁니다. 다섯 달란트와 두 달란트를 받은 종은 바로 가서 장사해 그것으로 이익을 남겼고, 이후 주인의 칭찬을 받습니다. 반면 한 달란트를 받은 종은 땅을 파고 그것을 묻어 버립니다. 그러고는 주인과 결산할 때 자신이 받은 것에 대해 불만을 토로하며 핑계를 댑니다.

여기서 우리가 잠시 생각해 볼 것이 있습니다. 한 달란트는 사실 작은 금액이 아니라는 것입니다. 이는 6천 데나리온으로, 당시 일반 노동자의 20년 연봉에 해당하는 큰 금액입니다. 주어진 것이 결코 작지 않음에도 작다고 느낀 것은, 다른 사람들과 자신을 비교했기 때문입니다. 사람들이 자신의 삶에 만족하지 못하고 감사하지 못하는 이유도 마찬가지입니다. 비교는 감사를 망칩니다. 나아가 인생을 망칩니다. 건강한 사람은 다른 사람과 자신을 비교하지 않습니다.

미국의 여성 앵커이자 기자인 데보라 노빌은『감사의 힘』이라는 책에서 말했습니다. "불행한 사람들은 자기가 갖지 못한 것을 보면서 신세한탄을 하는 반면, 행복한 사람들은 자기가 가진 것에 만족하고 감사한다." 행복하게 사는 사람들도 모든 것을 갖지는 못했습니다. 그러나 자신이 가진 것에 만족하며 감사합니다. 이처럼 인생은 태도에 의해 결정됩니다. 감사도 마찬가지입니다. 자신이 가진 것에 만족하는 태도를 가진 사람에게는 감사가 있습니다. 그러므로 다른 사람과 비교해 자신에게 없는 것을 보지 말고, 자신이 가진 것을 보아야 합니다.

미국 카네기멜론대학교 컴퓨터 공학과 교수였던 랜디 포시는 '마지막 강의'로 유명한 사람입니다. 그는 췌장암 말기로 시한부 선고를 받은 후 마지막으로 했던 강의를 통해 많은 사람에게 감동을 주었습니다. 그가 인생의 마지막에 남긴 명언 중 하나는 이것입니다. "감사하는 마음을 보여 주세요. 감사할수록 삶은 위대해집니다." 인생의 마지막에 이르러 생이 얼마 남지 않으면 그제서야 진정으로 중요한 것들이 보이는 것 같습니다. 하나님을 모르는 사람도 이것을 깨달았다면, 살아 계신 하나님을 믿는 우리는 더욱 감사가 넘쳐나야 할 것입니다. 감사하다고 생각만 하지 말고 그것을 표현해야 합니다. 표현할 때 능력이 나타납니다.

좋은 일이 있을 때는 누구나 감사할 수 있습니다. 그러나 일상적인 일에 대한 감사는 아무나 하지 못합니다. 그럼에도 일상에서 늘 감사하면, 생각지도 못한 인생의 문이 열리는 것입니다.

데보라 노빌과 관련된 또 다른 이야기입니다. 한번은 그녀가 피치버그 공항에서 뉴욕으로 가는 비행기를 타려 하는데 갑자기 비행기 운항이 취소되었습니다. 당장 출발하지 않으면 자신이 출연하는 방송에 나가지 못해 방송 사고가 터질 위기에 처하게 되었습니다. 그녀는 일단 마음을 가다듬었습니다. 그리고 다른 모든 사람이 죄 없는 직원들에게 투덜댈 때, 그녀는 담당 직원에게 신속하게 대처해 줘서 고맙다고 친절하게 말을 건넸습니다. 그런데 그 직원이 그녀의 사정을 듣고는 개인 비행기를 섭외해 탑승할 것을 제의했습니다. 그러나 그녀는 회사 윤리 규정상 맞지 않아 이를 거절했습니다. 또 다른 비행기를 타러 갔으나 이 역시 탑승이 불가능한 상황이 되었습니다. 그래도 그녀는 끝까지 화내지 않았습니다. 결국엔 다행히 시간 내에 다른 비행기를 탑승하게 되었는데 그것도 일등석에 타게 되었습니다. 그녀는 이 일을 통해 감사할 수 없는 상황에서도 감사하면, 실제로 감사할 일이 생긴다고 말하고 있습니다.

오늘 본문에서 주인은 각각 다섯 달란트와 두 달란트 받은 종에게 '작은 일'에 충성했다고 말합니다. 우리가 하는 일은 하나님 편에서 보면 모두 작은 일입니다. 모든 인생이 다 똑같이 보잘것없습니다. 그래서 이 두 종처럼 각자 남긴 달란트가 달라도 주님의 칭찬은 똑같습니다. 하나님 앞에서는 큰 일과 작은 일의 구별이 아니라, 감사하는 자와 감사하지 않는 자의 구별이 있을 뿐입니다. 결국 이것이 인생의 차이를 만듭니다. 많이 갖고도 감사하지 않는 사람이 있는 반면, 적게 갖고도 감사하는 사람이 있습니다. 여러분은 어느 쪽입니까?

추수감사주일 장년 설교 3

모든 육체, 특히 가난한 자를 위한 은혜

_시 68:9-10; 136:25-26

추수감사절은 추수 시기 중 한 날을 정해 지키는 교회 절기입니다. 농경 문화권에 사는 사람들에게는 빈부를 떠나 이 추수 때가 일 년 중 가장 풍요롭고 넉넉한 시기입니다. 물론 우리처럼 도시에서 살아가는 사람들은 그것을 직접적으로 체감하기 어렵지만, 그럼에도 추수 때는 풍성한 결실의 계절임이 분명합니다.

땅의 소출은 우리가 생명을 유지하는 데 가장 중요한 삶의 기반입니다. 우리 주식의 대부분이 땅의 소출이기 때문입니다. 이 소출을 거두어들이며 우리는 우리의 생명이 어떻게 유지되고 있는지 확인하게 됩니다. 즉, 우리가 창조하지 않은 대지와 햇빛과 비를 통해 공급되는 양식에 우리 생명이 의존하고 있음을 다시금 알게 되는 것입니다.

그래서 그런 현장에서 멀리 떨어져 살아가는 도시 생활권의 사람들이 좀 더 겸손하지 못한지도 모릅니다. 우리는 매년 그 현장을 직접 보지는 못하지만, 이런 절기를 통해서라도 우리가 얼마나 의존적인 존재인지 기억하고 겸손해져야 합니다.

특히 그리스도인들은 단순히 대자연의 신비에 압도되고 겸허해지는 수준을 넘어서야 합니다. 그 너머에 계신 하나님을 보고 의식해야 하는 것입니다. 그리고 창조주시요 만물의 주관자와 공급자가 되시는 하나님 앞에서 겸손한 마음을 품을 뿐 아니라, 그 은혜에 합당한 감사와 찬양을 돌려야 합니다. 그것이 우리에게 추수 때에 감사의 절기를 지키도록 하신 하나님의 뜻입니다.

그러나 감사의 절기라고 해서 모든 사람이 같은 반응을 하는 것은 아닙니다. 심지어 성도라 하더라도 모두 같은 마음을 품기는 어렵습니다. 성도들이 감사의 설기에 모두 동일한 마음을 품지 못하는 이유는 크게 두 가지가 있습니다. 우선 개인의 믿음의 분량이 다르기 때문입니다. 그리스도인 중에서도 어떤 사람은 성숙해 하나님의 은혜를 세심한 부분까지 깨닫고 감사하며 기뻐합니다. 그러나 또 어떤 사람은 아직 어리고 철이 없어 달라고만 하지, 주신 것에 대한 감사와 겸손한 반응이 미약합니다.

감사의 절기에 그리스도의 한 몸 안에 있는 성도들의 반응이 한결같지 못한 또 다른 이유는, 성도 개개인이 처해 있는 상황이 다르기 때문입니다. 즉, 수확물을 적게 거두어 감사하지 못하는 이들이 있을 수 있다는 것입니다. 한마디로 가난이 감사의 걸림돌이 될 수 있습니다. 이런 경우 무작정 믿음이 없다거나 적다고 할 수 없습니다. 어떤 사람은 상대적으로 다른 이들보다 감사하기 어려운 상황과 형편일 수 있습니다. 감사해야 하는 것은 아는데, 현실적으로는 도무지 감사한 마음이 생기지 않을 수 있는 것입니다.

우리의 악한 마음과 거짓된 믿음만이 하나님께 드려야 할 감사를 훼방하는 것은 아닙니다. 때에 따라 탈출구가 보이지 않는 빈곤, 지속적으로 자신을 괴롭히는 육체적인 질병이나 약함, 가족과의 사별, 자녀 문제 등이 우리의 감사를 훼방하기도 합니다. 또 매우 외로운 처지에 놓이거나 가까운 이들에게 크게 실망하고 배신당할 때, 생업의 영역에서 좌절이 반복될 때도 우리의 감사는 약해집니다.

그러나 하나님께서는 그런 자들조차 감사로 부르십니다. 오히려 그들을 불러 절망 가운데서도 은혜를 받아 누림으로 참된 감사를 배우도록 하십니다. 하나님은 우리가 우리의 죄로 인해 이 땅에 미친 모든 비참한 결과를 알지도 못한 채로 은혜 받게 하지 않으십니다. 도리어 죄로 인한 인생의 비참함을 맛보고 절감하게 하심으로, 그런 황폐해진 인생을 돌아보고 소성하게 하시는 하나님의 은혜를 알게 하십니다.

우리는 하나님의 모든 은혜 중에서도 특별히 '가난한 자'를 위해 준비하신 은택을 알고 고백하는 자가 되어야 합니다. 그러기 위해 일부러 경제적인 가난을 자처할 필요는 없습니다. 오히려 말씀에 비추어 볼 때 성도는 모두 죄로 인한 영적 파산과 저주 상태에서 호의와 구속함을 입은 자들이기 때문입니다. 그러나 만일 인생에서 어떤 물리적인 어려움을 허락하셨다면, 그와 같은 사망의 그늘에까지 미치는 주님의 은혜를 바라고 구하며 겸손하게 그 시간을 보내야 합니다. 죄로 인해 이 땅에 드리운 인생의 고통과 신음을 실제적으로 깨닫고, 그러한 어둠에서 영원히 고통받아 마땅한 자신에게 베푸신 영원한 구원의 약속과 소망을 실제적으로 기뻐하며 감사하는 믿음을 배워야 합니다.

우리 모두가 하나님께서 베풀어 주신 모든 것, 특별히 구원의 은혜에 감사하는 마음으로 이 감사의 절기를 보낼 수 있기를 소망합니다.

추수감사주일 청년 설교 1

장래의 은혜를 바라보는 감사절

_신 16:9-10

오늘은 한 해의 수확을 감사하며 기념하는 추수감사절입니다. 그러나 우리는 모두 각기 다른 형편과 처지에 있기에, 우리 중 어떤 사람은 지금 감사로 마음이 뜨거워지지 못할 수 있습니다. 그러나 하나님께서는 감사하기 어려운 우리의 현실과 형편을 아심에도 오늘과 같은 날을 정해 감사하라고 말씀하십니다. 그저 추상적으로 감사를 요구하시는 것이 아니라, 어떤 형편과 상황에 있든 감사의 자리에 모여 하나님을 찬양하라고 하십니다. 성도들이 모두 동일한 수확물을 거두고, 동일한 수준의 삶을 누리지 못함을 아시면서도, 모두 공동체로 모여 수확물로 말미암아 함께 감사하라고 하신 것입니다. 여기에는 여러 가지 이유가 있겠지만 그중 하나는, 감사절에 드려야 할 감사가 과거와 현재의 은혜만이 아니라 장래에 허락하실 은혜와도 관계되기 때문입니다.

하나님은 구약 시대부터 추수와 관련된 감사의 절기를 지키도록 명령하셨습니다. 출애굽기 23장 16절은 "맥추절을 지키라 이는 네가 수고

하여 밭에 뿌린 것의 첫 열매를 거둠이니라"라고 기록합니다. 맥추절은 칠칠절 또는 맥추의 초실절이라고도 부르는데(출 34:22), 이에 관해 본문은 "곡식에 낫을 대는 첫날부터 일곱 주를 세어 네 하나님 여호와 앞에 칠칠절을 지키되"라고 기록합니다. 하나님은 땅의 소산과 관련해 감사하는 절기를 지키도록 하신 것입니다.

그런데 여기서 흥미로운 점은, 하나님께서 이스라엘 백성에게 땅의 소산물과 관련한 절기를 명하신 시점입니다. 첫 이삭, 첫 열매를 드리라는 초실절은 아직 이스라엘 백성이 가나안에 이르기 전에 주신 절기입니다. 즉, 그들에게 당장은 그다지 실감 나지 않는 절기였습니다. 이 절기들은 장차 가나안에 정착한 이후에 지키도록 주신 절기지만, 이를 제정하신 시기는 출애굽 직후입니다. 그러나 출애굽한 광야의 이스라엘 백성에게 곡식에 낫을 대는 추수의 시작은 아직 익숙할 만큼 충분히 경험한 일이 아니었습니다.

여기서 얻을 수 있는 교훈이 한 가지 있습니다. 그것은 바로 이 땅의 소산과 관련해 지키는 감사의 절기가 장래에 주실 것을 바라보게 하는 성격이 있다는 것입니다. 물론 "너는 애굽에서 종 되었던 것을 기억하고 이 규례를 지켜 행할지니라"(신 16:12)라는 칠칠절에 대한 부연 설명처럼, 이 절기는 이미 베푸신 은혜에 근거한 것이기도 합니다. 그러나 동시에 장차 주실 것을 바라보도록 하는 성격이 다분했습니다. 출애굽한 광야의 이스라엘 백성에게는 장차 가나안 땅에서 얻을 첫 소출을 기대하게 하는 절기였습니다.

이스라엘 백성은 이날을 지키며 하나님께서 약속하신 그 땅에서 장차 풍성히 얻을 땅의 소산을 기대했습니다. 그러나 이 절기에 내포된 기대감은 이렇게 단순히 물질적인 차원에서만 그치지 않습니다. 바울은

"이제 그리스도께서 죽은 자 가운데서 다시 살아나사 잠자는 자들의 첫 열매가 되셨도다"(고전 15:20)라고 선포하며, 그리스도의 부활을 첫 열매를 드림으로 하나님께 나아가는 초실절과 연결하고 있습니다. 성경은 땅의 소출을 기념해 지키는 이 절기의 미래지향적인 성격을, 광야 생활에서 가졌던 실제 수확물에 대한 기대로만 제한하지 않는다는 것입니다.

이 절기는 하나님의 은혜로 가나안 땅에서 나는 소출을 먹고살게 된 때에도 이스라엘 백성에게 더 좋은 장래의 은혜를 바라보도록 하는 것이었습니다. 영적인 의미에서 장차 임할 '첫 열매'가 가져다줄 풍성한 은혜를 기대하게 하는 절기였습니다. 이 땅에서 얼마의 소산을 얻었든 그것을 가지고 하나님께 나아갈 때, 자신들의 소망과 기쁨이 그 땅의 소산에 있지 않고, 그 소산을 주신 하나님과 하나님께서 장차 허락하실 더 풍성한 은혜에 있음을 기억하면서, 하나님을 향한 신뢰와 소망을 더욱 분명히 하는 날이었던 것입니다.

오늘날 우리의 추수감사절에도 이런 태도가 필요합니다. 우리로 감사의 절기를 지키도록 하신 것은, 받은 복에 대한 감사와 찬양만 드리는 것이 아니라, 아직 온전히 임하지 않은 은혜에 대한 간절한 마음을 회복하게 하시기 위함입니다. 특히 하나님은 이날을 통해, 우리가 그리스도 안에서 소망으로 얻은 구원이 온전하게 될 장래에 대한 소망과 기쁨을 회복하기를 원하십니다.

오늘날의 추수감사절은 구약의 절기를 그대로 재현하는 것은 아니지만, 어느 정도 땅의 소산과 관련해 하나님 앞에서 지켰던 그 절기의 의미를 계승하고 있다고 할 수 있습니다. 우리는 광야에서 초실절을 기념해야 했던 이스라엘 백성처럼, 척박한 현실을 살아가는 중에도 이미 주신 것에 감사하고, 장래에 임할 은혜 또한 바라봐야 합니다.

하나님께서는 이날, 지금 우리 손에 쥐어 주신 것이 우리가 보기에 크든 작든 그것 자체에만 우리 마음이 머물러 있기를 원하지 않으십니다. 많이 갖지 못한 자뿐 아니라 넉넉한 자의 마음도 거기에 머물러서는 안 됩니다. 참된 그리스도인이라면, 지금의 상황과 형편에 만족하든 여전히 목마르든, 눈에 보이는 이 땅의 일에 시선이 머물러 있지 않아야 합니다. 이미 주신 것을 감사할 뿐 아니라, 장차 임할 것을 바라보십시오. 이것이 감사절에 우리가 취할 태도이며, 나아가 일상에서도 꼭 지켜 가야 할 그리스도인다운 모습입니다.

추수감사주일 청년 설교 2

불평과 원망의 시대에 성도로 사는 것

_단 3:8-18

오늘날 많은 사람이 시대와 환경을 탓합니다. 사회의 부조리와 불평 등에 분노하며 무기력함을 느끼기도 합니다. 특별히 청년들은 어려서부터 학창시절 무한 경쟁의 시기를 지나왔음에도 그보다 더 냉혹한 좁은 취업의 문 앞에서 낙심하고 있습니다. 어떤 이들은 자신은 흙수저를 물고 태어났다며 자조하기도 하고, 심지어 성인이 되면 자연스럽게 누리며 또 감당해야 할 것으로 여기던 연애, 결혼, 출산 등을 포기한 세대라는 의미의 '삼포세대'라는 신조어까지 등장했습니다.

만족보다는 불평, 감사보다는 원망을 더 많이 쏟아 내는 것은 죄로 물든 인간의 본성입니다. 하지만 오늘날 우리의 현실 역시 그런 우리의 죄악 된 본성을 더욱 부추길 만한 요소를 가지고 있습니다. 분명히 과거에 비해 물질적으로 부요한 삶을 살고 있지만, 미디어와 사회관계망서비스(SNS) 등을 통해 시대의 악함과 어두운 문화가 빠르게 전달될 뿐 아니라, 보기에 그럴듯한 소식과 모습도 자신의 조건을 다른 사람들과 비교해 상대적인 박탈감을 느끼게 하는 요인이 되어 불만이나 적대감 등이

전염병처럼 확산되는 것입니다.

그러나 우리 그리스도인은 이 같은 세상에서 감사나 기쁨 같은 참되고 좋은 것들을 지키는 파수꾼이 되어야 합니다. 개인의 '생존'을 넘어, 무너진 공의를 바로 세우고 잃어버린 인간의 가치와 존엄성을 회복하기를 구하며 힘써야 합니다. 자기 나라를 '헬조선'이라고까지 부르는 극단적인 혐오를 버리고, 하나님께서 허락하신 우리의 조국을 위해 기도하며 우리가 처한 자리에서 주께서 이 나라를 바로 세우시기 위해 사용하는 도구로 쓰임 받을 수 있도록 준비하고 순간순간을 성실히 살아가야 합니다.

나아가 이 땅의 역사가 지속되는 한 이런 악한 현실 또한 계속되리라는 사실도 잊지 말아야 합니다. 주님 오실 때까지 어떤 의미에서 우리는 마치 바벨론으로 끌려간 다니엘과 세 친구 같은 삶을 살아가야 합니다. 우리가 발 딛고 살아가는 이 세상의 정신은, 우상숭배가 자행되고 그것을 따르지 않으면 심각한 불이익을 주겠다고 위협하는 바벨론의 질서처럼 악하고 부조리해, 때때로 도저히 납득할 수 없는 지경에까지 이르기도 합니다.

물론 오늘날, 특히 우리나라에서는 "맹렬히 타는 풀무불"(11절)로 위협하며 노골적인 우상숭배를 강요하는 경우는 없습니다. 하지만 우리는 여전히 이 세상에서 불신앙과 우상숭배적인 삶을 다양한 방식으로 요구받고 있습니다. 그중 하나가 바로 불평과 원망, 무기력함의 노예로 살아가는 것입니다. 이 세상은 생명과 호흡, 먹을 것과 마실 것 모두를 허락하신 하나님을 인정하지 않기 때문에 엄밀한 의미에서 감사를 모릅니다. 우리 그리스도인들은 행여 이런 세상적인 정신을 따라 감사를 잃어버리고 불평과 원망에 사로잡혀 살지 않도록 주의해야 합니다. 그것은 느부갓네

살의 금 신상에 절하는 것만큼이나 불신앙적이고 반역적인 것입니다.

또 한편으로 세상은 우리에게 자기 성취와 정욕을 우상으로 섬기는 삶을 강요합니다. 하나님 안에서 누리는 그분의 은혜로 인한 만족을 모르기 때문입니다. 그래서 우리로 하여금 하나님의 자리에 올라야 완성될 악한 욕망이 채워지기까지 참된 기쁨과 만족을 누릴 수 없도록 합니다. 철저한 자기 욕망의 노예로 하나님 앞에 마땅히 드려야 할 시간과 물질, 헌신을 내던지도록 하는 우상숭배를 강요하는 것입니다. 사람들이 부러워할 만한 진학, 취업, 결혼, 승진, 부요하고 안락한 삶, 자녀의 성공 등 끊임없이 성취 목표를 제시하며, 그것을 위해 모든 것을 바치라고 요구합니다. 이는 마치 "너희가 만일 절하지 아니하면 즉시 너희를 맹렬히 타는 풀무불 가운데에 던져 넣을 것이니 능히 너희를 내 손에서 건져 낼 신이 누구이겠느냐"(15절)며 다니엘의 세 친구를 위협하던 느부갓네살처럼, 우리를 낙오와 도태에 대한 두려움에 사로잡히게 만듭니다.

이런 현실에서 우리는 다니엘의 세 친구가 풀무불과 느부갓네살 왕 앞에서 보였던 태도를 주목해 보아야 합니다. 그들은 불신앙과 우상숭배를 강요하는 힘 앞에 굴하지 않고, 자신들을 해할 수 있는 세상 왕보다 하나님을 더욱 두려워했습니다. 그들의 신앙은 무모한 것이 아니라 풀무불보다 더 강하신 하나님을 신뢰하는 신앙이었습니다. 우리는 이러한 신앙을 본받아 도무지 감사하거나 만족할 수 없을 것 같은 세상에서, 하나님 안에서 그리고 하나님으로 인해 만족하고 감사할 수 있는 담대한 성도가 되어야 합니다.

여전히 이 세상은 거친 현실을 앞세워, 오늘과 같은 우리의 감사의 절기를 비웃고 원망과 불평, 자기 욕망을 따라 살기를 강요합니다. 그러나 우리는 그 앞에서 "우리가 섬기는 하나님께서 우리를 이 맹렬히 타는 풀무불 가운데서 능히 건져 내실 것이며, 그렇게 하지 않으실지라도 거짓 우상에 절하지 않을 것이다"라고 단호하게 말해야 합니다. 우리 모두가 이 불신 세대를 향해, 하나님을 향한 크고 진실한 감사와, 주의 은혜가 우리에게 족하다는 찬송으로 답하는 용감한 주의 종들이 되길 소망합니다.

추수감사주일 중고등부 설교 1

추수감사절의 유래를 찾아: 감사의 이유

_살전 5:18

    오늘은 교회가 추수감사주일로 지키는 절기입니다. 성경적으로 본다면 추수감사절의 의미는 구약의 맥추절과 연관이 있습니다. 맥추절이 농사의 결실에 대한 감사의 절기였던 것처럼, 추수감사절도 한 해의 수확에 대한 감사의 정신을 담고 있기 때문입니다. 그러나 오늘날 추수감사절이 한국 교회의 절기로 자리 잡게 된 것은 사실 미국 교회의 영향이 크다고 알려져 있습니다. 미국에서는 매년 11월 넷째 주 목요일을 추수감사절로 정해 지키고 있는데, 한국 교회가 그 영향을 받았다는 것입니다. 그렇다면 약간 이상한 점이 있습니다. 한국 교회는 추수감사절을 오늘처럼 11월 셋째 주에 지키기 때문입니다. 왜 날짜가 서로 다를까요?

    우선 미국에서 추수감사절을 지키게 된 계기부터 이해하는 것이 필요합니다. 잘 알다시피 미국은 영국의 청교도들이 종교의 자유를 찾아 건너가 세운 나라입니다. 말은 그럴듯하지만 고국을 떠나 아무런 기반도 없는 낯선 땅에 정착해 살아간다는 것은 힘든 일입니다. 실제로 처음 미국으로 건너갔던 사람들 중 많은 사람이 추위와 배고픔으로 죽습니다. 그 와중에 살아남은 사람들이 씨 뿌리고 농사 지어 첫 수확을 얻었을 때 그 기쁨이 얼마나 컸겠습니까? 그래서 시작된 절기가 추수감사절인 것입니다.* 지금 우리는 배고픔을 겪지도 않고, 한 해 동안 농사를 지어 결실을 얻어야만 하는 환경이 아니기 때문에 청교도들이 느꼈을 그 기쁨과 감격을 다 이해하기는 어렵지만, 충분히 상상해 볼 수는 있습니다. 오늘날에도 추수감사절을 통해 한 해 동안 지켜 주시고 필요한 것을 공급해 주신 하나님께 감사하며 특별한 예배를 드리는 것은 매우 적절하다고 볼 수 있습니다.

그런데 왜 한국 교회에서는 11월 넷째 주가 아니라 셋째 주에 추수감사절을 지키는 것일까요? 그 정확한 이유는 알 수 없지만 여러 자료에 근거해 추정해 볼 수는 있습니다. 옥성득 UCLA 한국기독교학 교수에 의하면, 한국 교회는 한국에 복음이 전해진 것에 대한 감사를 담아, 첫 선교사가 한국에 정착한 날(10월 26일)과 미국의 추수감사절(11월 넷째 주)을 절충해 1911년부터 11월 셋째 주 수요일을 추수감사절로 정했다고 합니다.** 따라서 미국 교회의 전통을 참고하되 한국 교회의 역사적 의미를 담아 추수감사절로 정했다고 볼 수 있습니다. 이 같은 의미로 본다면 추수감사절을 통해 우리는 크게 두 가지를 감사할 수 있을 것입니다.

첫째는 우리가 신앙생활을 시작할 수 있게 하신 것에 대한 감사입니다. 우리 중에는 오히려 부모님 때문에 교회에 다닐 수밖에 없는 것을 불평하는 사람이 있을지도 모르겠습니다. 지금은 충분히 그렇게 생각할 수

- * 참조. https://www.christiantoday.co.kr/news/317773
- ** 참조. http://www.thedreamtogether.com/news/articleView.html?idxno=122

있습니다. 자신이 원해서 교회에 온 것이 아니기 때문입니다. 그러나 때로는 원하지 않았는데도 주어진 것이 좋은 것인 경우도 많습니다. 한국의 모든 것이 좋은 것은 아니지만, 우리가 세계 다른 나라가 아닌 한국에서 태어난 것은 매우 큰 복입니다. 우리는 지금 어떤 좋은 것을 가지고 있습니까? 그 좋은 것들이 어떻게 자신에게 주어졌습니까? 우리가 선택해서 얻은 것도 있겠지만, 그보다는 우리에게 주어진 것이 더 많을 것입니다. 그런 측면에서 신앙도 우리에게 주신 하나님의 선물입니다. 지금 당장은 공감되지 않을 수도 있겠지만, 잘 생각해 보면 그로 인해 감사할 것이 많을 것입니다.

둘째는 지난 한 해 동안 우리를 돌봐 주신 것에 대한 감사입니다. 한 해 동안 별일 없었다는 것은 당연한 일이 아닙니다. 부모의 돌봄이 없는 아이는 길거리에서 홀로 살아가면서 별일이 없을 수 없습니다. 우리가 그동안 별일이 없었다는 것은, 누군가 우리를 돌봐 주고 필요를 채워 주셨음을 의미합니다. 신앙의 영역으로 확장하면 하나님의 돌보심과 채우심이 우리의 일상에 있었던 것입니다. 이 험한 세상에서 우리 자신의 노력이나 수고만으로는 별일 없이 살아가기 힘듭니다. 이 사실을 인정한다면 우리를 지켜 주신 하나님께 감사의 예배를 드리고, 주변 사람들에게 감사를 표현하는 것이 우리의 마땅한 태도입니다.

오늘 하루 감사한 분들에게 그 마음을 표현할 수 있기를 바랍니다. 우리의 진심 어린 감사는 분명 더 많은 감사로 확장될 것입니다. 이 은혜가 우리와 함께하기를 소망합니다.

추수감사주일 중고등부 설교 2

감사의 제목을 만들어 주는 사람: 황금률

_마 7:12

오늘은 추수감사주일입니다. 추수감사주일은 한 해를 마무리하면서 하나님께 감사의 예배를 드리는 날입니다. 고등학교를 졸업하고 대학생이 된 후 스승의 날을 기념해 모교를 찾아가는 사람들이 종종 있습니다. 고등학교 때 가르쳐 주신 선생님을 찾아뵙는 것인데 대개 이때 빈손으로 가지 않습니다. 작은 선물이라도 준비해 인사를 드립니다. 아직 대학생이라 형편이 여유롭진 않지만 감사한 마음을 표현하기 위해서입니다. 추수감사절은 그런 마음으로 하나님 앞에 나아가는 날이라고 볼 수 있습니다. 곧 지난 한 해 동안 지켜 주시고 채워 주심에 감사한 마음을 표현하기 위해서입니다. 오늘이 우리에게 그런 날이 되기를 축복합니다. 잊지 않고 찾아온 제자들로 인해 선생님이 행복해하듯, 하나님께서는 우리의 진심 어린 감사에 기뻐하실 것입니다.

오늘 본문은 '황금률'(The golden rule)로 유명한 성경 구절입니다. 그리스도인뿐 아니라 일반 사람들에게도 잘 알려진 말입니다. "남에게 대접을 받고자 하는 대로 너희도 남을 대접하라." 우리는 누구나 다른 사람에게 좋은 대우를 받고 싶어 합니다. 그런데 문제는 우리는 다른 사람에게 잘 대접해 주지 않으면서 자신은 그런 대접을 받고자 한다는 것입니다. 예수님은 우리의 이 같은 모순된 욕망에 대해 황금률을 말씀하심으로, 먼저 다른 사람을 잘 대접할 것을 요구하시는 것입니다.

오늘은 이 말씀을 '감사'에 적용해 보고자 합니다. 우리는 누구나 감사한 일이 많기를 바랍니다. 감사한 일이 많다는 것은 좋은 일이 많다는 것입니다. 그리고 그 좋은 일들은 간혹 저절로 일어나기도 하지만, 대부분은 주변 사람들의 배려와 선의로 이루어집니다. 즉, 누군가 우리에게 감사할 수 있는 요소를 제공해 준 것이라는 뜻입니다. 그런 사람이 우리 주변에 많을수록 감사의 제목도 많아질 것입니다. 그렇다면 우리가 우리 주변에 이런 사람이 많기를 바라는 대로, 우리 역시 다른 사람들에게 그런 사람이 되어 주면 어떨까 하는 것입니다. 즉, 우리가 누군가의 감사의 조건이 되어 보는 것입니다. 이것이 바로 황금률을 적용하는 삶일지도 모릅니다. 우리가 감사의 조건이 많아지기를 바라는 것처럼, 우리가 누군가의 감사의 조건이 많아지게 해줌으로 황금률을 적용해 볼 수 있는 것입니다.

누가복음 10장 30-36절에서 예수님은 매우 흥미로운 비유를 말씀하십니다. 어떤 사람이 길에서 강도를 만나 거의 죽을 지경이 되어 쓰러져 있는데, 마침 그 주변으로 몇 사람이 지나가게 됩니다. 그중에는 제사장도 있고, 레위인도 있었습니다. 그러나 이 두 사람은 강도 만난 사람을 보고도 그냥 피해 지나쳐 갔습니다. 반면, 역시 그 길을 지나가던 사마리아인은 그 사람을 발견하고는 자신이 가진 것으로 응급치료를 해주고, 자기 짐승에 태워 인근 여관으로 데리고 가 추가적으로 돌봐 줍니다. 예수님은 이 세 사람 중 누가 강도 만난 사람의 이웃인지 물으셨습니다. 우리도 스스로에게 물어봅시다. 누가 강도 만난 사람의 이웃입니까? 누가 참된 신앙인입니까? 분명 제사장이나 레위인은 아닙니다. 그들은 당시 종교지도자로서 자신들은 사람들의 많은 존경과 환대를 받았을지 모르지만, 정작 그들은 자신들의 도움이 필요한 사람에 대해 외면했습니다. 본인은 감사의 제목이 많았을지 모르지만, 자신이 누군가의 감사의 제목이 되어 주지는 않았던 것입니다. 그러나 사마리아인은 달랐습니다. 그는 먼저 누군가의 감사의 제목이 되어 주기를 주저하지 않았습니다. 예수님은 사마리아인의 그러한 모습을 본받도록 우리에게 교훈하신 것입니다.

추수감사절을 맞아 우리 모두에게 감사의 제목이 풍성하길 축복합니다. 나아가 우리 모두가 주변 사람들에게 감사의 제목을 만들어 주는 사람이 되길 소망합니다.

대강절 장년 설교 1

기다림과 최선

_눅 2:25-38

대강절은 기다림의 시간입니다. 먼저는 그해의 성탄절을 기다리고, 더 나아가서는 주님의 재림을 기다립니다. 우리의 신앙은 기다림의 신앙이라고 해도 무방합니다. 가깝게는 하나님께서 우리 인생에 주시는 일상의 위로와 도움을 기다립니다. 멀게는 주님의 재림을 기다리고 있습니다. 오늘은 대강절을 맞아 이러한 기다림의 신앙에 대해 생각해 보고자 합니다.

첫째, 하나님의 약속을 믿고 이루어질 때까지 기다려야 합니다. 본문에 등장하는 시므온과 안나에게는 공통점과 차이점이 각각 있습니다. 둘 다 예수님을 만난 것이 공통점이라면, 차이점은 시므온은 그 약속을 미리 듣고 기다리다 만났고(26절) 안나는 그런 약속 없이 만났다는 것입니다(38절). 시므온은 분명히 성령의 예고를 들어 예수님을 만날 것을 알고 기다렸습니다. 그러나 안나는 그런 예고를 들었다는 기록이 없습니다. 그저 성전을 떠나지 않고 기도하다 마침 그때 예수님을 보았다고 말합니다.

알고 기다리는 것과 모르고 기다리는 것 중 어떤 것이 더 쉬울까요? 알고 기다리는 것이 모르고 기다리는 것보다 쉬울 것 같지만 실은 더 힘들 수 있습니다. 알면 책임이 생깁니다. 몰랐다고 핑계할 수 없습니다. 시므온의 경우도 더 조심하고 경건하게 지내면서 약속된 시간을 기다리며 준비했을 것입니다. 하나님의 약속을 알고 있더라도 믿고 기다리는 것은 쉬운 일이 아닙니다.

하나님의 약속을 믿고 기다렸던 시므온은 드디어 그것이 이루어지는 것을 보게 됩니다. 본문 29절에 사용된 '놓아 주다'라는 말은 원어적으로 종의 해방과 관련된 것으로, 오랜 임무에서 놓이는 것을 의미하기도 합니다. 시므온은 그야말로 오랜 임무에서 놓임 받는 느낌이었던 것입니다. 하나님의 말씀을 알고 믿고 기다리는 것은 그리 쉬운 일이 아닙니다. 시므온이 해방감을 느꼈다는 것은 곧 그동안 힘들었다는 의미도 됩니다. 성령께서 죽기 전에 반드시 메시아를 만날 것이라고 예고하셨지만, 기다리는 기간이 행복하지만은 않았을 것입니다. 분명 그 기다림이 힘들게 느껴지던 때도 있었을 것입니다. 그러나 그럴 때일수록 그는 하나님의 말씀은 반드시 이루어진다는 사실을 기억해야 했습니다.

우리는 시므온을 통해 기다림의 신앙을 배우게 됩니다. 어떤 상황에서도 우리는 하나님의 말씀을 믿고 기다려야 합니다. 기다리는 시간이 힘들어도 말씀이 이루어질 때까지 기다려야 합니다. 힘들다고 도중에 하나님 신뢰하는 것을 그만두면 안 됩니다. 바울은 자신의 마지막 서신에서 자신은 달려갈 길을 마치고 끝까지 믿음을 지켰다고 고백했습니다(딤후 4:7). 우리도 하나님의 시간이 우리 눈에는 더뎌 보여도 끝까지 기다려야 합니다.

소설가 프란츠 카프카가 이런 말을 했습니다. "인간에게 큰 죄가 두

가지 있는데 다른 죄도 모두 여기서 나온다. 그것은 조급함과 게으름이다." 정말 그렇습니다. 기다릴 줄 모르는 조급함이 언제나 일을 망칩니다. 우리는 이 조급한 마음을 떨쳐 버리고, 하나님의 약속의 말씀을 믿으며 그것이 이루어질 때까지 기다려야 합니다. 조급한 마음에 중간에 그만두면 안 됩니다. 하나님께서 평안히 놓아 주실 때까지 기다리는 신앙을 가져야 합니다.

둘째, 현실에 최선을 다하면서 기다려야 합니다. 이제 안나 선지자에 대해 생각해 봅시다. 앞서 살펴봤듯이 안나와 시므온의 공통점은 예수님을 만난 것이고, 차이는 시므온은 그 일에 대해 예고를 받았지만 안나는 그런 것이 없었다는 것입니다. 물론 그럼에도 두 사람의 삶의 결과는 같았습니다. 그러나 그 과정에서 시므온은 하나님의 뜻이 이루어질 때까지 인내하며 기다렸다는 것이 특징이라면, 안나는 좀 더 주어진 삶에 최선을 다했다는 특징이 있습니다.

안나는 시므온처럼 어떤 예고를 받지 못했습니다. 그럼에도 성전을 떠나지 않고 경건한 삶을 살며 최선을 다하다 보니 예수님을 만날 수 있었습니다. 당시 안나와 같은 과부는 힘없는 약자의 대명사였습니다. 그러다 보니 힘들고 억울한 일도 많았을 것입니다. 그러나 안나는 최선을 다해 경건하게 살았습니다. 그러다 마침 예수님을 만나게 된 것입니다.

우리도 안나와 같은 신앙을 가져야 합니다. 우리 역시 예수님이 언제 오실지 모릅니다. 하나님의 약속이 언제 이루어질지 모릅니다. 그러므로 우리는 그때까지 지금 우리에게 주어진 삶에 최선을 다하며 주님을 기다려야 합니다. 성경은 깨어 근신하며 주님을 기다리라고 말합니다(벧전 4:7). 현실에 최선을 다하며 살다 보면 우리 역시 주님을 만나게 될 것입니다.

대강절을 맞아 우리에게 필요한 것은 기다림의 신앙입니다. 우리는 하나님의 약속을 믿고 그것이 이루어질 때까지 기다려야 합니다. 그리고 거기에는 주어진 현실에 최선을 다하는 삶이 뒤따라야 합니다. 우리 모두가 이 기다림의 신앙으로 주님의 재림을 기쁘게 맞이할 수 있기를 바랍니다.

대강절 장년 설교 2

때가 차매 오신 예수님

_갈 4:4-5

오늘 본문은 예수님께서 이 땅에 오신 것은 때가 찼기 때문이라고 말합니다. 예수님의 오심을 기다리는 대강절을 맞아, '때가 차매 하나님이 그 아들을 보내셨다'는 이 말씀을 통해 하나님께서 일하시는 방식에 대해 생각해 보고자 합니다.

첫째, 예수님은 때를 따라 오셨습니다. 모든 일에는 때가 있습니다. 하나님도 때를 따라 일하십니다. 본문 4절은 "때가 차매", 곧 때가 되어 예수님께서 이 땅에 오셨다고 말합니다. 아무 때나 무작위로 고르신 것이 아닙니다. 모든 것이 하나님의 경륜과 섭리 속에서 정확한 시간에 이루어진 것입니다.

전도서 3장 1절은 "천하만사가 다 때가 있나니"라고 말합니다. 우리가 원한다고 되는 것이 아닙니다. 모든 일에는 정해진 때가 있습니다. 하나님께서는 모든 것을 창조하실 때도 "때를 따라"(전 3:11) 아름답게 하셨습니다. 각각 맞는 때에 아름답게 하셨다는 것입니다.

이처럼 모든 일에는 하나님이 정하신 때가 있습니다. 우리가 아무리 욕심을 부리고 간절히 원하는 일이 있어도 하나님의 때가 되어야 이루어집니다. 물론 그렇다고 아무것도 하지 않은 채 기다리기만 해서는 안 되지만 조급해할 필요는 없습니다.

그런데 여기서 한 가지 중요한 사실이 있습니다. 우리는 하나님의 때를 알 수 없다는 것입니다. 하나님께서는 그 하시는 일의 시작과 끝을 우리로 알 수 없게 하셨습니다(전 3:11). 날 때가 있고 죽을 때가 있지만 그 때를 아는 사람은 아무도 없습니다.

모든 것에 하나님의 때가 있는데, 정작 우리는 그 시작과 끝을 알 수 없습니다. 전도서 기자가 얻은 지혜는 이것입니다. "사람들이 사는 동안에 기뻐하며 선을 행하는 것보다 더 나은 것이 없는 줄을 내가 알았고"(3:12). 즉, 기뻐하고 선을 행하며 사는 것이 최선이라는 것입니다. 우리는 하나님의 때를 알 수 없으므로 지금 주어진 현실에 감사하고 기뻐하면서 선을 행하며 살아가야 합니다. 이것이 우리가 할 수 있는 최선입니다. 어떻게 될지 알 수 없는 인생이니 더 잘 살아야 합니다.

주어진 현실에 감사하고 기뻐하며 선을 행하는 것이, 하나님이 만드신 때가 있음을 아는 자들이 살아가는 방식입니다. 지금 이 순간은 하나님께서 그분의 때를 이루어 가시는 과정 중의 일부인 것입니다. 그러니 허투루 살 수 없습니다. 주어진 삶에 최선을 다하는 것이 하나님의 때와 시간을 인정하는 믿음입니다. 이것이 이 대강절에, 때를 따라 일하시는 하나님을 믿는 사람에게 필요한 태도입니다.

둘째, 모든 일은 때가 차야 이루어집니다. 본문에서 '찼다'는 말은 충만함과 완성을 의미합니다. 모든 일은 때가 차야 이루어집니다. 갑자기 불쑥 이루어지는 것이 아니라 과정이 있다는 말입니다. 점점 차올라 충만해져야 그 '때'에 이르는 것입니다.

'임계질량'이라는 물리학 용어가 있습니다. 핵분열 물질이 연쇄 반응을 할 수 있는 최소의 질량을 일컫는 말입니다. 거기서 조금이라도 모자라면 반응이 일어나지 않습니다. 반드시 그만큼의 질량이 차야 반응이 나타납니다. 꽃도 피기 시작하는 온도가 있습니다. 영상 18도가 되지 않으면 꽃은 피지 않습니다. 인생사도 마찬가지입니다. 어느 날 갑자기 이루어진 것 같아도, 실은 점점 차오르는 과정을 거쳐 그 '때'가 찼기 때문에 이루어진 것입니다. 그러므로 그 '때'가 차기까지 우리가 할 일은 참고 견디는 것입니다.

예수님이 이 땅에 오셨을 때의 상황을 생각해 봅시다. 이스라엘은 로마제국의 압제와 종교지도자들의 위선적인 가르침과 행태에 지쳐 가고 있었습니다. 온갖 어려움을 겪으며 오래전 약속하신 하나님의 구원이 몹시도 절실한 상황이 되었습니다. 그렇게 하나님의 구원에 필요한 모든 과정을 다 겪고 '때가 차매' 하나님께서 그 아들을 이 땅에 보내신 것입니다.

그러므로 현재 일어나고 있는 일에 지나치게 일희일비하지 말아야 합니다. 지금 일이 잘된다고 너무 좋아하지 말고, 힘들다고 너무 실망하지도 마십시오. 모두 과정일 뿐입니다. 특히 상황이 어려워지더라도 실망하지 말고 끝까지 포기하지 말아야 합니다. 때가 차면 하나님께서 이루어 주십니다. 이것이 대강절을 맞아, '때가 차매' 오신 예수님을 통해 우리가 가져야 할 삶의 태도입니다.

지금 우리에게 하나님의 뜻이 속히 이루어지기를 바라는 어떤 일이 있습니까? 모든 일에는 때가 있음을 기억하고, 그 '때'가 차기까지 인내하며 기다릴 수 있기를 바랍니다.

대강절 청년 설교

너희는 주의 길을 준비하라

_눅 3:3-6

우리는 친구들이 집에 놀러 온다고만 해도 집 정리에 신경을 씁니다. 거실이 잘 정리되었는지, 화장실은 깨끗한지, 신발장은 너저분하지 않은지 살펴봅니다. 만약 교회 목사님께서 심방 오신다면 마음은 더욱 분주해질 것입니다. 예의를 갖춰 맞이하기 위해 집 상태를 더 꼼꼼히 살펴보고 정리하게 됩니다. 대강절은 우리에게 바로 이런 의미를 갖습니다. 주님의 오심을 기다리면서 시계만 쳐다보는 것이 아니라, 주님을 맞을 준비가 됐는지 우리 자신의 상태를 살펴보는 시간인 것입니다.

예수님의 오심을 준비했던 세례 요한은 당시의 이스라엘 백성과 지도자들을 향해 '회개의 세례'를 전파했습니다(3절). 즉, 하나님께서 약속하신 그리스도를 맞이하기 위해서는 지금의 그릇된 삶에서 돌이켜야 함을 선포한 것입니다. 만약 죄인들이 이 같은 준비 없이 그리스도의 오심을 직면하게 되면 하나님의 진노를 피할 수 없기 때문입니다(눅 3:7). 회개에 합당한 열매를 맺는 것이 그리스도를 맞이하는 데 필요한 최우선의 일이며, 당장 그 일부터 해야 함을 세례 요한은 선포한 것입니다(눅 3:8).

보통 '대강절' 하면 2천 년 전에 오신 예수님의 성육신에 대해서만 생각합니다. 그래서 예수님의 오심을 위한 준비는 과거에 모두 끝난 이야기라고 생각합니다. 그러나 그렇지 않습니다. 예수님은 2천 년 전 이미 이 땅에 오셨지만(초림), 부활 후 승천하시면서 다시 올 것이라고 약속하셨습니다(재림). 즉, 21세기를 살아가는 우리에게도 여전히 주님의 오심은 유효하며, 나아가 주님의 재림을 위한 준비가 필요하다는 것입니다. 이에 관해 성경은 이렇게 말합니다. "그러므로 깨어 있으라 어느 날에 너희 주가 임할는지 너희가 알지 못함이니라"(마 24:42). "이러므로 너희도 준비하고 있으라 생각하지 않은 때에 인자가 오리라"(마 24:44).

그렇다면 어떻게 주님의 다시 오심을 준비해야 할까요? 마태복음 24장의 비유 중 하나를 통해 그 방법을 생각해 보고자 합니다. 한 주인이 자신이 없는 동안 그 집을 맡아 때를 따라 양식을 나눠 줄 종을 찾습니다(45절). 종은 두 부류로 나뉩니다. 충성되고 지혜로운 종은 주인의 부재에도 꾀를 부리지 않고 마치 주인이 지켜보고 있는 것처럼 자신에게 맡겨진 일을 성실하게 행합니다. 그러나 악한 종은 주인이 없는 틈을 이용해 동료들에게 함부로 행동하고 술친구들을 불러 방탕한 일상을 보내며(49절), 마치 주인이 영원히 돌아오지 않는 것처럼 생각합니다(48절). 그러나 주인은 생각지 못한 순간에 돌아왔고, 충성되고 지혜로운 종에게는 그 집 전체의 소유를 맡깁니다(47절). 그러나 악한 종에게는 그에 상응하는 벌을 내립니다(51절).

주님의 다시 오심을 기다리는 우리 역시, 마치 주인이 부재하시는 것 같은 중에도 우리에게 맡겨진 일을 충성되고 지혜롭게 감당해야 합니다. 자신의 욕망을 따라 게으름 피우지 말고, 주님이 우리에게 맡기신 일을 성실히 감당하면서 살아가야 하는 것입니다. 우리가 가정에서 자녀로서 감당해야 할 일이 무엇입니까? 직장이나 학교에서 우리에게 기대하는 일이 무엇일까요? 교회공동체에서는 어떤 일을 감당해야 할까요? 모든 기대에 다 부응할 수는 없지만, 우리가 감당할 수 있는 일이라면 충성되고 지혜롭게 해야 합니다. 누가 지켜보든 보지 않든, 당장 보상이 있든 없든 충성스럽고 지혜롭게 그 일을 감당해야 하는 것입니다. 이것이 바로 주님의 다시 오심을 준비하는 모습입니다.

주님의 다시 오심을 준비하면서 우리 자신의 삶을 돌아보고 혹 굽은 곳이 있다면 곧게 펴는 용기를 내기 바랍니다. 낮은 자존감으로 절망에 빠져 있다면 복음의 은혜로 자존감을 높이고, 교만으로 높아진 마음이 있다면 그리스도의 십자가 아래 겸손히 엎드리십시오. 우리가 다 이 같은 마음으로 주님의 다시 오심을 준비하며 살아가길 소망합니다.

대강절 중고등부 설교

예수님을 고대하는 삶: 비행기 갈아타기

_눅 2:22-39

대강절은 예수님의 탄생을 기다리는 4주간을 의미합니다. 유대인들의 달력이 유월절을 기점으로 시작되듯, 모든 교회력은 대강절에서 시작됩니다. 오늘은 이 대강절이 우리에게 어떤 의미가 있는지 본문을 통해 생각해 보고자 합니다.

우리는 매년 1월 1일에 새해를 반복해서 맞이하지만 우주의 역사는 어떨까요? 성경 말씀대로 하나님께서 온 우주를 창조하셨고, 그 역사는 지금도 진행되고 있는 상태입니다. 그리고 언젠가는 그 끝이 있을 것입니다. 그것을 종말이라고 합니다. 성경의 첫 책인 창세기는 우주의 시작에 대해 기록하고 있고, 마지막 책인 요한계시록은 그 마지막에 대해 말하고 있습니다. 우주는 시작도 끝도 없다고 말하는 사람들도 있지만, 우리가 믿는 성경은 그렇지 않다고 분명히 말하고 있습니다.

성경은 우주의 시작과 끝 사이에 매우 중요한 사건이 하나 더 있다고 말합니다. 그것은 바로 예수 그리스도의 탄생입니다. 예수 그리스도는 단순히 수많은 영웅 중 한 사람이 아닙니다. 아담과 하와가 모든 인류의 자연적 조상이듯, 예수 그리스도는 구원받을 하나님의 자녀들의 영적 조상이기 때문입니다. 따라서 우리 앞에는 한 가지 선택이 놓여 있습니다. 아담과 하와가 조종하는 비행기를 끝까지 타고 갈 것인지, 아니면 예수 그리스도께서 조종하는 비행기로 갈아탈 것인지에 관한 선택입니다. 모든 사람은 이 선택을 피할 수 없으며, 이 둘의 운명은 확연하게 갈라지기 때문입니다. 여러분은 어떻게 하겠습니까?

오늘 본문에는 시므온과 안나 두 사람이 등장합니다. 이들은 이스라엘의 위로를 기다리며(25절), 예루살렘의 속량을 바라는 사람들이었습니다(38절). 다른 말로 하면 이들은 아담과 하와의 자손으로서는 마지막 날의 위로와 구원을 얻을 수 없다는 것을 알았기에, 이스라엘에 온전한 위로와 구원을 보장해 줄 메시아를 기다리며 살고 있었다는 것입니다.

왜 시므온과 안나가 이스라엘을 위로하고 예루살렘을 구원해 줄 메시아를 기다렸겠습니까? 이는 예수 그리스도가 오시기 전까지는 그들이 위로를 얻지 못했고, 구원을 보장받지 못했다는 것을 반증하는 것입니다. 즉, 지금 자신이 타고 가는 비행기에 뭔가 문제가 있어 이대로는 안전하게 목적지에 도착할 수 없다는 것을 깨달았기 때문입니다. 그래서 누군가가 나타나 자신들을 이 비행기에서 건져 주길 원했던 것입니다. 시므온과 안나는 그런 마음으로 계속 성전에 머물면서 메시아를 기다렸고, 결국 너무 늦지 않게 그 메시아를 만날 수 있었습니다.

이제 몇 주 후면 예수님의 탄생을 기념하는 성탄절이 옵니다. 예수님이 이 땅에 오셨다고 모든 사람이 무조건 구원을 얻게 되는 것은 아닙니다. 어떤 사람은 예수님을 보고도 관심이 없을 수 있고, 또 어떤 사람은 예수님을 적으로 간주해 배척할 수도 있습니다. 예수님이 이 땅에 오셨다고 모든 사람이 예수님을 통해 위로와 구원을 얻는 것은 아니라는 말입니다. 시므온과 안나처럼 자신을 구원해 줄 구원자를 간절히 기다리는 사람만이 예수님을 메시아로 만날 수 있습니다. 지금 자신의 삶에는 위로도 평안도 없으며 이 비참한 삶에서 구원해 줄 사람도 없다는 자신의 한계를 인식하고, 이대로 가다가는 죽겠구나 하며 절망하는 사람만이 여기서 살 수 있는 길이 무엇인지 찾고, 자신을 구원해 줄 분을 고대하게 되는 것입니다. 그리고 그런 사람이 바로 예수 그리스도를 메시아로 만나게 됩니다.

우리에게는 또 한 번의 기다림이 남아 있습니다. 2천 년 전에 이 땅에 오셨던 예수님은 부활하신 후 하늘로 올라가셨고 이제 마지막 날에 다시 오실 것이기 때문입니다. 시므온과 안나는 예수님의 첫 번째 오심을 기다리다 성전에서 예수님을 만났습니다. 우리도 예수님의 다시 오심을 간절히 기다리다 기쁨으로 예수님을 맞이할 수 있기를 소망합니다.

성서주일 장년 설교 1

계시를 따라

_갈 2:1-10

우리 그리스도인의 삶의 기준은 하나님의 말씀입니다. 종교개혁자 칼빈은 말씀이 가는 곳까지 가고, 서는 곳에 서야 한다고 말했습니다. 말씀에 대한 절대 복종을 강조한 말입니다. 오늘은 성서주일을 맞아 하나님의 말씀에 대한 바울의 태도를 통해 우리의 삶을 점검해 보고자 합니다.

첫째, 바울은 계시를 따라 움직입니다. 오늘 분문에 의하면 바울은 처음 예루살렘을 방문한 지 14년 만에 다시 예루살렘을 찾습니다. 이방 가운데서 전한 복음을 예루살렘의 지도자들에게 제시하기 위해서입니다. 이는 사도행전 15장에 기록된 예루살렘 총회를 말합니다. 1차 전도여행 후 율법 준수 문제가 대두되자 안디옥 교회에서 논란이 있었고, 이것을 해결하기 위해 예루살렘 총회가 개최된 것입니다.

그런데 본문은 이때 바울이 '계시를 따라' 예루살렘으로 올라갔다고 말합니다. 자신의 의지대로가 아니라 하나님께서 그렇게 하라고 계시하서서 갔다는 것입니다. 바울은 그곳에서 예루살렘 지도자들을 개인적으로 만나 자신이 행한 복음의 일을 설명합니다. 그런데 바울은 본래 이런 일을 좋아하지 않았습니다. 유력한 지도자들에게서 자신의 길에 대해 인정받는 것을 원하지 않았습니다(갈 1:16-17; 2:6). 굳이 사람들을 찾아다니며 자신의 사역과 가르침에 대해 인정받을 필요가 없다고 생각한 것입니다. 이는 사도들을 무시해서가 아니라, 자신이 전하는 복음과 계시의 신적 기원을 강조하기 위한 것이었습니다.

그런데 본문에서는 예루살렘에 올라가 이방에 전한 복음에 대해 유력한 자들에게 개인적으로 설명을 합니다. 왜 그랬을까요? 하나님의 계시가 있었기 때문입니다. 하나님께서 그에게 이 문제를 그렇게 매듭지으라고 하셨습니다. 그래서 그 계시를 따라 예루살렘에 올라간 것입니다. 그는 이 일에 관해 평소 자신의 생각이나 소신대로 하지 않았습니다. 철저히 하나님의 계시를 따랐습니다.

이처럼 계시를 따른다는 것은 자신의 것을 버리는 행위입니다. 자신의 생각이나 소신까지도 하나님의 말씀에 비추어 합당치 않을 때는 언제든 내려 놓고 그 말씀에 복종하는 것입니다.

우리는 어떻습니까? 자신의 생각이나 판단을 하나님의 말씀보다 앞세운 적은 없습니까? 무엇이든 말씀에 비추어 합당치 않을 때는 즉시 내려 놓고 돌이키는 것이 성도다운 모습입니다. 우리의 판단과 소신을 지키는 것보다 중요한 것이 하나님의 말씀을 따르는 것입니다.

둘째, 하나님의 계시를 따라야 분별력 있게 살아갈 수 있습니다. 계시를 따라 살았던 바울에게는 분별력이 있었습니다. 계시를 따라야 분별력 있게 살 수 있는 것입니다. 그는 복음을 위해 사사로이 사도들에게 이방 선교를 제시했지만, 그렇다고 무조건 고개를 숙이지는 않았습니다.

먼저 헬라인 디도에게까지 억지로 할례를 받게 하지는 않습니다(3절). 사람들에게서 좋은 평가를 얻으려고 무리하게 행동하지 않았다는 것입니다. 더 나아가 이방인을 위한 자신의 역할과 유대인을 위한 사도들의 역할을 분명히 구별하면서도, 서로 기꺼이 협력하기로 합니다(6-10절).

이것이 하나님의 말씀과 계시를 따르는 사람의 모습입니다. 그런 사람은 자신과 타인에 대해 올바른 분별력을 갖습니다. 먼저 자신의 일을 분명하게 인식합니다. 다른 사람의 것을 부러워하지 않습니다. 자신의 일에 집중하고, 다른 사람을 지나치게 의식하지 않습니다. 또 다른 사람의 일을 인정합니다. 그리고 협력할 것은 기꺼이 협력합니다. 자신에게 맡겨진 일이 있듯 다른 사람에게 맡겨진 주님의 일도 인정합니다. 그러므로 다른 사람의 일에 함부로 참견하지 않습니다. 죄 짓는 것이 아니면 다른 사람의 일도 인정합니다. 그리고 다른 사람의 사역을 폄하하지 않습니다. 이처럼 복음 안에 있는 사람은 자신과 타인에 관해 어떤 것을 구별하고, 어떤 것을 협력해야 하는지 분별력이 생깁니다. 사람들의 평가나 자신의 욕심을 내려 놓고 주님만을 위해 살기 때문입니다.

우리 모두가 바울처럼 철저히 하나님의 말씀과 계시를 따름으로 분별력 있게 살아가길 소망합니다.

성서주일 장년 설교 2

우리가 믿는 하나님

_호 6:1-6

우리는 우리가 믿는 하나님이 어떤 분이며, 우리에게 무엇을 바라시는지를 반드시 알아야 합니다. 그래야 신앙생활을 올바로 할 수 있습니다. 신앙생활은 인간의 일방적인 열심으로 되는 것이 아닙니다. 우리 자신이 아니라 하나님이 원하시는 방식대로 믿어야 한다는 것입니다. 그런 의미에서 오늘은 본문을 통해 하나님이 어떤 분이며, 우리에게 바라시는 것이 무엇인지 생각해 보려 합니다.

첫째, 하나님은 우리가 충분히 예상할 수 있는 분입니다. 세상에는 두 부류의 사람이 있습니다. 어떤 일에 대한 반응이나 행동이 예상되는 사람과 그렇지 않은 사람입니다. 먼저 어디로 튈지 모르는 변덕스러운 사람이 있습니다. 같은 일이나 상황에도 일관성 없이 그저 감정대로 움직입니다. 직장 상사가 그런 사람이라면 참 힘들 것입니다. 반대로 어렵지 않게 행동이 예상되는 사람이 있습니다. 어떤 일에 어떻게 반응할지 대략 알 수 있습니다. 일관성 있고 상식적인 사람이라고 할 수 있을 것입니다.

오늘 본문에서 호세아가 소개하는 하나님은 예상할 수 있는 분입니다. 하나님은 우리가 잘못했더라도 그분께 돌아가면 분명 우리를 낫게 하고 싸매어 주시며(1절), 살리시는 분입니다(2절). 또 그분의 나타나심은 어김이 없습니다(3절). 호세아는 우리가 비록 죄를 지었더라도 하나님께 돌아가면 하나님은 틀림없이 받아 주시는 분이라고 설명하고 있는 것입니다.

누가복음 15장의 잃어버린 아들에 관한 비유를 통해서도 이 사실을 알 수 있습니다. 둘째 아들은 자신이 받은 모든 재산을 허비해 초라한 처지에 놓였을 때 큰 고민 없이 아버지께 돌아옵니다. 아버지께 돌아가면 분명히 잘못을 용서해 주시고 다시 아들로 받아 주실 것을 알고 있었기 때문입니다. 그래서 그는 그 상황에서 집으로 돌아갈 용기를 낼 수 있었습니다. 이 아들에게 아버지는 충분히 예상할 수 있는 분이었습니다.

그리스로마 신화에 나오는 변덕스러운 신들을 보십시오. 이것이 인간이 만든 신관입니다. 그들은 특별한 기준 없이 복을 주다가도 갑작스럽게 저주를 퍼붓는 등 인간과 똑같은 모습을 보입니다. 이런 신을 도대체 믿을 수 있겠습니까?

사무엘상 15장 29절은, 하나님은 사람이 아니시므로 결코 거짓이나 변개함이 없으시다고 말합니다. 그래서 호세아 선지자가 힘써 여호와를 알자고 하는 것입니다. 변덕이 죽 끓듯 하면 알 수도 없고, 알 필요도 없습니다. 알아 봐야 또 바뀔 것이기 때문입니다. 그러나 하나님은 예상이 가능한 인격적인 분입니다. 한 번 정해 놓고는 때에 따라 마음대로 그 기준을 바꾸시지 않습니다. 그러니 그분을 배우고 알자는 것입니다. 하나님은 자신에 관한 모든 것을 기록한 성경을 우리에게 주셨습니다. 그 성경을 읽고 배우고 따르기만 하면 예상된 결과, 곧 복을 누릴 수 있다는 뜻입니다. 그래서 우리가 성경을 공부하고 말씀에 순종하는 것입니다.

둘째, 하나님은 우리가 그분을 진심으로 알기를 원하십니다. 호세아 선지자는 반복해서 여호와를 힘써 알자고 말합니다(3절). 이것을 바꾸어 말하면, 하나님은 우리가 그분을 온전히 알기를 원하신다는 뜻입니다. 심지어 번제보다도 그것을 더 원하십니다(6절). 제사(예배)는 인간이 하나님을 섬기는 가장 직접적인 행위입니다. 그럼에도 하나님은 그보다 더 선행되고 중요한 것이 하나님을 아는 것이라고 말씀하십니다.

그렇다면 하나님을 아는 것이 왜 그토록 중요합니까? 제대로 모른 채 하나님을 섬기면 오히려 하나님의 영광을 가리고 욕되게 할 수 있기 때문입니다. 하나님이 기뻐하실 줄 알고 했는데 정작은 싫어하시는 것이라면 그것이 무슨 소용이 있겠습니까? 부산으로 가야 하는데 강릉 쪽으로 잘못 가고 있다고 생각해 보십시오. 열심히 가는 만큼 원래 가야 할 부산과는 더 멀어지는 것입니다. 신앙도 마찬가지입니다. 하나님이 무엇을 원하시는지는 알지도 못한 채 그저 자신의 생각대로 열심히 신앙생활 하다 보면 하나님의 뜻과는 전혀 상관없는 길로 갈 수 있습니다.

이렇게 하나님을 제대로 알면 삶이 달라질 수밖에 없습니다. 하나님이 어떤 분이신지 아는데 어떻게 거짓말하며 살 수 있겠습니까? 어떻게 몰래 나쁜 짓을 하면서 살 수 있겠습니까? 사람은 아는 것에 따라 삶이 달라질 수밖에 없습니다. 그런 면에서 이 땅에 기독교인이 그렇게 많다는데 세상이 달라지지 않는 것을 보면, 그중에 하나님을 제대로 알지 못하는 사람이 많은 것이 분명합니다. 하나님을 아는데 삶이 달라지지 않는 것은 참된 신앙이 아닙니다. 오히려 하나님을 모독하는 것입니다.

교회도, 개인도 하나님을 제대로 알 때 올바른 신앙이 시작됩니다. 한국 교회는 언제부터인가 자신들이 원하는 하나님을 믿고 있습니다. 하나님이 어떤 분이며 우리에게 무엇을 원하시는지 잊어버린 것만 같습니다. 그러다 보니 성장이 멈추고 하향세에 있습니다. 이제 그만 초심으로 돌아가 하나님을 아는 것에서부터 다시 시작해야 합니다. 우리 개인도 마찬가지입니다. 인생에서 어려운 일을 만났다면, 사는 게 녹록지 않고 힘들다면, 하나님을 아는 일 곧 성경으로 다시 돌아가야 합니다. 거기가 우리의 처음이자 마지막입니다.

성서주일 청년 설교

하나님의 말씀인 성경과 그 앞에 선 우리

_딤후 3:15-17

성경은 하나님께서 우리에게 주신 '하나님의 말씀'입니다. 특별히 하나님께서는 죄로 인해 총명이 어두워지고, 창조 세계와 양심에서 창조의 주인이신 하나님을 아는 지식과 창조의 목적이신 하나님을 참되게 섬기는 마음을 얻지 못하는 우리를 구원과 참되고 영원한 생명(삶)으로 인도하시기 위해 이 성경을 주셨습니다.

죄는 우리가 자연 상태에서 갖는 모든 학습과 경험의 가치를 매우 치명적으로 손상시켰습니다. 그런 활동에서는 다른 잡다한 지식과 지혜는 어느 정도 배우지만, 하나님을 경외하고 사랑해야 하는 이유나 방법, 또는 우리 앞에 있는 죄와 영원한 사망에서 구원 얻는 길은 찾지 못합니다.

그러나 하나님께서는 죄 아래 있는 우리의 구원과 참된 삶을 위해 우리에게 친히 말씀하셨습니다. 인간이 타락한 후로는 음성이나 구름 같은 영광의 나타남 또는 꿈과 환상 등으로 살아 계심과 엄위로우심과 거룩하신 뜻을 나타내고 전하셨습니다. 무엇보다 인간의 구원을 위한 뜻을 알리시고, 역사에서 그 뜻을 펼쳐 이루어 오셨습니다. 그러한 계시의 절정이 성자 하나님 예수 그리스도십니다. 그분이 이 땅에 오셔서 약속대로 죄를 짊어지고 죽으신 뒤 사망을 이기고 다시 사신 것입니다. 우리의 구원과 참된 삶을 위한 하나님의 특별한 계시는, 예수 그리스도께서 행하신 일과 장차 다시 오실 것, 그리고 그분의 오심을 믿고 기다리는 자들에게 명하신 말씀을 기록한 사도들의 증언으로 종결되었습니다.

성경은 이상과 같은 특별한 계시를 오류 없이 기록하게 하신 성령의 감동으로 인간 기자들이 쓴 하나님의 말씀입니다. 그래서 성경이 "예수 안에 있는 믿음으로 말미암아 구원에 이르는 지혜"(15절)가 있게 하고, "교훈과 책망과 바르게 함과 의로 교육하기에 유익"(16절)하며, "하나님의 사람으로 온전하게 하며 모든 선한 일을 행할 능력을 갖추게"(17절) 한다고 바울이 본문에서 말한 것입니다. 하나님께서는 이후로 이 세상이 지속되는 한, 예수 그리스도께서 다시 오실 때까지 이 기록된 말씀이 계속 전해지도록 하셨습니다. 주후 2천여 년이 지난 오늘날까지 인류 역사상 사람들에게 가장 많이 보급된 책이 성경인 것은 결코 우연이 아닙니다.

하나님은 성경을 통해 구원의 길뿐 아니라, 말씀으로 거듭나(벧전 1:23) 구원 얻는 믿음을 소유한 백성들에게 계속적으로 필요한 교훈도 전하십니다. 다시 말하면, 우리는 이 기록된 계시인 성경에서 구원과 참된 삶을 위해 필요한 정돈된 지식을 충분히 얻을 수 있습니다.

그러나 신자들마저 이 사실을 매우 쉽게 무시하고 부정하며 살아가는 것이 현실입니다. 그리스도인을 자처하는 많은 사람이 성경의 진리를 배우려 하기보다 자기 마음대로 믿고, 자신의 소견을 따라 모든 일을 판단하며, 자기 뜻대로 살아가려 한다는 것입니다.

우리는 오늘날의 이런 세태를 거슬러 성경이 우리에게 가르치고자 하는 지식을 겸손히, 그리고 부지런히 배워야 합니다. 여기서 한 가지 꼭 기억해야 할 것은, 우리는 단순히 온 마음을 다해 성경 말씀을 듣고 배울 뿐 아니라, 그 말씀 위에 믿음을 세워 가야 한다는 것입니다. 성경은 우리에게 지식만이 아니라 믿음 또한 분명히 요구합니다.

그런데 많은 신자가 말씀의 내용과 의미를 잘 모르는 것은 물론이고, 이미 들어 알고 있는 익숙한 말씀들조차 믿지 않는다는 것이 문제입니다. 그리고 아이러니하게도, 알지만 믿지 않는 그런 자신의 상태를 심각하게 생각하지 않습니다. 성경 내용 자체를 모르는 것은 부끄럽게 생각하며 감추려 하지만, 어느 정도 들어 알고 있는 말씀을 믿지 않는 것에 대해서는 그런 부끄러움조차 없습니다.

분명히 불신앙은 무지함보다 결코 덜 해롭거나 어리석은 것이 아닙니다. 그럼에도 성경 지식이 없는 것에 대해서는 부끄러워해도, 믿음이 없는 것은 부끄러워하기는커녕 오히려 경솔하게 불평의 말을 내뱉습니다. '나도 잘 알지만 이런 말씀대로 살 만큼의 믿음은 생기지 않아. 믿음은 하나님이 주시는 것인데 나도 어쩔 수 없는 것 아니야?' 하는 식의 악한 생각을 하는 것입니다. 그러나 이런 불신앙의 원인을 하나님이나 마귀 등 외부에서 찾으려 해서는 안 됩니다. 우리의 불신앙은 무엇보다 하나님의 말씀을 경솔하고 교만한 자세로 받는 우리의 마음으로 말미암은 것입니다.

성경을 사랑하십시오. 그러나 우리가 스스로를 구원과 참된 삶을 위해 참으로 성경에서 듣고 배울 필요가 있는 죄인이요, 어리석고 가난한 자로 여기지 않는다면 우리는 성경을 사랑할 수 없습니다. 그러므로 어린 아기가 젖을 사모하듯 하나님의 말씀을 사모하십시오. 그리고 그 말씀 위에 믿음을 세워 가십시오. 이를 통해 우리 모두가 온전한 구원과 참된 삶을 누릴 수 있기를 바랍니다.

성서주일 중고등부 설교

성경을 읽어야 하는 이유

_딤후 3:16-17

오늘은 교회가 성서주일로 지키는 날입니다. 성서주일은 대강절 둘째 주일에 지키며, 그 시기는 12월 첫째 주나 둘째 주가 됩니다. 다른 나라의 경우 성서주일이 있는 주를 성서 주간으로 지키고 있으며, 미국의 성서공회에서는 1943년 이후 성서 주간을 매년 추수감사절부터 성탄절까지로 확장해 지키고 있다고 합니다. 그러나 우리나라는 1954년부터 매년 12월 둘째 주일을 성서주일로 정해, 성경을 주신 하나님께 감사하며, 이를 좀 더 잘 이해하기 위해 힘쓰고 성경을 더 널리 반포할 것을 다짐하며 지키고 있습니다.

'기독교는 책의 종교다'라고 할 정도로 교회는 기독교의 경전과 같은 성경을 매우 소중하게 여기고, 성경 읽는 것을 강조합니다. 이는 성경을 통해서만 하나님을 온전히 알 수 있을 뿐 아니라, 하나님의 뜻과 계획을 깨달아 구원받을 수 있기 때문입니다. 기독교는 다른 종교와 같이 인간 스스로가 수행하고 탐구해 미지의 신과 구원의 길을 찾아가는 종교가 아닙니다. 오히려 기독교의 하나님은 사람들에게 자신을 드러내시는 분입니다(이것을 하나님의 자기계시라고 합니다). 그리고 우리에게 이러한 하나님을 자신의 하나님으로 받아들일 것인지 아닌지를 선택하도록 하시는 분입니다.

우리는 이제 어린아이가 아닙니다. 이전까지는 부모님의 신앙을 따라 교회에 다니거나, 친구들과 어울리기 위해 예배에 참석했을지도 모르겠습니다. 물론 어릴 적에는 그런 이유로 교회에 다닐 수 있습니다. 그러나 이제는 이에 대해 좀 더 깊이 고민해 볼 나이가 되었습니다. 우리가 스스로 생각하고 판단해 신앙을 선택해야 할 때가 되었다는 것입니다. 교회가 15세 이상의 청소년에게 세례를 주거나 교회의 일원으로 받아들이는 입교식을 하는 것은, 이제 그 정도 나이면 스스로 자신의 신앙을 결정할 수 있다고 보기 때문입니다. 이제 우리는 그저 부모님이나 친구를 따라 아무 생각 없이 교회를 오가기만 해서는 안 되는 나이입니다. 물론 지금 당장 믿을지 말지 결정하라고 독촉하는 것은 아닙니다. 믿음에 대한 선택을 위해 지금부터 우리 스스로 성경을 읽어야 한다고 말하려는 것입니다. 그런 의미에서 성경에 대해 좀 더 살펴보고자 합니다.

성경은 총 66권으로 되어 있는데 구약이 39권, 신약이 27권입니다. 성경의 첫 번째 책인 창세기는 인간을 포함한 온 우주의 창조와 기원에 대한 내용으로 시작하고, 성경의 마지막 책인 요한계시록은 그 시작된 세계의 종말, 즉 마지막에 대해 다루고 있습니다. 그리고 그 중간(구약의 끝과 신약의 시작)에 예수님의 이야기가 기록되어 있습니다. 이스라엘 백성(유대인)의 역사가 그 중심 내용이지만, 사실 그들은 모든 인류의 표본이라고 보면 됩니다. 마치 뉴턴이 사과나무에서 사과가 떨어지는 하나의 현상으로 질량이 있는 모든 물질의 중력법칙을 설명하는 것과 같습니다.

이런 이해를 가지고 성경을 본다면 좀 더 접근하기 쉬울 것입니다.

혹 성경을 진지하게 읽어 본 적이 있다면 한번쯤 이런 질문을 했을지도 모릅니다. '우리가 왜 우리나라 역사도 잘 모르는데 다른 나라 역사이야기를 읽어야 하지?' '성경은 하나님과 하나님을 믿는 이스라엘 사람들 사이에 있었던 옛날이야기인데 그것이 지금 나에게 무슨 의미가 있지?' 충분히 그렇게 생각할 수 있습니다. 그러나 이렇게 생각해 보면 좋을 듯합니다. 우리가 우리나라와 세계의 역사를 배우는 이유가 무엇일까요? 다 지난 이야기고 남의 나라 이야기에 불과하다면 말입니다. 그것은 그 역사가 단순히 과거의 이야기나 남의 이야기가 아니기 때문입니다. 인간의 역사는 비슷한 유형으로 반복되기에, 과거 어딘가의 역사가 다른 나라에서는 미래의 이야기가 되기도 하고, 다른 사람의 경험이 곧 다가올 우리의 경험이 되기도 하는 것입니다.

모든 성경은 '하나님의 감동'으로 된 것이라고 오늘 본문은 말하고 있습니다. 그래서 교훈과 책망과 바르게 함과 의로 교육하기에 유익하며, 우리로 온전하게 되며 선한 일을 행할 능력을 갖추게 해준다고 말합니다. 지금까지 수많은 사람이 성경을 통해 영감을 얻고 변화를 받았으며, 지금도 여전히 성경은 그와 같은 역할을 하고 있습니다. 이제 우리도 하나님의 말씀인 이 성경을 읽고 지혜를 얻어 성장할 수 있기를 바랍니다.

성탄절 장년 설교 1

구유에 오신 예수님

_눅 2:1-14

세상이 너무 각박해져서 그런지 요즘에는 성탄절이 별로 실감 나지 않습니다. 그러나 그럴수록 우리 그리스도인들은 성탄절을 더욱 기념해야 합니다. 이 날에 중요한 의미가 있기 때문입니다. 그렇다면 어떤 마음과 자세로 이 성탄절을 기념해야 할지 오늘 본문에 나타난 예수님 탄생 당시의 상황과 그 의미를 통해 생각해 보고자 합니다.

첫째, 예수님은 이 땅에 있을 곳이 없었습니다. 예수님은 당시 총독 가이사 아구스도가 병역과 과세를 위해 내린 호적령으로 인해 온 나라가 한창 바쁠 때 태어나셨습니다. 모든 사람이 호적 하러 각기 자기가 태어난 곳으로 몰려들었고, 예수님이 태어나신 베들레헴 역시 인파로 붐비고 있었습니다. 결국 여관에 있을 곳이 없어 아기 예수님은 구유에 누이셨습니다.

그런데 하나님의 아들이 세상을 구하기 위해 이 땅에 오시는데, 왜 하필 그 한 몸 있을 곳도 없는 그런 때에 오셨을까요? 전지전능하신 하나님이 왜 하필 이때를 적기로 택하셨을까요? 여기에는 예수님은 이 세상에 속하지 않으셨다는 의미가 담겨 있습니다. 그분은 이 세상 어디에도 있을 곳이 없었습니다. 이것은 예수님 자신이 사역 내내 말씀하신 내용이기도 합니다(마 8:20; 요 2:24; 17:16). 예수님은 이 세상이 아니라 하나님과 진리에 속하신 분입니다. 그분의 탄생이 처음부터 그것을 보여 주고 있습니다. 우리도 예수님처럼 이 세상에 속하지 말아야 합니다. 세상이 행복과 기쁨을 줄 것이라고 기대하거나 세상적인 것을 추구하지 말아야 합니다. 그리고 더 나아가 하나님과 진리에 속해야 합니다.

둘째, 예수님의 탄생은 온 백성에게 미칠 큰 기쁨의 좋은 소식이었습니다. 본문 10절은 예수님의 탄생이 영향을 끼칠 대상을 말해 주고 있습니다. 바로 온 백성입니다. 특수한 계층에게만 해당되는 사건이 아닙니다. 빈부귀천이나 남녀노소의 차별 없이 누구에게나 영향을 미치는 탄생입니다. 그래서 말구유라는 가장 낮은 자리에 오셨습니다. 이를 통해 모든 사람을 대표하며 구주가 되실 자격을 갖추셨습니다.

예수님은 이 땅에 계실 때 누구와도 잘 어울리셨습니다. 심지어 세리, 죄인, 병자, 약자, 가난한 사람, 여자, 어린아이까지 모두 환영하셨습니다. 동시에 부자나 권력자들과도 어울리셨습니다. 예수님은 누구도 차별하지 않으셨습니다. 모든 사람과 조화를 이루며 균형 있게 사셨습니다.

세상에서는 많이 가진 사람이 가지지 못한 사람을 멸시합니다. 반면 가진 게 없는 사람은 많이 가진 사람을 부정한 도둑으로 매도합니다. 세상에는 차별과 역차별이 모두 존재합니다. 그래서 인간은 하나 되기가 어렵습니다. 그러나 예수님은 그렇지 않으셨습니다. 누구와도 조화롭게 어울리시고, 누구나 평등하게 대하셨습니다. 참으로 온 백성을 위해 오신 분이었습니다. 그런 면에서 성탄절의 의미는 조화와 평등, 평화입니다. 그리고 하나 됨입니다. 우리는 어떻습니까? 어디에서 누구와도 잘 어울리고 조화롭게 지냅니까? 우리에게도 예수님이 가지셨던 조화와 균형이 필요합니다. 누구와도 화목하고 하나 될 수 있는 균형 있는 삶을 위해 노력해야 합니다.

마지막으로, 예수님은 연약한 사람들을 매개체로 삼아 이 땅에 오셨습니다. 예수님의 탄생의 배경에는 당대의 특별하고 대단한 사람이 아니라 평범하고 연약한 사람들이 있었습니다. 요셉과 마리아, 목자들이 바로 그들입니다. 이것도 우연이 아닙니다. 예수님은 그런 사람들을 '택하셔서' 우리에게 오셨습니다. 그분의 삶 역시 늘 그러했습니다. 예수님은 연약한 자들의 편이었습니다. 제자들도 모두 평범하고 연약한 사람들이었습니다. 더구나 예수님이 상대하신 대상은 주로 병자와 죄인이었습니다. 예수님은 병든 자에게라야 의원이 쓸데있으며(마 9:12), 예수님이 오신 것은 잃어버린 자를 찾아 구원하기 위함이라고 말씀하셨습니다(눅 19:10). 연약한 사람일수록 예수님이 더욱 가까이하십니다. 위로가 필요한 사람일수록 예수님은 더욱 그의 편이 되어 주십니다.

오늘날 전쟁터 같은 세상에서 하루하루 힘들게 살아가는 우리에게 이 사실은 큰 위로와 소망이 됩니다. 예수님은 우리가 평안하고 형통할 때만 상대하시지 않습니다. 오히려 연약해지고 병들고 문제가 있을 때 더욱 우리와 가까이하십니다. 그러므로 형편이 어렵고 힘들수록 예수님이 더욱 소망과 도움이 되어 주실 것을 믿으시기 바랍니다.

예수님은 세상이 아닌 하나님과 진리에 속한 분으로 온 세상을 위해 이 땅에 오셔서, 차별 없이 모든 사람과 잘 어울리며 조화롭게 사셨습니다. 또 연약한 사람들을 통해 오셨을 뿐 아니라, 그러한 사람들을 더욱 가까이하며 섬기셨습니다. 예수님의 탄생에 담긴 이러한 의미를 깊이 되새기는 복된 성탄절이 되기를 바랍니다.

성탄절 장년 설교 2

성탄의 경배

_마 2:1-12

올해도 어김없이 성탄절이 찾아왔습니다. 우리를 위해 자신을 주시려 이 땅에 오신 예수님을 우리는 어떤 마음으로 맞이해야 할까요? 오늘 본문의 동방박사들의 경배를 살펴보면서 우리가 오늘 나신 예수님을 어떻게 경배해야 할지 생각해 보고자 합니다.

첫째, 동방박사들은 별을 보고 아기 예수님을 찾아왔습니다. 마태는 예수님이 유대인의 왕임을 유대인들에게 드러내고자 복음서를 썼습니다. 그래서 마태복음에는 다른 복음서에 없는 동방박사들의 경배가 기록되어 있습니다. 본문에 등장하는 동방박사들은 당시 상당한 지위에 있던 사람들입니다. 심지어 이방 나라의 왕이었을 것이라는 주장도 있습니다. 어쨌거나 이들은 점성술을 연구하는 사람들이었고, 아마도 유대인들이 바벨론에서 포로생활을 하고 있을 때 그들의 구약성경을 통해 메시아 탄생의 예언을 알고 있었던 것 같습니다. 그래서 이상한 별이 나타났을 때 심상치 않음을 느끼고 그 별을 따라나섰습니다.

하나님은 별을 통해 동방박사들을 인도하셨습니다(9절). 그들은 별 하나만 의지해 유대인의 왕을 찾아 반드시 경배하겠다는 일념으로 길을 나섰습니다. 별이 움직이면 그들도 움직이고, 멈추면 같이 멈춰서면서 그들은 오직 별에만 집중했습니다.

동방박사들은 이방인이면서도 유대인의 왕에게 경배하겠다는 일념으로 오직 별에 시선을 고정했습니다. 그들은 자신의 상황과 처지를 생각하지 않았습니다. 만약 그랬다면 끝까지 별을 따라가지 못했을지도 모릅니다. 그들의 눈은 오직 나실 왕을 상징하는 별에 고정되어 있었습니다. 가는 도중에 비도 내리고, 바람도 불었겠지만 그들은 개의치 않고 끝까지 별을 따라갔고, 마침내 주님을 만나게 됩니다.

이것이 진정한 경배입니다. 우리도 바로 이렇게 경배해야 합니다. 어떤 환경에서도 우리의 눈은 예수님께 고정되어 있어야 합니다. 그래야 그분을 만날 수 있습니다. 우리는 얽매이기 쉬운 죄를 벗어 버리고 믿음의 주요 온전케 하시는 예수님을 바라보고 있습니까?(히 12:1-2) 예수님께 시선을 고정하는 것, 이것이 성탄에 드려야 할 우리의 경배입니다.

박사들은 처음에 별을 보고 유대인의 왕을 찾아가는 여정을 시작했고, 마지막에도 별이 머무르는 것을 보고 기뻐했습니다(10절). 우리의 경배의 시작과 마지막도 언제나 예수님이 되어야 합니다.

둘째, 동방박사들은 최상의 경배를 드렸습니다. 동방박사들은 아기 예수님을 만났을 때 자신들 앞에 있는 아기가 누구인지 알았기에 나이에 관계없이 그 앞에 바로 엎드려 경배합니다. 자신들도 높은 지위에 있었지만 상관하지 않았습니다. 그들은 아기 예수를 한낱 유대의 왕으로서만 경배한 것이 아닙니다. 구약성경을 알았던 그들은 별이 가리키는 그분을 인류의 구원자로 경배했던 것입니다. 그래서 그에 맞게 준비해 온 귀한 예물을 드렸습니다.

　동방박사들은 자신들이 경배하는 분이 누구인지 분명히 알고 있었습니다. 그들이 경배한 모습이나 예수님께 드린 물건이 그것을 증명해 줍니다. 자신이 경배하는 대상이 누구인지를 알기에 그에 맞는 경배를 드린 것입니다. 이것이 진정한 경배입니다. 하나님을 여러 신 중 하나 정도로 생각하거나, 우리의 소원이나 들어 주시는 분으로 여기며 경배하는 것은 하나님을 모독하는 것과 같습니다. 진정한 경배란 자신이 경배하는 대상이 누구인지 충분히 알고 그 격에 맞게 드리는 경배입니다.

　경배의 대상이 누구인지 제대로 알면 자세가 변합니다. 겸손히 그 앞에 엎드리게 됩니다. 그리고 자신의 부족함을 깨닫게 됩니다. 이것이 바로 최상의 경배입니다.

　누가복음 18장의 비유에 등장하는 세리는 감히 눈을 들어 하늘을 쳐다보지도 못하고 다만 가슴을 치며 기도했는데 예수님의 칭찬을 받았습니다. 그것은 그의 화려한 언변이나 행동 때문이 아니라, 그가 자신이 지금 누구 앞에 있는지 깨닫고 기도를 드렸기 때문입니다. 동방박사들은 지금 자신들 앞에 있는 아기가 누구인지 알기에, 아기에 대해 알아보고 찾으면 자신에게도 알려 달라고 했던 헤롯의 부탁도 개의치 않습니다. 그리곤 꿈에 지시하심을 받은 대로 헤롯을 만나지 않고 떠납니다. 누구를 섬겨야 할지를 분명히 알고 있었던 것입니다. 경배의 대상을 분명히 알면 이처럼 세상을 섬기지 않게 됩니다.

　우리 모두가 이 성탄절에 동방박사들처럼 시선을 오직 하나님께만 고정하고, 우리의 경배의 대상이 누구인지 제대로 알아 그에 맞는 최상의 경배를 드릴 수 있기를 바랍니다.

성탄절 장년 설교 3

목자들의 성탄절

_눅 2:8-20

'성탄절' 하면 어떤 기억이 가장 먼저 떠오르십니까? 여러 가지가 있겠지만, 혹시 '새벽송'을 기억하십니까? 보통 12월 24일에 교회에서 성탄절 전야 행사를 마친 후 밤이 깊어지면 여럿이 함께 조를 나눠 성도들의 집을 찾아가 새벽송을 불렀습니다. 성도의 집 앞에 도착하면 인솔자는 제일 먼저 노크를 하거나 초인종을 누르고 말합니다. "오늘 다윗의 동네에 너희를 위하여 구주가 나셨으니 곧 그리스도 주시니라"(11절). 그 옛날 천사가 목자에게 전한 예수님의 탄생 소식을 성도의 가정에도 전해 주는 것입니다. 그런 다음 다 함께 '고요한 밤 거룩한 밤' 같은 성탄 찬송을 부른 뒤 '메리 크리스마스!' 하고 축하인사를 주고받습니다. 그러면 집에서 새벽송 팀을 맞이한 성도는 작은 선물(주로 과자류)을 준비해 전해 주는데, 이는 다음날 성탄예배 후에 주일학교 어린이들이나 불우한 이웃에게 나눠 주는 선물로 사용됩니다. 지금은 여러 가지 이유로 이 새벽송이 사라져 매우 아쉽습니다.

어떻게 보면 오늘 본문에 등장하는 목자들은 예수님의 탄생과 관련해 처음으로 천사들의 '새벽송'을 들은 사람이라고 볼 수 있습니다. 목자들은 '밤'에 밖에서 양 떼를 지키고 있었습니다. 밤에 사람이 있어야 할 곳은 가정입니다. 낮에는 온종일 일하더라도 밤이 되면 대부분 집으로 돌아가 쉼을 누립니다. 그러나 목자들은 밤이 되어도 집으로 돌아가지 못했습니다. 자신이 지켜야 할 양 떼가 있었기 때문입니다. 목자들이라고 왜 집에 가고 싶지 않겠습니까? 누군들 추운 밤에 밖에서 이슬을 맞으며 추위와 싸우는 것을 좋아하겠습니까? 누구도 그러고 싶지 않을 것입니다. 그럼에도 목자들은 밤에 자기 양 떼를 지키기 위해 집에 돌아가지 못하고 밖에서 밤을 지새워야 했습니다. 아마 이들은 집에서 가장 역할을 하거나, 아니면 그 책임을 함께 나누어야만 하는 사람이었을 것입니다. 그래서 다른 사람들은 하기 싫어할 만한 그 일을 스스로 감당하기 위해 나와 있었는지 모릅니다.

그런데 이들에게 놀라운 일이 벌어집니다. 하나님께서 예수 탄생의 놀라운 소식을 이들에게 제일 먼저 전해 주신 것입니다. 그 당시 메시아의 오심을 기다리던 사람은 많이 있었습니다. 특히 성경을 연구하던 사람들은 하나님께서 약속하신 메시아가 오실 것을 알고 있었고, 로마의 통치에서 벗어나게 해줄 그 메시아가 오시기를 간절히 기다렸습니다. 그 중에는 성경학자나 종교지도자, 유대인 지도자도 있었습니다. 그러나 하나님은 그 놀라운 소식을 목자들에게 가장 먼저 알려 주신 것입니다. 이것이 무엇을 의미할까요? 이는 유대인들이 기다리던 메시아는, 높은 권력과 부를 가지고 이 땅에서 편안함과 안락함을 누리고 살아가는 사람들이 아니라, 이슬을 맞으며 추위를 무릅쓰고 밤을 지새워야만 살아갈 수 있는 목자와 같은 사람들에게 '기쁜 소식'임을 상징하고 있는 것입니다.

천사들이 전해 준 소식을 듣고 목자들이 찾아갔을 때 예수님께서 구유에 누워 있었던 것도 같은 맥락입니다. 따라서 성탄절을 맞이해 예수님의 탄생을 기념하고 축하할 때마다 교회가 바라봐야 하는 곳은, 세상의 부와 영광의 자리가 아니라, 하루하루를 근근이 살아갈 수밖에 없는 사람들이 머물고 있는 곳이어야 합니다.

밤에도 쉬지 못했던 목자들은 마치 우리 시대 가장들의 모습과 비슷한 것 같습니다. 우리의 가장들 역시 가족의 생계를 위해 다른 사람들이 모두 쉬는 시간에도 쉴 수 없습니다. 이러한 가장의 수고와 헌신의 대가로 다른 가족들은 평온함과 안정감을 누립니다. 이처럼 가장은 누구보다 열심히 일하고 성실하며 자신의 책임을 다하지만, 실제로는 누구보다 춥고 외로운 시간을 견뎌야 하는 사람입니다. 그런데 하나님께서는 누구보다 먼저 목자들에게 천사를 보내 주셨듯이, 무거운 책임감과 성실함으로 하루하루를 살아가는 이 시대의 가장들에게 먼저 찾아 오셔서 기쁜 소식을 전해 주십니다. "오늘 다윗의 동네에 너희를 위하여 구주가 나셨으니 곧 그리스도 주시니라."

오늘은 성탄절입니다. 천사들이 전해 준 소식처럼 우리를 위해 이 땅에 오신 예수 그리스도로 인해 우리의 마음과 삶에 위로와 평안이 충만히 임하길 소망합니다. 메리 크리스마스!

성탄절 청년 설교 1

하나님이 오셨다

_요 1:1-12

　많은 신자가, 심지어 믿음이 없는 사람들까지도 세상에서 일어나는 사건과 자신의 경험에서 하나님의 살아 계심을 찾고자 합니다. 그리고 그런 관심을 성경에도 적용해, 성경에 감추어진 하나님을 발견하고 만나고 싶어 합니다. 그러나 이러한 관심과 접근은 종종 실패하고 맙니다. 하나님은 우리의 인생 경험이나 성경의 문자 뒤에 숨어 자신이 발견되기를 기다리시는 분이 아니기 때문입니다.

　성경은 결코 우리에게 가까이 다가와 숨어 계신 하나님을 찾아보라고 제안하지 않습니다. 하나님이 성경을 우리에게 주신 이유는 그 안에서 우리와 숨바꼭질하시기 위함이 아닙니다. 많은 사람이 성경을 읽으면서도 그것이 하나님의 말씀이라는 사실을 실감하지 못하는 것은, 그것을 주신 본래 의도와 다르게 읽기 때문입니다.

　오늘 읽은 복음서를 포함한 모든 성경은 하나님이 우리와 숨바꼭질하기 위해 만드신 암호와 상징의 놀이터가 아닙니다. 우리를 향한 하나님의 말씀입니다. 특별히 복음서는 '하나님이 우리에게 오셨다'는 선포입니다. 본문 9절이 말하는 참 빛 곧 세상에 와서 각 사람에게 비추는 빛은, 태초부터 하나님과 함께 계신 하나님의 말씀이요(1절), 모든 만물을 만드신 창조의 동역자로서(3절) 곧 성자 하나님이십니다. 선지자들과 성경은 그 하나님의 오심을 증언합니다(6-8절). 예수님께서 자신으로 말미암고 자신을 위해 지은 바 된 세상(골 1:16)에 자신의 통치를 회복하시기 위해 임하셨기에, '천국의 도래'로 그분의 오심을 선포합니다(마 3:2). 또 성경은 예수 그리스도의 오심을 '임마누엘'로도 선포합니다(마 1:23). 하나님이 자기 백성을 기억하셔서 그들과 함께하기 위해 오신 것이기 때문입니다.

이처럼 성경이 증언하는 예수님은 결코 하나님을 '암시'하시는 분이 아닙니다. 오늘 본문이 말하는 것처럼 예수님은 죄악이 점령해 어두워지고 더러워진 세상에 하나님의 빛으로 오신 하나님 자신입니다. '하나님이 우리에게 오셨다'는 것이 바로 성경이 우리에게 말해 주고 있는 내용인 것입니다.

그러나 세상은 이 땅에 임하신 그 하나님을 알지 못했고(10절), 심지어 이스라엘 백성마저 자신들의 하나님을 영접하지 않았습니다(11절). 죄로 어두워지고 더러워진 세상과 인간의 마음은 자신들의 주인을 알아보지 못합니다. 하나님의 오심에도 기뻐하지 않는 세상의 무반응은 이상한 일이 아닙니다. 고통 중에 있는 많은 사람이, 만일 하나님이 자기 곁에 오시고 선한 얼굴빛을 비추신다면 기꺼이 마음을 열고 그분을 받아들일 것이라고 말합니다. 그러면서 자신이 지금 하나님과 친밀하지 않은 것은 하나님이 자신을 찾아오지 않으셨기 때문이라고 생각합니다.

그러나 성경은 그렇게 말하지 않습니다. 오히려 하나님은 이미 우리를 찾아오셨다고 말합니다. 그럼에도 많은 사람이 여전히 하나님께서 이미 이 땅에 구주로 오셨다는 말씀을 무시하고 경시합니다. 세상 사람들뿐 아니라 주의 백성임을 자처하는 사람들조차, 예수님께서 우리와 같은 죄인들이 사는 이 땅에 오셨고, 하나님이 크신 위엄과 능력으로 우리를 구원하기 위해 오셨다고 성경이 소리쳐 알려 줌에도, 그 선포에 귀 기울이지 않고 여전히 주님의 오심과 상관없이 자기의 상황과 문제에만 몰두합니다. 죄악에 점령되어 눈과 귀가 더러워지고 어두워져 주님이 오셨다고 선포해도 듣지 않습니다. 영적 목마름을 느끼면서도, 자신을 낮추시고 큰 능력으로 우리에게 임하셔서 우리를 찾으시는 주님을 주목하지 않습니다. 하나님이 필요하다고 말하지만, 정작 하나님이 오셔서 우리를 찾으셔도 그분을 외면하는 것입니다.

아직도 이 땅의 대다수의 사람은 주님의 오심과 복음으로 인한 새로운 질서를 원하지 않고 무시하며 거부합니다. 악이든 선이든, 어둠이든 빛이든, 더러움이든 거룩함이든, 자신의 욕망을 보존하고 충족시키는 것이 주된 관심사입니다. 이는 가벼운 문제가 아닙니다. 물론 예수님의 오심은 심판이 아니라 구원을 위한 것입니다(요 3:17). 그러나 예수님으로 인한 해방, 곧 죄악의 질서 아래 있는 저주와 심판에서 놓임 받기를 바라며 참으로 회개하고 예수님을 자신의 주인으로 영접하며 의지하는 자에게만 구원이 됩니다. 반대로 이 땅에 오신 하나님의 소식을 듣고도 죄에서 돌이켜 그분을 영접하지 않는 자에게는 궁극적인 정죄의 근거가 될 것입니다(요 3:19).

성탄의 의미를 너무 가볍게 생각하지 마십시오. 성탄절은 우리의 죄악 된 삶과 어두워진 마음에 빛을 비추시고, 멸망 받을 수밖에 없는 우리에게 생명과 구원을 주시기 위해 하나님이 이 땅에 오신 날입니다. 우리에게 오신 하나님을 환영하며 마음 깊이 맞아들이는 복된 성탄절이 되길 소망합니다.

성탄절 청년 설교 2

큰 기쁨의 좋은 소식

_사 9:1-6; 눅 2:8-14

오늘은 성탄절을 맞아 예수 그리스도께서 이 땅에 오신 이 '큰 기쁨의 좋은 소식'이 우리에게 어떤 의미가 있는지 본문을 통해 살펴보고자 합니다.

본문의 이름 없는 목자들이 이 놀라운 일을 겪은 것은 어두운 밤이었습니다. 깜깜한 밤에 밖에서 양 떼를 지키고 있던 목자들 곁에 주의 사자가 나타났습니다. 그리고 주의 영광이 그들을 두루 비추었습니다(눅 2:9). 여기서 '영광'으로 번역된 헬라어 단어에는 '광채' '광휘' '밝은 빛'이란 뜻이 있습니다. 사도행전 22장에서 사도 바울이 유대인들 앞에서 자신의 다메섹 사건을 술회하며 자신이 어떤 광채로 말미암아 볼 수 없게 되었다고 말하는데, 이때 사용한 '광채'가 같은 단어를 번역한 것입니다. 또 오늘 누가복음 본문의 '두루 비추다'라는 단어는 신약성경에서 단 두 번 쓰이는데, 이곳 외에 다른 한 번은 사도행전 26장에서 역시 사도 바울이 아그립바 왕에게 다메섹 체험을 언급하며 '하늘로부터 해보다 더 밝은 빛이 나와 내 동행들을 둘러 비추었다'고 말할 때입니다. 사도행전과 누가복음을 모두 기록한 누가는 바울이 밝은 빛에 둘러싸였던 그 결정적인 경험과, 성탄의 밤 주의 영광이 목자들을 두루 비춘 사건을 유사한 표현을 사용해 기록한 것입니다.

'주의 영광이 두루 비추었다'는 것은 결국 밤에 밖에서 양을 지키던 목자들에게 강한 빛이 비추었다는 뜻인데, 이처럼 어둠에 비치는 강한 빛은 누가복음 초반부에서 반복적으로 제시되는 이미지입니다. 누가복음 1장 마지막에서 세례 요한의 아버지 사가랴는 성령의 충만함을 받아 이렇게 말합니다. "이는 우리 하나님의 긍휼로 인함이라 이로써 돋는 해가 위로부터 우리에게 임하여 어둠과 죽음의 그늘에 앉은 자에게 비치고 우리 발을 평강의 길로 인도하시리로다 하니라"(78-79절). 이 구절은 말라기 4장의 "내 이름을 경외하는 너희에게는 공의로운 해가 떠올라서 치료하는 광선을 비추리니"(2절)와 이사야 9장의 "흑암에 행하던 백성이 큰 빛을 보고 사망의 그늘진 땅에 거주하던 자에게 빛이 비치도다"(2절)라는 예언을 반영한 말씀입니다. 또 오늘 누가복음 본문 바로 뒤에 등장하는 시므온도 아기 예수님을 보고는 이사야서의 예언들(42:6; 49:6 등)을 암시하며, "내 눈이 주의 구원을 보았사오니 이는 만민 앞에 예비하신 것이요 이방을 비추는 빛이요 주의 백성 이스라엘의 영광이니이다"(눅 2:30-32)라고 고백합니다.

목자들의 경험, 사가랴의 예언과 시므온의 찬양 등에서 공통적으로 언급되는 빛과 영광은 구약의 감격스러운 예언의 성취와 관련이 있습니다. 본문에서 영광이 둘러 비추는 것을 보고 크게 무서워하는 목자들에게 나타난 천사가 무서워하지 말라고 한 것도 그것 때문입니다. 천사는 그 빛이 "온 백성에게 미칠 큰 기쁨의 좋은 소식"과 관련된 것임을 말해 줍니다(눅 2:10). 천사가 목자들에게 전하고자 한 '큰 기쁨의 좋은 소식'은, 사가랴나 시므온 등이 기다리고 있던 바로 그 구약의 예언의 성취입니다. 그들은 구약에 예언된 그 빛이 임하기를 소망하며 기다리고 있었습니다.

이사야 9장은 그들의 소망의 근거가 되었던 가장 중요한 말씀들 중 하나입니다. 여기서 이사야는 "흑암에 행하던 백성이 큰 빛을 보고 사망의 그늘진 땅에 거주하던 자에게 빛이 비치도다"(2절)라고 예언하며, 이어서 이 빛이 임할 때 뒤따르는 결과를 말합니다. 3절에서는 추수하는 즐거움과 전쟁에서 이기고 전리품을 나누는 즐거움, 4절에서는 미디안의 날, 즉 기드온이 미디안을 물리치던 날과 같은 기쁨, 5절에서는 전쟁의 흔적이 모두 사라지는 기쁨이 임할 것이라고 설명합니다. 그리고 이 놀라운 기쁨에 대한 예언의 초점은 마침내 한 아이에게로 모아집니다. 즉, 어깨에 정사를 멘 기묘자, 모사, 전능하신 하나님, 영존하신 아버지, 평강의 왕이라는 이름을 가진 한 아기의 탄생을 향하는 것입니다(6절). 밤중에 목자들을 둘러 비춘 밝은 빛과 함께 천사가 전해 준 "큰 기쁨의 좋은 소식" 역시 마찬가지입니다. 곧 천사가 전한 소식의 초점은 한 아기의 나심에 모아집니다. 구약의 예언대로, 어둠과 절망 가운데 있는 백성에게 회복과 기쁨을 가져다줄 한 아기가 다윗의 동네에 나셨다는 것입니다.

천사가 목자들에게 전한 큰 기쁨의 좋은 소식은 예수 그리스도의 나심, 곧 일찍이 예언된 구주가 어둠 가운데 있던 우리에게 빛으로 오셨다는 것입니다. 천사는 이 좋은 소식을 아무런 감동 없이 전할 수 없었습니다. 천사가 구유에 누어 있는 아기에 대한 소식을 전할 때 그 천사뿐 아니라 온 천상계가 감격으로 가득 찼습니다. 그래서 홀연히 수많은 천군이 나타나 그 천사와 함께 찬송하며 이렇게 말합니다. "지극히 높은 곳에서는 하나님께 영광이요 땅에서는 하나님이 기뻐하신 사람들 중에 평화로다"(눅 2:14).

우리는 지금 구주 나심을 진정으로 기뻐하며 찬송하고 있습니까? 천사들이 찬송 중에 말한 '하나님이 기뻐하시는 사람들'은, 구주가 나셨다는 소식을 흑암 가운데 비추인 빛으로 받은 자들입니다. 옛적부터 예언되고 기다려 왔던 그 빛의 비추임을 받은 자들입니다. 구주께서 오셔서 우리를 위해 이루신 죄와 사망에서의 승리와 평화로 인해 천군 천사들과 함께 즐거워하고 찬송하는 자들입니다. '큰 기쁨의 좋은 소식'을 듣고 구주께 나아가 참 은혜와 소망을 찾은 자들입니다. 우리가 바로 이런 사람이기를 간절히 소망합니다.

성탄절 중고등부 설교 1

성탄절의 의미: 꼰대인가, 친구인가

_빌 2:5-8

오늘은 성탄절입니다. 잘 알다시피 이날은 예수님의 탄생을 기뻐하며 기념하는 날로 교회의 대표적인 절기 중 하나입니다. 사실 기독교를 대표하는 절기는 성탄절보다는 부활절이라고 할 수 있습니다. 예수님의 십자가와 부활에 복음의 핵심이 담겨 있기 때문입니다. 그러나 일반적으로 '기독교' 하면 성탄절을 떠올립니다. 하나님의 아들이신 예수님이 왕궁같이 화려한 곳이 아니라 베들레헴이라는 작은 동네에서, 그것도 여관에 머물 곳이 없어 구유에 뉘였다는 것이, 가난하고 평범하게 살아가는 많은 사람에게 위로와 소망을 주기 때문일 것입니다.

한편으로 성탄절은 어린이들에게 크리스마스 선물을 기대할 수 있는 특별한 날이기도 합니다. 우리도 아직은 선물에 관심이 많지만, 이제는 적어도 이날이 어떤 의미가 있는지는 알 필요가 있습니다. 그래서 오늘은 예수님의 탄생 이야기보다 예수님이 이 땅에 아기의 모습으로 오셨다는 것(어려운 말로 성육신이라고 합니다)이 어떤 의미를 갖는지 살펴보려 합니다.

오늘 본문에서 바울은 하나님의 아들이신 예수님이 사람이 되신 사건을 이렇게 설명합니다. 즉, 하나님의 본체이신 분이 하나님과 동등 됨을 취하지 않으시고(6절), 오히려 자기를 비워 종의 형체를 가지심으로 사람들과 같이 되셨으며(7절), 사람의 모양으로 나타나셔서 자기를 낮추신(8절) 일이라는 것입니다.

한마디로 예수님의 성육신은 하나님이신 예수님께서 자신의 피조물에 불과한 사람의 모습으로까지 낮아지셨는데, 그것도 성인이 아니라 사람 중에서도 가장 약한 '아이'의 모습으로 이 땅에 오셨다는 것입니다. 이것이 성탄절에 기억해야 할 가장 중요한 사실입니다.

영국의 어떤 신학자가 이 의미를 자신의 경험에 비추어 이렇게 설명했습니다. 하루는 급하게 일이 생겨 지역 보건소에 가게 되었다고 합니다. 그런데 그날따라 보건소에 사람이 너무 많아 줄이 길게 늘어서 있었습니다. 어찌 된 영문인지 알아 봤더니, 국가에서 그 지역의 성매매업에 종사하는 사람들을 대상으로 성병 검사를 받도록 지침을 내려, 해당자들이 그 시간에 몰려온 것이었습니다. 자신은 그런 사람이 아니었기에 안내하는 직원에게 다른 용무로 왔다고 이야기했음에도, 그 직원은 귀찮다는 듯 누구나 순서대로 진료를 받아야 한다며 줄을 서라는 것이었습니다. 그래서 어쩔 수 없이 그 줄에 서 있었는데 내내 마음이 너무 불편했다는 것입니다. 왜 그랬을까요? 자신은 그런 사람이 아닌데 그들과 같은 줄에 서 있음으로 그런 사람으로 취급되는 것이 싫었기 때문입니다. 그러면서 그 신학자는, 예수님이 인간이 되신 것은 이와 비교할 수 없을 정도의 수치를 당한 것이라고 말했습니다.

그렇다면 예수님은 왜 이 같은 수치스러운 자리를 거절하지 않고 받아들이셨을까요? 그것은 우리와 같이 되심으로 우리를 위하시고 구원하시기 위해서였습니다.

　우리가 싫어하는 대상 중에 '꼰대'라고 불리는 사람들이 있습니다. 꼰대가 어떤 사람입니까? 자신의 구태의연한 사고방식을 다른 사람에게 강요하는 사람입니다. 자신은 제대로 하지 않으면서 자신보다 어리거나 낮은 자리에 있는 사람들에게 이래라저래라 훈계하는 사람을 우리는 꼰대라고 합니다. 단순히 내용만 보면 다 맞는 말일 수 있습니다. 그러나 아무리 맞는 말이라도 위에서 내려다보는 듯이 하면 좋게 들리지 않습니다.

　그래서 하나님이 우리가 있는 자리로 내려오셔서 우리와 같이 되신 것입니다. 또 사람이라면 모두 겪을 수밖에 없는 그 연약함을 직접 겪으신 것은, 우리와 친구가 되고 하나가 되어 우리를 죄의 자리에서 구원하시기 위해서입니다. 예수님이 이 땅에 살면서 생명의 위협을 겪고, 제자들에게 배신당하며, 하나님 아버지께 외면당해 철저한 고독 속에 홀로 남겨지셨던 것은, 그와 같은 처지에 있는 우리의 친구가 되시기 위함인 것입니다.

　성탄절은 하나님이 우리의 친구가 되어 주시기 위해 이 땅에 오신 날입니다. 우리 모두가 인간의 모습으로 오신 하나님을 친구로 만날 수 있기를 소망합니다.

성탄절 중고등부 설교 2

말씀이 육신이 되어: 눈높이 맞추기

_히 4:14-16

성탄절은 예수님의 탄생을 기념하는 날입니다. 그러나 그날이 정확히 12월 25일이라고 확정할 수는 없습니다. 성경 어디에도 예수님께서 태어난 정확한 날을 유추할 수 있는 내용이 없기 때문입니다. 그러나 예수님의 탄생일을 정확히 모른다고 해서 예수님이 가상의 인물이라거나 역사적 근거가 없다고 말할 수는 없습니다. 당시의 수많은 역사적인 자료에서 예수님이 확실하게 언급되고 있기 때문입니다. 그나마 예수님이 태어나신 해는 어느 정도 알 수 있습니다. 학자들은 마태복음 2장 1절에 언급된 헤롯 대왕이 주전 4년에 죽었기 때문에 예수님의 탄생을 주전 6-4년으로 보고 있습니다. 예수님의 탄생을 시작으로 정한 지금의 연호와 차이가 나는 것은, 그 연호를 정한 학자(디오니시우스 엑시구스)의 착오 때문이라고 합니다.*

• 참조. http://www.kscoramdeo.com/news/articleView.html?idxno=3827

성탄절에는 다양한 의미가 있지만 오늘은 하나님이신 예수님께서 사람의 몸으로 이 땅에 오셨다는 사실에 초점을 맞춰 보고자 합니다. 이것을 좀 어려운 말로 '성육신'이라고 하는데, 말씀이신 하나님이 우리와 같은 육체를 입으셨다는 의미입니다(요 1:14). 이것은 매우 중요한 개념입니다. 우리는 보통 하나님은 저 멀리 하늘에 계시고, 우리는 이 땅에 있어서 서로의 처지가 너무 다르다고 생각하기 때문입니다. 부모님이 "나 때는 말이야" 하면서 옛날이야기를 하시면 참 듣기 싫어집니다. 그때는 그랬겠지만 지금은 다르다고 생각하기 때문에, 아무리 좋은 의도로 옳은 말씀을 하셔도 귀를 닫게 됩니다. 〈송곳〉이라는 웹툰에서도 비슷한 말을 합니다. "서는 데가 바뀌면 풍경도 달라진다."

오늘 본문은 "우리에게 있는 대제사장은 우리의 연약함을 동정하지 못하실 이가 아니요"(15절)라고 말합니다. 여기서 대제사장은 예수님을 가리킵니다. 즉, 예수님은 우리의 연약함에 대해 충분히 공감하고 동정하신다는 것입니다.

모든 것에 부족함을 모르는 사람은 지극히 가난한 사람의 고통을 이해할 수 없습니다. 건강한 사람이 병으로 고생하는 사람의 고통을 알기 어렵고, 조금만 공부해도 시험을 잘 보는 사람이 죽어라 공부해도 성적이 오르지 않는 사람의 마음을 헤아리기 어렵습니다.

그러나 예수님은 다릅니다. 예수님은 하나님이시기에 지혜와 능력에 전혀 부족함이 없으심에도 우리의 연약함에 대해 충분히 공감하고 동정하실 수 있습니다. 왜 그렇습니까? "모든 일에 우리와 똑같이 시험을 받으신 이로되"(15절). 예수님께서 우리와 같은 사람으로 우리 가운데 오셨기 때문에 우리가 겪는 모든 시험을 받으셨다는 것입니다. 인간의 몸으로 태어나실 때부터 생명의 위협을 받으셨지만, 이미 그 전에 마리아의 순종이 없었다면 태어나시지도 못할 뻔했습니다. 또 예수님은 우리처럼 연약하셨습니다. 광야에서 40일을 금식하신 이후에는 배고픔을 느끼셨습니다. 당장 돌을 떡으로 만들고 싶은 유혹이 있었을지도 모릅니다. 예수님도 십자가의 고난을 피하고 싶으셨습니다. 그래서 하나님께 할 수만 있다면 그 잔을 피하게 해달라고 호소하셨습니다. 또 친구들의 배반에 큰 상처를 입으셨고, 심지어 십자가에서 하나님 아버지에게 외면당하는 고통을 겪으셨습니다. 예수님은 정말 많은 시험을 당하셨습니다. 그러나 그것이 우리에게는 소망과 위로가 됩니다. 예수님께서 우리와 똑같이 시험을 받으셨기에 우리가 겪는 시험의 고통을 충분히 공감하고 동정해 주실 것이기 때문입니다.

오늘 본문에서 히브리서 기자는 다음과 같이 격려합니다. "그러므로 우리는 긍휼하심을 받고 때를 따라 돕는 은혜를 얻기 위하여 은혜의 보좌 앞에 담대히 나아갈 것이니라"(16절). 우리의 연약함을 동정하실 뿐 아니라 그것을 이기고 극복하게 하실 예수님을 의지해 날마다 하나님 앞에 나아가길 바랍니다. 예수님이 우리의 친구와 돕는 자로 늘 함께하실 것입니다.

송구영신예배 장년 설교 1

복과 저주

_신 11:26-32

묵은해를 보내고 새해를 맞이하는 송구영신의 시간입니다. 이때가 되면 새해에는 어떤 마음과 신앙으로 주님을 따라가야 할지 한번쯤 생각해 보게 됩니다. 오늘 본문은 그런 우리를 안내하는 말씀 가운데 하나입니다. 가나안 입성을 앞둔 출애굽 2세대를 향한 모세의 고별설교인 오늘 본문은, 출애굽 1세대의 실패를 교훈 삼아 이제 곧 들어갈 가나안에서 어떻게 해야 하는지를 가르치고 있습니다.

첫째, 하나님은 복과 저주를 우리 앞에 두었다고 말씀하십니다. 하나님께서는 모세를 통해 이미 이스라엘 앞에 복과 저주를 두었다고 말씀하셨습니다(26절). 즉, 이스라엘이 하나님의 명령을 들으면 복을 받고, 듣지 않으면 저주를 받는다는 것입니다(27-28절).

복은 쟁취하며 스스로 만들어 가는 것입니다. 그런 의미에서 행운과 구별됩니다. 어쩌다 보니 복된 사람이 되는 것이 아닙니다. 복 받을 행동을 해야 복을 받는 것입니다. 본문에 의하면 복을 받을지 못 받을지는 전적으로 자신에게 달려 있습니다.

하나님은 이미 복과 저주를 그들 앞에 두었으니 선택은 그들 스스로 하라고 말씀하시는 것입니다. 대부분 복은 하나님이 주실 때까지 기다리는 것이라고 생각합니다. 물론 그것도 맞지만, 복은 우리가 쟁취해 가는 면도 있습니다. 우리의 선택에 달려 있다는 것입니다. 예수님께서도 천국은 침노하는 자의 것이라고 말씀하셨습니다(마 11:12). 여러 가지 의미가 있겠지만, 열심 있는 자가 그 나라를 얻는다는 뜻이기도 합니다.

새해에는 복 받을 일을 하시기 바랍니다. 복은 어쩌다 우연히 받는 것이 아닙니다. 하나님은 우리 스스로의 선택으로 복된 삶을 살아가라고 말씀하십니다. 적극적으로 복된 인생을 만들어 가라는 것입니다.

둘째, 하나님은 결코 우리를 놓지 않는다고 말씀하십니다. 하나님께서 우리 앞에 복과 저주 모두를 두시는 이유가 무엇일까요? 특히 저주를 두시는 이유는 무엇일까요? 정말 우리가 그분의 기대에 못 미치면 완전히 망하게 하시겠다는 뜻일까요? 그렇지 않습니다. 복과 저주는 사실 우리를 향한 하나님의 사랑을 말합니다. 복된 선택을 하면 다행이지만, 그렇지 않을 때는 하나님이 징계와 저주를 내려서라도 결국 하나님의 백성을 삼으시겠다는 의지가 담겨 있는 것입니다. 끝까지 포기하지 않으시겠다는 표현이기도 합니다. 하나님은 이스라엘 역사를 통해 이것을 증명하셨습니다. 복과 저주는 정반대의 것이지만 결국 모두 동일한 하나님의 사랑의 도구이며, 어떤 경우에도 우리를 포기하지 않으시겠다는 은혜로운 약속입니다.

미국에 한 중년 부부가 있었습니다. 그런데 그중 아내가 시력이 너무 나빠져 눈 수술을 했는데, 그만 실명하고 말았습니다. 그 후 남편은 매일 직접 운전해 아내를 출퇴근할 수 있게 해주었습니다. 그런데 어느 날 갑

자기 남편이 아내에게 운전이 너무 힘들다며 혼자 출근하라는 것입니다. 남편의 말에 아내는 무척 섭섭했습니다. 그리고 배신감마저 느꼈습니다. 그래서 아내는 지팡이를 의지해 버스를 타고 혼자 출퇴근하기 시작했습니다. 그런데 2년 정도가 지나 이제 혼자 다니는 것이 어느 정도 익숙해진 어느 날, 버스 운전기사가 이렇게 말하는 것이었습니다. "부인은 복도 많으시군요. 매일 남편이 버스에 함께 타 부인이 직장 건물에 들어가는 순간까지 지켜보며 손을 흔들어 주시니 말입니다."

인간의 사랑도 이러한데 하물며 하나님이 우리의 손을 놓으시겠습니까? 침묵하신다고 우리를 잊으신 것일까요? 어떤 상황에서도 하나님은 절대로 우리를 포기하지 않으십니다.

셋째, 하나님은 가나안에 들어가서도 복과 저주를 선포하라고 말씀하십니다. 그리심산과 에발산은 가나안 중앙에 있는 산입니다. 그런데 하나님은 모세를 통해 거기에 들어가서도 복과 저주를 선포하라고 하십니다(29절). 이것은 하나의 상징입니다. 가나안 땅에 들어가기 위해서만이 아니라 그곳에 들어가서도 복과 저주의 말씀을 여전히 기억해야 한다는 뜻입니다. 단순히 가나안에 들어가기 위해서만 기억할 말씀이 아니라는 것입니다.

개역한글 성경의 역대상 4장 10절에는 '복에 복을 더한다'라는 표현이 있습니다. 비슷한 표현으로 요한복음 1장 16절에서는 '은혜 위에 은혜'라고 말합니다. 이는 모두 복이 계속되는 것을 의미합니다. 복은 한 번 받고 마는 것이 아닙니다. 중단 없이 계속되어야 진짜 복입니다.

하나님은 모세를 통해 이스라엘 백성에게 가나안을 차지할 뿐 아니라, 그곳에 계속 거주하라고 하십니다(31절). 즉, 한 번 복을 받는 것도 중요하지만, 지키는 것이 더 중요하다는 것입니다. 한 번 복을 받았다고 교만해지지 말고 계속 나아가 지속해서 복을 받아야 하는 것입니다.

송구영신의 시간을 통해 그동안 받은 복이 한 번으로 끝나지 않고 새해에도 계속되기를 바랍니다. 그것이 하나님의 뜻입니다.

하나님은 우리 앞에 복과 저주를 모두 두셨습니다. 그리고 그 선택은 우리가 하는 것입니다. 새해에는 우리 모두가 하나님의 말씀에 순종함으로 적극적으로 복을 선택하기를 바랍니다.

송구영신예배 장년 설교 2

너희를 위하여 보물을 땅에 쌓아 두지 말라

_마 6:19-20

오늘은 본문 중 19절을 중심으로 하나님께서 또 새롭게 주신 한 해를 어떻게 살아야 할지 생각해 보고자 합니다.

본문 19절에서 예수님은 "너희를 위하여 보물을 땅에 쌓아 두지 말라"고 명령하십니다. 이 구절은 '하지 말라'는 부정명령문으로 되어 있는데, 여기서 우선 주목할 것은 예수님께서 무엇을 부정하시는가 하는 것입니다. 예수님은 '우리를 위해 보물을 쌓는 일'을 금하신 것이 아닙니다. 바로 다음 구절인 20절에서 '너희를 위하여 보물을 쌓으라'고 명령하시기 때문입니다.

이 말씀에는 기본적으로 우리를 향한 예수님의 깊은 애정과 관심이 담겨 있습니다. 예수님은 우리가 자신의 안녕을 위하고 그것을 위해 보물을 쌓아 두는 것을 부정적으로 보시지 않습니다. 우리가 좋은 것을 소유하고 누리는 것을 싫어하시는 분이 아니라는 것입니다. 오히려 예수님은 우리에게 보물이라 할 만한 좋은 것들을 주시고, 그것을 더 안전하게 소유하고 간직하며 누리기를 원하십니다.

여기서 예수님이 부정하신 대상은 '땅에'라는 전치사구입니다. 즉, 예수님은 "너희를 위하여 보물을 쌓아 두라. 그러나 땅에 쌓아 두지는 말라"고 말씀하신 것입니다.

예수님께서 땅에 쌓지 말라고 하신 보물은, 일차적으로 돈이나 금전적 가치로 환산되는 물질을 의미할 수 있지만, 그 외에도 명예나 아름다움, 칭찬, 인정, 힘, 또는 친밀한 인간관계에서 경험하는 만족과 안식 등 우리가 생각할 수 있는 모든 가치 있고 흠모할 만한 것을 전부 포함하는 말입니다. 예수님께서는 이런 보물들을 나쁘다고 말씀하지 않으시며, 그것을 쌓아 두는 것도 금하지 않으십니다. 예수님께서 하지 말라고 하신 것은, 그러한 보물을 '땅에' 쌓아 두는 것입니다.

보물을 땅에 쌓아 둔다는 것은, 이 땅에서 그런 것들을 더 많이 가지려 하는 것을 의미합니다. 그리고 그것들을 배타적이고 영속적인 자신의 '소유'로 만들어, 거기서 행복과 만족을 얻고자 하는 것입니다. 예수님께서 금하신 것은 바로 이것입니다. 다시 말해 우리가 통장의 잔고, 사회적 지위, 지식, 능력, 영향력, 인기, 명성, 사랑하는 사람들과의 친밀한 관계에서 얻는 만족과 안식 등에 매료되어 그런 것들을 더 많이, 더 오래 가지려는 삶의 목적과 방향성을 갖는 것을 금하십니다.

예수님께서 금하신 이러한 삶의 태도와 지향성은 실제로 이 땅의 많은 사람, 특히 하나님을 알지 못하는 모든 사람에게서 나타납니다. 거듭나지 않은 모든 자연인은 그런 보물들을 더 많이 쌓는 것을 목표로 살아갑니다. 그들은 부와 입신양명, 외적 아름다움, 명예, 가족이나 연인과의 사랑 등을 인생의 궁극적 목표로 삼습니다.

물론 그런 것들 자체는 결코 나쁜 것이 아닙니다. 그러나 그런 것들을 궁극적인 목표로 삼고 살아가는 것, 즉 보물을 땅에 쌓아 두는 것은 결과적으로 우리에게 유익하지 않습니다. 그래서 예수님께서 '너희를 위하여' 보물을 땅에 쌓아 두지 말라고 하신 것입니다.

이것이 우리에게 유익하지 않은 것은, 땅에 쌓아 둔 보물이 아무리 좋아 보이고 영원할 것 같아도, 좀과 동록이 해하며 도둑이 구멍을 뚫고 도둑질할 것이기 때문입니다. 다시 말해 그것들은 결국 상하고, 부식되고, 변질되고, 빼앗기게 된다는 것입니다. 단순히 그럴 위험이 있는 정도가 아니라, 변질과 소멸 및 그로 인한 실망이 땅에 보물을 쌓아 두는 삶의 필연적 결론입니다.

이 말씀이 표면적으로 경고하는 바는, 땅에 쌓아 둔 보물은 영원하지 못하다는 것입니다. 그러나 우리는 여기서 더 나아가 왜 그것들이 영원할 수 없는지를 생각해 보아야 합니다. 그것은 다름 아닌 이 땅의 죄악 때문입니다. 예수님께서 하신 이 말씀의 행간에는 우리의 죄악이라는 배경이 있습니다. 부나 명예, 칭찬, 인정, 아름다움, 사람 간의 사랑 등은 그 자체로서는 나쁜 것이 아닙니다. 만일 그렇지 않다면 우리는 일부러 궁핍하고, 추하고, 외롭고, 미움받는 삶을 살아야 할 것입니다.

문제는 그런 것들에 자신의 존재 의미와 만족과 궁극적인 소망을 두려는 것입니다. 이는 곧 하나님 없이도 충분하며 괜찮다고 말하는 세상 풍조를 따르는 것과 같습니다. 우리에게 모든 것을 주시고, 또 장차 거두어 결산하실 하나님을 자신의 삶에서 배제하고 무시하며 살고자 하는 것이며, 결국 하늘 아버지께 의지해 일용할 양식을 구하며 살기를 싫어하는 것입니다.

본문은 이 같은 죄악에서 우리를 건지시기 위해 주신 말씀입니다. 하나님께서는 하나님 대신 그분이 만드신 다른 부속물들에 우리의 삶의 목적과 소망을 두려는 반역적인 죄악을 금하십니다. 같은 맥락에서 사도 바울은 "정함이 없는 재물에 소망을 두지 말고 오직 우리에게 모든 것을 후히 주사 누리게 하시는 하나님께 두며"(딤전 6:17)라고 말합니다. 이처럼 우리는 하나님을 배제한 채 우리의 소유물에 소망을 두는 악한 태도에서 돌이켜야 합니다.

올 한 해 이런 죄악 된 마음이 우리를 주장하지 않도록 주의합시다. 각자의 삶의 자리에서 열심히 살아가면서도, 땅에 쌓아 둔 것은 무엇이든 결국 썩고 더러워지며 쇠한다는 것을 잊지 맙시다. 나아가 더 좋고 영원한 것이 무엇인지 분별해(벧전 1:34), 자신의 시간과 물질을 그러한 일에 사용하며 지혜롭게 살아갑시다.

송구영신예배 청년 설교 1

그때 너는 어디 있었느냐

_욥 38:1-7; 40:1-9; 42:1-6

우리는 오직 지난 시간에 근거해 새로운 시간을 경험합니다. 어제까지 살아 온 맥락에서 오늘을 맞이하는 것입니다. 우리에게 새날은 늘 지난날들에 뒤따라옵니다. 우리는 매달, 매해의 새로움을 지난달, 지난해의 경험과 깨달음, 고민과 함께 맞이하고, 그것을 토대로 무언가를 기대하거나 계획합니다. 그래서 마치 새로운 시간이 지난 시간에 종속되어 있는 것처럼 생각합니다. 즉, 현재는 과거에 자신이 살아 온 결과고, 현재를 잘 활용한다면 얼마든지 좋은 미래를 맞이할 수 있을 것이라는 기대를 갖는 것입니다.

이런 생각에는 어느 정도 진실이 담겨 있습니다. 오늘은 항상 내일에 큰 영향을 미칩니다. 그러나 지금까지의 삶이 그러했듯, 앞으로 새롭게 맞이하는 삶도 이러한 인과관계만을 따르지는 않습니다. 매일, 매달, 매년의 새로운 순간은 과거와 현재에 뒤따라옴에도, 언제나 우리의 계산과 예측에 따라 통제할 수 없습니다.

우리가 경험하는 이 세계와 시간은 그 첫 시작부터 창조주 하나님의 주권적인 뜻 아래 있었습니다. 그러나 우리는 그 사실을 자주 잊어버립니다. 특히 욥이 그러했듯, 이해할 수 없는 상황과 고난이 닥칠 때는 우리의 계획대로 되지 않는 현실에 실망하고 좌절하며 분노하기까지 합니다. 우리는 이런 경험을 통해 우리 안에 깊게 자리한 죄의 뿌리를 발견합니다. 즉, 제한된 시간 안에 있는 피조물로서 자신이 원하는 것을 계획하고 그것을 위한 활동을 아주 조금 해보고는, 마치 자신이 자신에게 허락된 삶과 시간의 주관자가 된 것처럼, 그리고 그것이 당연한 것처럼 생각하는 것입니다.

그러나 하나님께서는 당대에 그 누구보다 의롭게 살았던 욥에게조차 물으십니다. "트집 잡는 자가 전능자와 다투겠느냐 하나님을 탓하는 자는 대답할지니라"(40:2). 곧 누가 시간과 공간, 세계의 창조주인지를 물으시는 것입니다.

우리는 새로운 한 해를 시작하며 하나님께서 욥에게 하셨던 그 질문 앞에 서보아야 합니다. 이 새해에 우리가 여전히 발 딛고 선 땅과 이 모든 세상의 기초가 어떻게 세워진 것입니까? 이 세상의 모든 살아 있는 것에게 생명을 주시고 그것을 먹이시며, 또 그 생명을 거두시는 분이 누구입니까?

무엇보다 우리는 모든 것의 근본이신 하나님의 크심과 그 앞에서 입을 가릴 수밖에 없는 우리의 비천함을 알아야 합니다. 우리는 종종 우리의 비천함을 잊은 채, 하나님이 지으신 세상에서 그분을 배제하고 자기 자신을 이 세상의 중심에 두려 합니다. 하지만 그럴 때마다 하나님은 우리에게 물으십니다. "너는 누구며, 언제부터 있었느냐? 또 네가 이 세상을 위해 한 일이 과연 무엇이냐?"

우리는 "너는 대장부처럼 허리를 묶고 내가 네게 묻겠으니 내게 대답할지니라"(40:7) 하고 말씀하시는 하나님 앞에 서야 합니다. 그때 우리는 자신이 얼마나 자주 깨닫지도 못한 일을 말했고, 스스로 알 수도 없고 헤아리기도 어려운 일을 말해 왔으며, 또 지금도 그렇게 하고 있는지를 알게 될 것입니다.

이 한 해의 시작에 우리가 가장 먼저 해야 할 일은 나름의 목표를 정하고 그것을 위한 계획을 세우는 것이 아닙니다. 물론 이것도 우리에게 필요하고 유익한 일입니다. 하지만 그보다 먼저 해야 할 일이 있습니다. 그것은 우리의 유한함과 미련함을 하나님께 고백하며 그분을 경외하는 마음을 구하는 것입니다. 모든 것의 시작과 끝이 되시는 하나님의 기뻐하시는 뜻과 인도하심을 구하는 것입니다. 이것이 우리에게 가장 필요하고 유익한 일입니다.

이런 사실을 귀로만 듣고 이해하는 것으로는 충분하지 않습니다. 욥은 "내가 주께 대하여 귀로 듣기만 하였사오나 이제는 눈으로 주를 뵈옵나이다"(42:5)라고 고백합니다. 우리 역시 이러한 신앙을 가져야 합니다. 우리는 매일의 삶을 늘 하나님의 말씀의 빛 아래서 바라보며, 우리의 죄와 그로 인한 사망을 증거하는 하나님의 말씀이 얼마나 분명한 현실인지 실제적으로 알아 가야 합니다. 이 땅에 드리운 사망의 그늘과 진동하는 죽음의 냄새를 인식하고, 그런 현실에 있는 우리를 위해 하나님께서 행하신 모든 일을 증거하는 말씀을 붙들고 경험해야 합니다.

이 새해의 첫 시간, 삶에 대한 불안함과 불만, 우리를 낙심하게 하는 현실을 시간의 시작자요 주관자이신 하나님께 가지고 나아갑시다. 그리고 욥처럼 마음을 낮추어 매일 주님의 크심을 마음으로부터 고백하며 인정하게 해주시기를 구합시다.

송구영신예배 청년 설교 2

새 시대를 열어 가는 새해

_창 12:1-9

하나님께 예배하는 것으로 한 해를 마무리하고, 또 새해를 시작하고자 이 자리에 모인 우리 모두에게 하나님의 은혜가 함께하길 소망합니다.

오늘 본문은 아브라함*이 자신의 고향을 떠나 하나님께서 보여 주시는 땅으로 가게 된 여정을 다루고 있습니다. 하나님께서는 아브라함에게 고향 친척과 아버지의 집을 떠나라고 말씀하십니다(1절). 고향은 어떤 곳입니까? 오랫동안 살아 온 익숙하고 안정적이며 삶의 모든 기반이 갖추어져 있는 곳입니다. 위기의 순간에 서로 돕고 의지할 수 있는 친척들이 가까이에 있는 공간입니다. 고대 시대에 이 같은 공간을 떠난다는 것은 매우 위험한 행동입니다. 그럼에도 아브라함은 하나님의 말씀을 따라 자

• '아브람'에서 '아브라함'으로 이름이 바뀌는 것은 창세기 17장에서 나타나지만, 성도들에게는 일반적으로 '아브라함'이란 이름이 더 익숙하기에 이것을 사용합니다.

신의 고향과 아버지의 집을 떠나 하나님이 보여 주시는 땅으로 나아갑니다. 하나님께서 그곳에 머물러 있으면서는 기대할 수 없는 놀라운 약속을 주셨기 때문입니다. 그 약속이 무엇입니까? 아브라함이 큰 민족을 이루고, 그의 이름이 창대해지며, 아브라함 자신이 복이 되게 하시겠다는 것입니다. 더불어 이 약속을 믿고 떠나면 하나님께서 친히 보호해 주겠다고 하십니다(3절). 아브라함은 쉽지 않은 결정이었겠지만 여호와 하나님의 말씀, 즉 약속을 믿고 고향을 떠납니다.

오늘 이 말씀은 우리에게도 도전합니다. 우리에게 너무나 익숙해 안전해 보이는 그곳을 떠날 수 있는 용기를 내라고 말합니다. 우리는 아직 미숙한 것이 많지만 누군가의 돌봄을 받아야만 하는 나이는 아닙니다. 마음만 먹으면 스스로 살아갈 수 있고 자립할 수 있는 나이입니다. 모두 집을 나와 독립하라고 충동하는 것이 아닙니다. 물리적인 독립에 앞서 정신적으로나 심리적으로 독립하라고 도전하는 것입니다. 지금 당장 그렇게 할 수 없다면 차근차근 준비해야 합니다. 부모님에게서 받는 도움을 줄여 가길 바랍니다. 부모님에게 받는 용돈도 스스로 줄여 가고, 자신이 머물며 사용하는 공간도 스스로 정리해 가야 합니다. 또 가정에서 자신의 몫을 감당할 수 있어야 합니다. 우리는 우리에게 안정감을 주는 고향과 친척과 아버지의 집을 떠날 준비를 해야 하는 것입니다. 새해를 맞이하면서 이런 기도를 드렸으면 합니다. "하나님, 새해에는 더욱 독립적인 사람이 되게 해주십시오. 정신적 심리적 독립뿐 아니라 재정적 독립도 조금씩 더 해나갈 수 있게 해주십시오."

해가 바뀌었다는 것이 우리에게 무슨 의미가 있습니까? 나이가 한 살 많아졌다는 것이 우리를 저절로 성숙하게 만듭니까? 인간의 성장은 자신의 안전한 울타리를 스스로 무너뜨리거나 뛰어넘는 것에서 시작되는 것입니다. 넘어져 다칠 각오가 없다면 기어 다니는 아이는 설 수 없습니다. 네 발 자전거에서 두발자전거로 갈아타기 위해서는 넘어지고 쓰러질 각오를 해야 합니다. 새해를 맞이하면서 우리가 더 독립적인 존재가 되기를 기대하고 소망합니다. 그 과정에는 분명 실패도 있고 상처도 있을 것입니다. 그러나 두려워하지 마십시오. 그 실패와 상처를 통과해야 강해지는 것입니다. 그것이 바로 성장입니다.

아브라함이 고향을 떠나 가나안 땅에 이르렀을 때 하나님께서 그에게 나타나셨습니다(7절). 그리고 그곳이 바로 약속하신 땅이라고 말씀해 주십니다. 아브라함이 약속의 땅에 잘 도착했음을 확인해 주신 것입니다. 그는 마침내 자신의 이름으로 새롭게 시작할 땅에 도착했습니다. 그것을 확인한 순간 아브라함이 무엇을 했습니까? 제단을 쌓고 여호와의 이름을 불렀습니다(7-8절). 여기까지 인도하신 하나님을 찬양하고 경배한 것입니다. 오늘 송구영신예배가 말씀의 도전을 받은 시간이었다면, 내년 송구영신예배는 하나님이 함께하셔서 이만큼 성장하게 되었다는 감격의 고백을 드리는 예배가 되기를 주님의 이름으로 축복합니다.

송구영신예배 중고등부 설교

마지막처럼

_눅 13:6-9

오늘 우리는 송구영신예배를 드리고 있습니다. '송구영신'이라는 말은 묵은해를 보내고 새해를 맞이한다는 의미입니다. 잘 알다시피 한 번 지나간 시간은 다시 돌이킬 수 없습니다. 그렇다고 지나간 시간이 앞으로 다가올 미래와 전혀 무관한 것은 아닙니다. 과거의 일을 통해 무엇을 배우고 노력하는지에 따라 미래는 얼마든지 달라지기 때문입니다. 과거의 잘못과 어리석은 행동을 반성하고 자신의 문제를 개선한 사람과 아무 반성이나 성찰도 없는 사람의 미래가 같을 수는 없습니다. 따라서 어떻게 묵은해를 보내고 새해를 맞이하는지에 따라 우리의 인생 경로는 조금씩 달라질 수 있습니다. 다만 그것이 개선되는지 또는 악화되는지의 차이가 있을 뿐입니다. 이 송구영신예배를 통해 우리의 미래가 좀 더 개선되기를 바랍니다.

오늘 본문에서 예수님께서는 한 비유를 통해 열매 없는 삶에 대해 경고하십니다. 비유의 내용은 이렇습니다. 한 포도원 주인이 자신의 포도원에 찾아와 3년 전에 심은 무화과나무에 열매가 있는지 확인합니다 (아마도 포도원 일부에 무화과나무를 따로 심어 놓은 것 같습니다). 그러나 포도원지기가 올해도 열매를 맺지 못했다고 이야기하자 포도원 주인이 화를 냅니다. 3년 전부터 매년 찾아와 열매가 맺히기를 기다렸는데 그동안 아무 열매도 얻지 못해, 결과적으로 포도원 땅만 버린 셈이 되었기 때문입니다. 그리고 너무 화가 났는지 열매 맺지 못하는 무화과나무를 당장 찍어 버리라고 지시합니다. 벌써 3년이나 지났는데 열매를 맺지 못했다면 아무 쓸모없다고 판단한 것 같습니다. 그러나 포도원지기는 그렇게 할 수 없었는지 주인에게 한 해만 더 기회를 달라고 합니다. 자신이 거름도 주고 특별히 더 관리해 보겠다는 것입니다. 예수님의 비유는 여기서 끝납니다.

짧은 내용이지만 이 비유를 읽을 때마다 우리는 마음이 무거워집니다. 3년 동안 열매 맺지 못한 무화과나무가 마치 우리 자신인 것만 같습니다. 기회를 주셨음에도 변화를 위해 아무런 노력도 하지 않고 늘 제자리를 맴도는 자신의 삶을 보면서, 스스로가 열매 맺지 못하는 무화과나무 같다고 생각하기 때문입니다. 하나님께서 당장이라도 찾아오셔서 우리 인생을 끝장내실 것 같은 두려움마저 생깁니다. 그러나 이 이야기의 마지막에 기록된 포도원지기의 간절한 요청에 용기를 얻기도 합니다. "주인이여 금년에도 그대로 두소서 내가 두루 파고 거름을 주리니 이 후에 만일 열매가 열면 좋거니와 그렇지 않으면 찍어 버리소서"(8-9절). 포도원지기의 이 요청에 주인의 마음이 누그러져 한 해 더 기회를 주지 않았을까 상상해 보며 안도의 한숨을 쉬게 됩니다.

그러나 한편으로는 다른 결말을 생각해 볼 수도 있습니다. 포도원지기의 간곡한 요청에도, 화가 난 포도원 주인이 직접 도끼를 집어 무화과

나무의 밑동을 내리 찍었을지도 모른다는 것입니다. 이 비유는 바로 앞의 "너희도 만일 회개하지 아니하면 다 이와 같이 망하리라"(눅 13:3, 5)라는 말씀과 함께 주어진 것이기 때문입니다. 그리고 그 당시 실제로 비참한 재앙이 있었고(눅 13:1-2, 4), 무엇보다 그동안 '한 번 더' 기회를 준 적이 너무 많기 때문입니다. '한 번만 더'라는 카드를 충분히 제시했기에 포도원 주인은 더 화가 났을지도 모릅니다.

우리는 기회가 또다시 있을 것이라고 늘 생각합니다. 그러면서 어차피 지나간 일은 돌이킬 수 없다며 '이생망'(이번 생은 망했다)의 태도로 계속 그 길로만 간다면 결과는 뻔합니다. 그러나 자신을 변화시킬 마지막 기회라고 생각하며 한 해 동안 삶을 건강하게 일구기 위해 노력해 본다면 미래는 조금씩 변화될 것입니다. 그 수고가 헛되지 않을 것입니다. 포도원지기의 간곡한 바람이 바로 예수님의 마음이고, 우리를 향한 주님의 도전입니다.

4장

헌신예배 설교

남전도회 헌신예배 1

헌신자가 잊지 말아야 할 것

_딤전 1:12-17

흔히 무엇을 먹는지가 그 사람의 몸을 결정하고, 무엇을 생각하며 사는지가 그 사람의 인생을 결정한다고 합니다. 악한 생각을 하면 결국 악인이 되는 것입니다. 성경은 '기억하라'는 말을 자주 합니다. 하나님을 온전히 생각하고 기억할 때 현재가 달라지기 때문입니다. 남전도회 헌신예배를 맞아 헌신자가 기억하고 잊지 말아야 할 것을 말씀을 통해 생각해 보고, 더욱 온전한 헌신자로 살아갈 수 있도록 결단하는 시간이 되었으면 합니다.

첫째, 헌신자는 먼저 자기 자신이 누구인지를 잊지 않아야 합니다. 오늘 본문에서 바울은 자신을 소개하면서 자신이 전에는 비방자요, 박해자요, 폭행자였다고 말합니다(13절). 이는 겸손한 말이 아니라 사실입니다. 그는 예수 믿는 사람을 잡으러 다녔고, 스데반의 죽음에도 깊이 관여했습니다(행 7:58).

15절에서는 자신을 '죄인 중에 괴수'라고 칭합니다. 여기서 사용된 시제는 현재형입니다. 헬라어에서 현재형은 지금까지도 진행되고 있다는 의미를 갖습니다. 바울이 본문을 기록한 시점은 선교사로서 30여 년을 보낸 뒤였습니다. 즉, 지금 그는 자신이 '죄인 중에 괴수'라는 사실을 과거에 끝난 일로 말하지 않습니다. 30여 년이 흘렀어도 여전히 자신의 부족함을 잊지 않은 것입니다.

이것이 바로 진정한 성도의 모습입니다. 시간이 흐를수록 하나님의 사람은 자신의 부족함을 통감합니다. 성경 주석을 쓴 고 박윤선 목사님은 자신의 80번째 생일에 '80년 묵은 죄인'이라는 표현을 썼습니다. 성경 주석을 쓰고 주의 일을 많이 했다고 마음이 높아지기는커녕 여전히 부족한 죄인임을 기억한 것입니다.

네덜란드인으로 2차 세계대전 때 유태인들을 많이 구출한 코리텐 붐 여사는 나치에 체포되어 라벤스부르크 수용소에서 온갖 고초를 겪었습니다. 나중에 그녀의 일생은 『피난처』라는 책과 영화로 소개되었습니다. 예수전도단의 설립자 로렌 커닝햄이 한번은 이렇게 말을 건넸다고 합니다. "당신의 영화와 책을 통해 하나님이 하신 일이 굉장합니다." 그러자 그녀가 이렇게 답합니다. "아니에요. 저는 단지 죄수번호 66730에 불과한 사람일 뿐입니다." 그녀는 40대 후반에 당한 그 치욕을 잊지 않은 것입니다. 그러나 그보다 더 잊지 않았던 것은 하나님의 은혜였습니다. 그녀의 대답은 이 모든 일이 자신의 능력이 아니라 하나님의 은혜로 되었다는 고백인 것입니다.

자신의 무가치함을 잊지 않는 사람이야말로 진정한 하나님의 사람입니다. 간혹 하나님의 일에 헌신한답시고 소란스럽게 생색을 내는 사람이 있습니다. 그러나 사실 그 헌신조차 하나님이 주신 것으로 하는 것입니다. 주님이 은혜와 건강과 물질 등을 주시지 않으면 못 합니다. 모두가 하나님의 은혜로 된 것입니다. 인간이 아무리 대단한 일을 해도 하나님께는 전혀 도움이 되지 않습니다(욥 35:5-8). 그러므로 어떤 큰 일을 하더라도 자신이 누구인지 잊지 맙시다. 우리가 얼마나 하나님께 도움이 되지 않는 존재인지 잊지 맙시다. 이런 겸손이 사역을 성공으로 이끄는 비결입니다.

둘째, 헌신자는 직분을 주신 분을 잊지 않아야 합니다. 성도 된 것을 포함해 교회의 모든 직분은 자신이 하고 싶다고 해서 스스로 맡은 것이 아닙니다. 하나님이 맡기신 것입니다(12절). 전도회 회원으로 일하는 것도 마찬가지입니다.

그러므로 우리는 우리에게 직분을 맡기신 분을 잊지 않아야 합니다. 그 직분은 다름 아닌 하나님께 받은 것입니다. 단순히 교회에 오래 다니고 경력이 쌓였다고 일과 직분이 주어지는 것이 아닙니다. 교회가 필요에 의해 임명한 것도 아닙니다. 모든 직분과 사명은 하나님이 주신 것입니다. 그러므로 우리 마음대로 그만두어서는 안 됩니다. 어떤 인간적인 이유로도 중간에 그만두지 않아야 합니다.

사람들을 만족시키기 위해 일해서도 안 됩니다. 그 직분을 맡기신 분만 바라봐야 합니다. 그래야 사람 때문에 실족하지 않습니다. 누가 방해한다고 원망하거나 그만두지 않습니다. 오직 하나님과 자신의 관계에만 집중합니다. 이것이 건강한 직분자의 자세입니다.

끝으로, 자신이 아닌 하나님의 능력을 신뢰해야 합니다.

하나님이 어떤 일을 맡기셨다는 것은 그 일을 행할 능력도 함께 주신다는 뜻입니다. 우리의 부족함이 하나님의 일을 하지 못하는 핑계가 될 수 없습니다. 우리에게 직분을 맡기신 분을 생각하십시오. 그분은 천지를 만드신 하나님입니다. 바로 그분이 우리를 일꾼으로 부르시고 돕고 계심을 잊지 마십시오.

우리 모두 하나님 앞에서 자신이 얼마나 무가치한 존재인지, 그럼에도 자신을 부르셔서 직분을 맡기신 분이 누구인지를 늘 기억하며, 자신이 아닌 하나님의 능력을 의지해 주의 일을 하는 진정한 헌신자가 되길 소망합니다.

남전도회 헌신예배 2

기쁨과 승리로의 부르심

_눅 10:17-19

오늘 본문은 주의 이름의 능력과 권능을 경험한 70명의 제자가 예수님께 돌아와 상기된 어조로 승리의 결과를 보고하는 장면입니다. 저자 누가가 이 70명을 '제자'로 칭하고 있지는 않습니다. 하지만 그들이 예수님에게서 보냄받았고 주님께서 분부하신 사역을 감당했다는 점에서 충분히 제자라고 부를 만합니다. 오늘은 이 본문에서 예수님이 보내신 제자들이 경험한 승리와 그로 인한 기쁨에 주목해 보고자 합니다.

제자들이 경험한 이러한 기쁨과 승리에 관한 말씀에 교회는 간혹 두 가지 정도의 왜곡된 형태로 반응합니다. 첫째는, 이런 기쁨과 승리를 우리의 실제 삶과는 분리된, 지극히 종교적인 활동에서 추구하는 것입니다. 이 경우 단기선교같이 일상을 떠난 활동을 통해 이런 흥분된 경험을 하고자 합니다. 둘째는, 본문에 나타난 것과 같은 기쁨과 승리를 거의 경험하지 못하는 현실에 함몰되어, 이 말씀을 자신들과는 무관하게 여기는 것입니다. 이 경우는 이 말씀을 자신들과는 다른 '특별한' 사람들에게만 해당되는 것으로 생각합니다.

첫 번째 반응이 현실 도피적인 마음으로 종교심에 빠져 드는 것이라면, 두 번째는 현실에 함몰되고 패배주의에 빠져 무감동하게 하나님의 말씀을 대하는 것입니다. 표면적으로는 양 극단으로 나뉘지만, 양쪽 모두 말씀에 깊이 들어가지 않고 피상적으로만 이해한다는 점에서는 다를 바가 없습니다.

본문에서 예수님은 특별한 사람들을 위한 별도의 제자훈련과정을 개설해, 그 일환으로 선교여행이나 전도 실습 등을 시키신 것이 아닙니다. 예수님이 자신을 따르는 사람들 중 특별한 사람들을 골라, 소위 '전도 특공대'와 같은 명목으로 이 70명을 조직하신 것이 아니라는 뜻입니다. 예수님의 제자들은 대체로 사회적 지위나 기술, 자본 등을 가진 자들이 아니었습니다. 오히려 복음서에서 잘 나타나듯 그들에게는 많은 미숙함과 부족함과 결함이 있었습니다. 이 70명은 그런 제자들과 별개로 갑자기 등장한 영웅 같은 인물들이 아닙니다.

그들은 분명히 세상을 구원할 구주시요, 온 세상의 통치자와 주권자로 예수님을 따랐지만, 오늘날 주님을 따르는 우리처럼 미련하고 약한 자들이었습니다. 그래서 누가복음 10장 3절에서 예수님이 "내가 너희를 보냄이 어린 양을 이리 가운데로 보냄과 같도다"라고 말씀하신 것입니다. 더구나 누가복음 10장 2절에서 예수님이 "추수할 것은 많되 일꾼이 적으니" 하며 탄식하시는 것을 보면 그들은 숫자도 적었습니다.

그런데 놀랍게도 예수님은 그렇게 부족한 자들에게 매우 막중한 임무를 맡기십니다. 그들을 추수할 일꾼으로 삼으신 것입니다(눅 2:2). 성경이 말하는 추수는 기본적으로 종말과 관련되어 있습니다. 추수 때가 되면 가라지는 거두어 불사르게 단으로 묶고, 곡식은 모아 곳간으로 들입니다. 예수님께서는 세상 끝에 천사들이 이러한 일을 할 것이라고 말씀하셨습니다(마 13:24-30, 37-43). 그러나 예수님께서 이 땅에 오심으로 이러한 구원과 심판의 종말은 이미 시작되었습니다(요 3:17-18). 즉, 예수님께서는 죄와 사망 아래 있는 자들을 자신의 피로 속량하시고 거기서 건져 내시는 종말론적인 추수의 일을 시작하신 것입니다.

그리고 예수님께서는 바로 그 일을 자신을 따르는 자들에게 맡기셨습니다. 곧 "너희 말을 듣는 자는 곧 내 말을 듣는 것이요 너희를 저버리는 자는 곧 나를 저버리는 것이요"(눅 10:16)라고 말씀하셨습니다. 이리 가운데로 들어간 어린 양 같은 자들로 하여금 주님 자신을 대리하도록 하신 것입니다!

오늘 본문의 70명이 얻은 승리와 기쁨은 바로 이러한 배경에서 생겨난 것입니다. 주님께서는 종말론적인 사명을 맡은 제자들과 그 제자들이 놓은 기초 위에 세워질 교회에 이처럼 놀라운 승리를 주십니다. 주님을 따르는 우리와 같은 작은 자들에게 맡기신 일들, 특별히 복음을 통해 사망의 올무에 매였던 자들이 자유함과 생명을 얻게 하십니다. 우리를 통해 복음이 전해지게 하심으로, 공중의 권세 잡은 자를 따르던 죄인들이 돌이켜 주님을 예배하고 그 뜻을 준행하도록 하십니다. 우리를 통해 세상 욕심과 자기 사랑과 악한 본성에 찌든 인생들이 말씀과 성령으로 거듭나게 하십니다. 미련하고 적은 무리인 우리가 전하는 복음이 악한 원수의 손에 있던 자들을 건져 주의 은혜를 함께 찬송하게 합니다! 이것이 바로 예수님께서 "사탄이 하늘로부터 번개같이 떨어지는 것"으로 말씀하신 승리이며, 이로 인해 제자들이 "주의 이름이면 귀신들도 우리에게 항복하더이다" 하며 흥분했던 것입니다. 또 이것이 예수님께서 자신을 따르는 자들에게 맡기신 "뱀과 전갈을 밟으며 원수의 모든 능력을 제어

할 권능"입니다.

예수님께서는 자신을 따르는 제자들은 물론 주님과 연합한 교회에 뱀의 머리를 밟아 이기는 여자의 후손의 권능을 주십니다. 주님은 처음부터 지금까지 이처럼 세상의 미련하고 약한 것들을 불러 하나님의 놀라운 지혜와 능력을 나타내 오셨습니다. 그러므로 우리는 우리 자신이 아니라 우리에게 맡기신 복음의 능력과 온 세상의 주권자이신 하나님의 권능을 신뢰하며 주님을 따라야 합니다. 이 일을 작게 여기지 말고 이 영광의 복음을 전합시다!

남전도회 헌신예배 3

세 번 부인했을지라도

_마 26:31-35

　격언 중에 '남아일언 중천금'이란 말이 있습니다. 남자의 한 마디 말은 천금보다 무겁고 가치 있다는 말인데, 그만큼 남자는 말에 신중을 기해야 하고 일단 내뱉은 말에 대해서는 책임을 져야 한다는 뜻으로 이해할 수 있습니다. 이것이 비단 남자에게만 해당되겠습니까? 남자든 여자든 자신의 말에 책임져야 하는 나이가 되었다면 누구에게나 적용될 수 있을 것입니다. 사람의 입에서 나오는 말은 금세 사라지기 때문에 우리는 말 한마디에 큰 의미를 두지 못하지만, 때로는 그 한마디 말이 타인의 운명을 바꾸기도 하고, 스스로 그 말에 매여 곤경을 치르기도 합니다. 그만큼 한마디 말도 결코 가볍지 않다는 것입니다. 그럼에도 우리 중 누구도 자신이 한 말을 완벽하게 책임질 수 있는 사람은 없습니다. 그 말이 진심이라 할지라도 그것을 지켜 내는 우리의 능력에는 한계가 있기 때문입니다. 오늘 본문의 베드로는 이와 같은 우리의 모습을 잘 보여 주고 있습니다.

오늘 본문은 예수님께서 제자들과 마지막 만찬을 나누신 이후의 장면입니다. 만찬을 나눌 때도 분위기가 좋지는 않았습니다. 예수님께서 제자 중 하나가 자신을 팔아 죽게 될 것처럼 말씀하셨기 때문입니다. 제자들의 입장에서는 예수님이 죽게 된다는 것은 물론이거니와, 더욱이 그동안 동고동락한 동료 중 하나 때문에 그렇게 된다는 것은 결코 있어서는 안 될 일이었습니다. 만찬 이후에 예수님은 또 이런 말씀을 하십니다. "오늘 밤에 너희가 다 나를 버리리라"(31절). 예수님의 이 말씀에 베드로가 발끈했습니다. 만약 예수님이 잡히더라도 자신만은 결코 예수님을 버리지 않을 것이라고 결심하고 있었기 때문입니다. "모두 주를 버릴지라도 나는 결코 버리지 않겠나이다"(33절).

베드로의 이 말과 결심은 아마 진심이었을 것입니다. 우리도 예수님을 3년간 곁에서 지켜보면서 예수님이 정말 하나님의 아들이요 우리의 구주라는 사실을 확신했다면, 베드로와 같은 결심과 각오를 했을 것입니다. 누구도 미래의 일은 장담할 수 없지만, 베드로의 이 같은 고백과 결단이 그 순간 예수님의 마음을 기쁘시게 했을 것임은 충분히 짐작할 수 있습니다. 예수님도 베드로가 진심이라는 것을 알고 있었기 때문입니다. 딸을 키워 본 분들은 아실 것입니다. 어릴 적에는 딸이 아빠가 최고라며, 커서 아빠랑 결혼하겠다고 합니다. 그러나 어떤 아빠도 정말 딸이 크면 자신의 말대로 할 거라고 믿지는 않습니다. 딸이 조금만 크면 아빠에 대한 관심은 점점 없어지고, 아이돌 그룹이나 남자 친구를 더 좋아할 것을 다 압니다. 그럼에도 그 딸의 고백에 아빠는 행복합니다. 왜일까요? 그것은 딸의 고백이 그 당시에는 진심이라는 것을 알기 때문입니다.

모두 알고 있듯이 베드로는 그 밤에 예수님을 배신합니다. 그것도 한 번이 아니라 세 번이나 예수님을 부인합니다(마 26:69-75). 여기서 한 가지 질문이 있습니다. 그렇다면 베드로는 처음부터 주님을 배신하지 않겠다는 결단과 고백을 하지 않았어야 할까요? 지키지도 못할 약속이라면 아예 하지도 않는 것이 더 좋았을까요? 그렇지 않습니다. 혹 나중에 두려움 때문에 자신이 한 약속을 온전히 다 지켜 내지 못하게 될지언정, 지금 자신의 진심과 결단을 주님 앞에 보여 드리는 것을 주님은 기대하십니다. 그 결심에 힘입어 자신의 말을 지켜 냄으로도 성장하고, 반면 그러지 못한 자신의 연약함과 부끄러움 때문에 다시 하나님 앞에 겸손히 무릎 꿇는 과정을 통해서도 성장하기 때문입니다. 예수님은 부활하신 이후 자신을 부인한 베드로를 찾아가십니다. 그리고 다시 한번 사랑을 확인해 주십니다. 그 과정을 통해 베드로는 교회를 대표하는 사도로 거듭나게 됩니다.

사탄의 음성은 분명합니다. '지키지 못할 결단은 하지도 말라. 헌신도 하지 말라. 약속해 놓고 지키지 않으면 안 한 것만 못하다. 괜히 말한 사람만 부끄럽게 된다.' 그렇지 않습니다. 자신의 마음이 진심이고, 하나님께서 그 마음에 헌신하고자 하는 마음을 주셨다면 '지금' 헌신하십시오. 마음으로 결단하고 입으로 고백하십시오. 비록 베드로처럼 실패할 수도 있고 부끄럽게 될 수도 있지만, 그 현장에 주님은 우리를 찾아오실 것입니다. 그리고 우리를 다시 베드로처럼 들어 사용하실 것입니다. 오늘 이 예배를 통해 진실한 고백과 헌신을 온전히 드리기를 소망합니다.

여전도회 헌신예배 1

예수님을 섬긴 여인들

_눅 8:1-3

성경은 여러 모양으로 하나님을 섬긴 거룩한 여성들의 이야기로 가득하다고 해도 과언이 아닙니다. 사르밧 과부는 선지자 엘리야를 섬겼고, 루디아는 사도 바울을 섬겼습니다. 뵈뵈는 여러 성도를 섬겼으며, 마르다와 마리아는 예수님을 섬겼습니다. 또 많은 사람을 구제하는 일을 한 도르가도 있습니다. 한국 교회는 물론이고 세계 어느 나라 교회도 여성들의 헌신 없이 이루어진 곳이 없습니다. 오늘은 여전도회 헌신예배를 맞아 특별히 본문의 여인들이 보여 주는 헌신을 통해 큰 도전을 받으시기 바랍니다.

첫째로 이 여인들은 협력해 예수님과 제자들을 섬겼습니다. 본문 3절은 여러 여인이 '함께하여' 예수님 일행을 섬겼다고 말합니다. 그들은 예수님의 열두 제자처럼 다른 야심이 없었습니다. 예수님의 제자들은 주님이 돌아가시기 전날에도 서로 누가 높은지 자리다툼을 벌였습니다. 남자들은 대개 권력에 관심이 많습니다. 그래서 어디서나 자리다툼을 벌이고 경쟁합니다. 그러나 본문의 여인들은 서로 경쟁하지 않았습니다. 오히려 마음을 같이해 주님의 사역을 도왔습니다.

여성에게는 남다른 친화력이 있습니다. 물론 여성에게도 경쟁심리가 있습니다. 그러나 일반적으로 여성은 남성처럼 권력욕이 많지 않습니다. 그래서 여인들의 헌신이 중요합니다. 그 헌신이 순수한 동기에서 비롯되기 때문입니다. 일반적으로 모임에 여성들 없이 남성들만 있으면 긴장감이 감돕니다. 여성이 있어야 딱딱한 분위기도 풀리고 서로 말이 오갑니다. 여인들의 순수한 협력이 현대 교회에도 참 중요한 이유입니다.

물론 성경에 등장하는 여성 중에도 간혹 경쟁관계에 있었던 사람이 있습니다. 빌립보 교회에는 유오디아와 순두게의 다툼과 경쟁이 있었습니다(빌 4:2). 그러나 일반적으로는 협력의 모습을 보여 줍니다. 우리는 같은 편입니다. 싸우고 경쟁하면 마귀만 좋아합니다. 본문에 등장하는 여인들도 여러 계층에 속해 있었습니다. 사회적 지위가 높은 사람도 있고, 그렇지 않은 사람도 있었습니다. 그러나 모두가 하나 되어 주님의 일을 도왔습니다. 우리가 본받아야 할 모습입니다.

둘째로 이 여인들의 헌신은 자발적이었습니다. 복음서 어디에도 예수님이 이들의 헌신을 명시적으로 요청하신 대목이 없습니다. 열두 제자의 경우에는 예수님께서 직접 부르셔서 제자로서의 일을 부탁하셨습니다. 그러나 예수님께서 이 여인들의 협력을 요구하신 기록은 없습니다. 그렇다면 이들의 헌신이 자발적이었을 확률이 매우 높습니다. 그래서 이들의 헌신이 더 훌륭한 것입니다. 제자들처럼 하늘나라에서 특별한 자리 얻기를 바라지도 않았습니다. 자신들의 충성에 대한 어떤 대가도 기대하지 않았습니다. 예수님이 이 여인들을 특별하게 대우했다는 기록도 없습니다. 이들의 헌신은 그저 묵묵히 감당하는 충성이었습니다.

우리도 이렇게 사역해야 합니다. 누가 시켜서가 아니라 스스로 일이 보이면 하고, 필요성을 깨달으면 하는 것입니다. 자발적인 헌신이 중요합니다. 이것이 성경의 여인들이 보여 주는 헌신입니다.

셋째로 이 여인들은 자신들이 할 수 있는 것으로 예수님을 섬겼습니다. 본문에서는 여인들이 자신들의 소유로 섬겼다고 말합니다. 당시에 여자들은 앞장서서 가르치거나 나서서 일할 수 없었습니다. 그래서 예수님의 공생애 기간 중에 여인들은 예수님과 제자들의 쓸 것을 후원하고 담당하는 역할을 했습니다. 즉, 뒤에서 해야 하는 일을 도맡아 준 것입니다. 그렇게 예수님의 뒤에서 든든한 후원자가 되어 주었습니다. 그래서 예수님께서 공생애 사역을 마음껏 하실 수 있었던 것입니다. 하나님께서는 이 여인들을 통해 예수님과 제자들의 필요를 채우셨습니다.

여인들은 드러나지는 않지만 자신이 가진 것으로, 할 수 있는 일을 찾아 헌신했습니다. 우리도 이렇게 헌신해야 합니다. 할 일이 없다고 말하지 말고, 다른 사람들이 하지 않지만 꼭 필요한 일이 있다면 찾아서 합시다. 자신이 드러나거나 영광 받는 일이 아닐지라도 개의치 말고 자신이 할 수 있는 일로 헌신합시다.

성경의 기록에 의하면 이들의 헌신은 예수님의 십자가와 무덤까지 이어집니다. 그 와중에 제자들은 다 도망가지만 여인들은 끝까지 헌신합니다. 우리도 하나님의 일을 하려면 끝까지 제대로 해야 합니다. 오늘 이 헌신의 시간을 통해 시작만 하지 말고 끝까지 가는 온전한 헌신을 다짐하기를 바랍니다.

여전도회 헌신예배 2

받은 은혜 때문에

_눅 7:36-47

오늘 본문에는 극히 대조되는 두 사람이 등장합니다. 한 명은 시몬이라는 바리새인이고, 다른 한 명은 같은 동네에 사는 '죄를 지은 한 여자'입니다. 당시 사람들의 눈에 비친 두 사람의 모습이 어떠했을지 한번 생각해 봅시다.

우선 시몬은 여러모로 주목받을 만한 사람이었습니다. 그는 율법과 유대인의 전통에 대한 자부심을 가지고 유대 종교를 유대인의 삶의 중심에 두려 하던 바리새파에 속한 사람으로, 당시 바리새인들은 유대인들 사이에서 두터운 신망을 얻고 있었습니다. 그런데 이 시몬이 이미 많은 바리새인이 의구심을 품고 미워하던(눅 5:20-21, 27-30; 6:1-11) 예수님을 자신의 집에 초대해 함께 식사를 합니다. 자신의 동료들이 예수님을 비방하고 그분에 대해 분노하고 있다는 사실을 잘 알고 있었을 것임에도 예수님과 교제한 것입니다. 예수님과 그 일행에게 넉넉한 식사를 베풀 수 있었던 경제력도 그렇지만, 자기 동료들의 공공연한 경계의 대상을 가까이하는 소신은 더욱 인상적입니다.

성경에는 그가 어떤 악한 의도를 가지고 예수님을 청했다는 식의 언급이 없습니다. 그러므로 우리도 억지로 그를 깎아 내릴 필요는 없습니다. 어떤 이유에서든 예수님을 자기 집에 청한 일은, 예수님에 대해 노골적으로 적대감을 드러내던 그의 동료들과는 구별되는 모습이었습니다. 제삼자만이 아니라 시몬 자신도 그것을 의식했을 것입니다. 요컨대 그는 사람들에게 주목받을 만한 조건을 가진 자였고, 스스로도 그런 세간의 시선과 인정에 익숙하고 그것을 의식했습니다.

반면 '죄를 지은 한 여자'라고 기록된 또 다른 인물에게는 이렇다 할 조건이나 배경이 없었습니다. 저자 누가는 시몬의 동네에 사는 죄를 지은 여자였다는 것 외에는 심지어 그녀의 이름조차 소개하지 않습니다. 대신 그 식사 자리에서 그녀가 보인 행동을 매우 상세히 묘사합니다. 그 여자가 예수님의 발 곁에 서서 한 일은 당시 종들이 하던 일이었습니다. 다만 그녀는 어떤 종보다 큰 정성을 담아, 물이 아닌 눈물로 그 발을 적시고, 수건이 아닌 자기 머리털로 그 발을 닦았으며, 그 발에 입 맞추고 값비싼 향유를 부었습니다.

이 두 사람의 차이를 눈여겨보십시오. 많은 것을 가지고 있었던 시몬은 여러 사람의 주목을 받으며 예수님과 그 일행에게 식사를 대접하며 섬겼고, 이렇다 할 만한 것이 없었던 여인은 그저 종들이 하는 작은 일로 섬겼습니다. 우리에게는 두 사람이 각기 자기 분량대로 예수님을 섬긴 것처럼 보일 수도 있습니다. 그러나 중요한 것은 우리의 관점이 아니라 그 섬김을 받으신 예수님께서 어떻게 보셨는가 하는 것입니다.

예수님께서는 본문 44-46절에서 시몬과 그 여자가 행한 것을 비교해 말씀하십니다. 먼저 시몬에 대해서는 오직 그가 하지 않은 것들을 열

거하십니다. "너는 내게 발 씻을 물도 주지 아니하였으되 … 너는 내게 입 맞추지 아니하였으되 … 너는 내 머리에 감람유도 붓지 아니하였으되." 반면 그 여자가 한 종의 일, 곧 사람들이 하찮게 여기는 그 일에 대해서는, "이 여자는 눈물로 내 발을 적시고 그 머리털로 닦았으며 … 그는 내가 들어올 때로부터 내 발에 입 맞추기를 그치지 아니하였으며 … 그는 향유를 내 발에 부었느니라"라고 상세히 기억하며 말씀하십니다.

이는 정성껏 식사를 준비해 대접한 시몬으로서는 서운할 만한 말씀이었을지도 모릅니다. 시몬은 자기 자신과 자신이 하는 일에 자부심을 가지고 있는 사람이었습니다. 그래서 자기가 하는 일을 통해 주목받고 인정받는 데 익숙했고, 다른 사람들보다 더 괜찮은 자신의 모습을 즐거워하며 그런 동기로 무언가를 행하며 살아 왔습니다. 예수님을 대접한 것도 그런 마음에 기초한 것이었습니다. 그런데 자신이 행한 일은 주목받지 못하고, 오히려 자신이 하지 않은 일만 지적 받았으니 마음이 상했을 것입니다.

그러나 그의 섬김에는 가장 중요한 것이 빠져 있었습니다. 거기에는 주님에 대한 사랑이 없었습니다. 주님의 은혜에 대한 감사와 예수님이 자신에게 찾아오셨다는 사실에 대한 감격이 없었습니다. 은혜에 대한 감사와 감격, 은혜를 주신 주님에 대한 겸손한 사랑이 없는 섬김은 주님이 보시기에 아무런 가치가 없는 것입니다. 감사와 겸손이 없었던 시몬의 마음을 채운 것은, 주님 곁에 있는 여자에 대한 멸시와 판단뿐이었습니다.

반면 죄 있는 여자가 한 일은 아무도 주목하지 않고, 하고 싶어 하지 않던 종들의 일일 뿐이었습니다. 그러나 그녀는 그 일에 자신의 모든 것을 쏟아 부었습니다. 물 대신 눈물로, 수건 대신 머리털로, 감람유 대신 그보다 훨씬 값진 향유로 종의 일을 감당했습니다. 성경에서 이 여자만큼 작은 일에 충성한 종(마 25:21)이 또 있을까요? 그녀가 이렇게 할 수 있었던 것은 주님을 향한 감사와 사랑이 컸기 때문입니다. 그녀는 주님께 받은 은혜를 깨달아 아는 자였습니다.

이것이 바로 주님께서 우리에게서 찾으시는 헌신입니다. 우리 모두가 주님을 향한 감사와 사랑으로 모든 것을 쏟아 부어 충성을 다하는 주의 종이 되기를 간절히 소망합니다.

여전도회 헌신예배 3

오르바의 자리, 룻의 자리

_룻 1:6-18

성경은 66권으로 되어 있는데 그중 여성의 이름으로 된 것이 두 권 있습니다. 바로 룻기와 에스더입니다. 남성 중심적으로 보이는 성경의 세계에서 당당하게 여성의 이름으로 되어 있는 책이 있다는 것이 신선합니다. 이 중 에스더는 당시 제국의 왕후였습니다. 이 여인은 자기 민족이 위기에 처했을 때 목숨을 걸고 결단합니다. 그리고 지혜를 발휘해 자기 백성을 구원하는 놀라운 업적을 세웁니다. 반면 룻은 모압 지방에 살던 평범한 이방 여인입니다. 이스라엘 백성의 입장에서는 별 볼 일 없는 이방 여인에 불과한데, 하나님께서는 이 룻을 통해 이스라엘의 위대한 왕 다윗을 이 땅에 보내십니다. 물론 그 과정에서 룻도 위대한 결단과 지혜를 발휘합니다. 오늘은 이 룻의 위대한 결단에 대해 함께 생각해 보고자 합니다.

룻을 알려면 먼저 나오미에 대해 알 필요가 있습니다. 나오미는 유대인으로 원래 베들레헴에 살던 사람이었습니다. 그녀에게는 남편 엘리멜렉과 두 아들이 있었습니다. 이들은 자신들이 살던 땅에 기근이 들자 모압으로 이주해 그곳에 정착합니다. 그런데 그곳에서 10년의 시간을 보내면서 불행한 일들이 벌어집니다. 남편이 먼저 죽고, 두 아들도 자식 없이 죽고 맙니다. 그러다 보니 나오미는 두 며느리만 데리고 살게 됩니다. 그러던 중 고향 땅에 하나님께서 양식을 주셨다는 소식을 듣게 되고, 결국 두 며느리와 함께 고향인 베들레헴으로 다시 돌아가기로 결심합니다. 여기까지가 룻기 1장 1-5절의 내용입니다.

오늘 본문은 이들이 베들레헴으로 돌아오는 과정에서 벌어진 일입니다. 나오미가 두 며느리에게 호의를 베풉니다. 자신을 따라오지 말고, 본인들의 고향으로 돌아가 재혼하고 잘 살라는 것입니다. 나오미의 이 말은 진심이었을 것입니다. 정말 며느리들이 잘되기를 바라는 마음으로 권면했을 것입니다. 두 며느리도 괜찮은 사람들이었습니다. 잘됐다 생각하며 돌아가지 않고 오히려 나오미를 따르겠다는 것입니다. 나오미는 다시 한번 두 며느리를 설득합니다. 그러자 결국 오르바는 그 권면을 받아들여 고향으로 돌아갑니다. 그러나 룻은 자기는 죽어도 어머니를 떠나지 않겠다고 말합니다. 중요한 것은, 여기서 오르바와 룻의 운명이 갈린다는 것입니다. 룻은 결국 다윗의 조상(룻 4:18-22)과 더 훗날 예수님의 조상(마 1:1-5)이 되어 성경에 영원히 자기 이름을 남기는 여인이 됩니다. 심지어 룻은 자신의 이름으로 된 성경이 있을 정도니 대단한 일입니다. 반면 오르바는 이때를 기점으로 역사에서 사라지고 맙니다.

모압 여인 룻이 자신의 고향을 떠나 하나님의 땅인 베들레헴에 정착하고, 훗날 보아스를 만나 기업을 이어 갈 수 있었던 이유는 무엇일까요? 룻의 믿음 때문이라고 말하는 사람도 있지만, 그것은 설득력이 약한 듯합니다. 나오미 가정이 신실한 신앙을 가지고 있었던 것으로 보이지도 않고(룻 1:1, 4), 나오미를 따르겠다는 룻의 고백에서 강조되는 것은 하나님이라기보다는 어머니이기 때문입니다(16-17절). 나오미도 룻의 신앙이 아니라 "자기와 함께 가기로 굳게 결심함을 보고"(18절) 더는 돌아갈 것을 권면하지 않았습니다.

그렇다면 룻이 나오미 곁에 남았던 이유는 무엇일까요? 아마도 의리 때문이 아니었을까 생각합니다. 자신의 처지도 어렵기는 마찬가지지만 나이 많은 시어머니를 홀로 두고 떠날 수는 없다는 '의리' 때문이었을 것입니다. 다른 말로 하면 '측은지심', 즉 불쌍히 여기는 마음입니다. 누군가를 향해 측은지심이 생기면, 당장 자신의 형편을 돌보기도 빠듯한 상황임에도 자신의 것을 나누고 베풀게 되는 것입니다. 그리고 그 마음이 우리를 의의 길로 인도하기도 합니다. 나오미를 향한 그 마음 때문에 룻이 베들레헴으로 향하게 되었고, 결국은 하나님께로 나아가게 되었던 것으로 보입니다.

사실 이 땅에 오르바와 같은 사람이 얼마나 많습니까? 오르바는 나쁜 사람이 아닙니다. 지극히 현실적인 사람입니다. 나오미에 대한 안타까움이 있었지만 자신의 형편을 먼저 챙겼을 뿐입니다. 그러나 그것만으로는 의의 길에 설 수 없습니다. 하나님께서 우리를 불쌍히 여기시고 자신을 희생하기로 결정하셨듯이, 우리도 교회 안에 있는 사역의 빈자리를 보면서 안타까운 마음으로 그 자리를 지킬 때 하나님께서 우리를 의의 길, 복된 길로 인도해 주실 것입니다.

교사 헌신예배 1

진정한 스승

_고전 4:14-17

오늘날 많은 사람이 이 시대에는 진정한 스승이 없다고 말합니다. 인생의 소중한 가치를 깨달으려면 바르게 가르쳐 줄 참된 스승이 필요하다는 것은 너무나 분명한 사실인데, 현실은 그렇지 못하니 안타까운 일입니다. 이것은 비단 교회 밖의 이야기만은 아닐 것입니다. 그런 의미에서 오늘은 말씀을 통해 진정한 스승이란 어떤 사람인지 생각해 보려 합니다.

첫째, 진정한 스승은 희생하는 사람입니다. 바울은 문제가 많았던 고린도 교회를 위해 고린도전서를 썼습니다. 그러면서 그들을 부끄럽게 하려고 '이것'을 쓰는 것은 아니라고 설명합니다(14절). 여기서 말하는 '이것'은 본문 바로 앞(고전 4:9-13)에 기록된 바울 일행이 당한 일을 가리킵니다. 한마디로 그들의 희생하고 헌신한 모습을 말합니다. 그는 지금 자신과 동료들이 복음을 전하고 교회를 세우기 위해 온갖 고초를 겪었다고 말하는 것입니다.

스승은 제자를 세우기 위해 희생도 마다하지 않는 사람입니다. 자신의 것을 다 챙기고서는 올바른 제자를 키워 낼 수 없습니다. 옳은 일에는 반드시 희생이 따릅니다. 자신의 시간을 내야 하고, 가진 것을 희생해야 합니다. 그럴 때 의미 있는 열매가 맺히는 것입니다.

바울은 그런 희생에 대해 생색내지도 않습니다. 즉, 고린도 교회를 부끄럽게 하려고 자신이 이것(자신이 겪은 고초)을 쓰는 것이 아니라, 오직 권면하려 하는 것이라고 말합니다. 그는 교회를 세우고 복음을 전하기 위해 감당한 어려움을 자랑하거나 알아 달라고 하지 않습니다. 참된 스승은 자신이 한 희생을 희생이라 생각하지 않습니다. 오히려 당연히 할 일로 여깁니다. 이것이 바울을 통해 볼 수 있는 진정한 스승의 모습입니다.

교회도 잘되려면 희생하는 성도가 많아야 합니다. 서로 시간을 내고 은사를 사용해야 합니다. 이러한 희생이 없으면 교회의 사역이 제대로 이루어지지 않습니다. 이렇게 사역을 위해 기꺼이 희생하는 교사가 많을 때, 교회는 예수님을 믿는 참제자로 넘쳐나게 됩니다.

둘째, 진정한 스승은 제자를 낳는 사람입니다. 본문 15절에는 '일만 스승'과 '아버지'라는 두 단어가 대비되어 있습니다. 여기서 말하는 일만 스승은 말로만 가르치는 사람을 가리킵니다. 즉, 제자의 인격과 삶에까지 영향을 미치는 존재는 아닙니다. 반면에 아버지로 비유되는 교사는 다릅니다. 말만이 아니라 인격과 삶으로 가르치며, 제자를 자식 돌보듯 합니다. 말로만 가르치는 스승은 일만 명인데 이런 아버지 같은 교사는 많지 않습니다.

바울은 '그리스도 예수 안에서 내가 너희를 낳았다'고 말합니다. 참된 스승은 제자를 '낳는' 사람입니다. 육적인 아이를 낳는 것처럼 영적인 생명을 낳는 데도 엄청난 고통이 수반됩니다. 한 생명을 주님께 나아오게 하려면 얼마나 큰 수고를 해야 하는지 모릅니다. 그러므로 교사는 그냥 몇 마디 권면해 보고는 안 된다며 포기해서는 안 됩니다. 산고의 고통을 겪기까지 수고를 다함으로 생명을 탄생시키는 아버지 같은 교사가 되어야 합니다.

셋째, 참된 스승은 본받을 수 있는 사람입니다. 본문 16절에서 바울은 자신을 본받으라고 말합니다. 얼핏 교만하게 들릴 수도 있는 말입니다. 사실 자신이 아니라 주님을 본받으라고 해야 하지 않을까요? 그러나 좀 더 생각해 보면 바울처럼 말하는 것이 맞습니다. 사실 주님을 본받으라고 말하면 더 쉽습니다. 자신의 말에 대한 책임이 없어지기 때문입니다. 그러나 바울은 자신을 본받으라고 함으로써, 자신의 삶으로 증명한 기독교를 가르치려는 책임 있는 자세를 보이는 것입니다.

교사는 다른 사람을 가르치기에 앞서 자신이 먼저 말씀대로 살아야 합니다. 자신은 그렇게 하지 못하면서 무책임하게 다른 사람들에게는 주님을 본받으라고 하면 안 됩니다. 바울처럼 책임감 있게 자신을 본받으라고 말할 수 있어야 합니다.

바울은 디모데전서 3장 2절에서 감독의 자격 중 하나로 가르치기를 잘해야 한다고 말합니다. 가르치기를 잘한다는 것은 고전 헬라어에서 배우기를 잘한다는 뜻이기도 합니다. 잘 가르치려면 잘 배워야 하는 것입니다. 배운다는 것은 곧 자신을 먼저 가르친다는 뜻입니다. 자신을 먼저 잘 가르쳐야 다른 사람도 가르칠 수 있습니다.

오늘날 교회에서 가르치는 자리에 있는 많은 사람이 주님을 본받으라고만 할 뿐, 자신의 삶으로 본을 보이는 데는 많이 부족합니다. 그래서 교회에 문제가 많은 것입니다. 그러므로 가르치기 전에 자신이 먼저 그 가르침대로 사는 스승이 되십시오. 자신의 가르침에 책임을 지는 교사가 되십시오.

말로만 가르치는 스승이 많은 이 시대에, 오늘 헌신하는 교사들은 제자들을 위해 기꺼이 희생하고, 그들이 생명을 얻기까지 아버지와 같이 섬기며, 스스로 자신의 가르침의 본을 보여 바울처럼 '나를 본받으라'고 말할 수 있는 진정한 교사가 되기를 소망합니다.

교사 헌신예배 2

아들의 이름에 담긴 신앙

_창 5:28-29

오늘 본문은 라멕이라는 사람이 아들을 낳고, 그 이름을 '안위함'이라는 의미의 '노아'라고 지었다는 내용입니다. 라멕이 노아의 이름을 지으며 고백한 신앙은, 우리가 세대를 거듭해 가면서도 지켜 나가야 할 믿음의 요체가 무엇인지에 대해 말해 줍니다. 교회학교에서 가르쳐야 하는 것도 바로 이러한 신앙입니다.

라멕의 이 신앙고백은 단순한 교리적 명제가 아니었습니다. 여기에는 라멕이 가지고 있던 살아 있는 신앙의 실체가 담겨 있습니다.

첫째, 라멕의 신앙고백에는 그가 눈으로 보고 경험했던 이 땅의 현실에 대한 이해가 들어 있습니다. 라멕은 이 땅에서의 삶을 '수고롭게 일하는' 것으로 표현합니다. 인간이 살아가는 것이 이처럼 깊은 탄식을 자아낼 정도로 수고로운 일이라고 본 것입니다. 라멕이 말하는 수고는 무엇보다 하나님을 두려워하지 않는 가인 계보의 자손들(창 4:12-24)이 문명과 문화를 주도하던 세상에서 경건을 지키며 살아가는 수고였습니다. 하나님과 동행하고(창 5:24), 이 땅에 사는 동안 하나님을 기쁘시게 하는 자라는 증거를 받았지만(히 11:5), 이 세상에서는 분깃을 얻지 못한 라멕의 할아버지 에녹이 바로 그렇게 살았습니다. 에녹은 세상의 죄악에 물들지 않고자 매일 분투했지만, 이 땅에서는 어떤 영구한 분깃도 얻을 수 없었던 외국인과 나그네처럼 살았습니다. 라멕은 그런 할아버지의 삶을 보며 수고롭게 일하는 인생의 탄식을 배운 것입니다.

둘째로 라멕의 신앙고백에는 그가 눈으로 보고 경험한 것만이 아니라, 귀로 들었던 이야기들이 반영되어 있습니다. 즉, 그는 사람이 경험하는 이러한 인생의 수고로움의 배경에 하나님의 저주가 있음을 고백합니다. 라멕은 이 땅에서 많은 불의와 악한 일, 인생의 수고로움과 탄식을 경험했을 뿐 아니라, 할아버지 에녹과 같은 경건한 조상들로부터 우리가 아무리 수고하고 땀 흘려도 이 땅에서 참되고 영구한 분깃을 얻을 수 없는 이유에 대해 들었습니다. 조상 아담의 타락과 그에 대한 하나님의 저주와 심판을 들은 것입니다. 즉, 그는 죄에 대한 심판으로 인간이 하나님이 본래 아름답게 지으신 에덴과 생명나무에서 멀어져, 아무리 수고해도 죽음과 썩어짐을 도무지 면할 수 없는 수고롭고 비참한 삶을 살게 되었다는 것을 알았습니다. 라멕의 신앙고백은 이처럼 인생의 수고 배후에 있는 죄와 저주로 인한 상한 마음을 표현한 것이었습니다.

이것이 바로 살아 있는 참된 신앙입니다. 우리도 참된 신자라면 라멕과 같이 죄와 저주 아래 있는 인간에 대해 보고 들은 바에 따른 애통함과 상한 심령을 가질 수밖에 없습니다. 그리고 이러한 신앙을 우리에게 맡겨 주신 다음세대에까지 전해야 합니다. 우리가 경험하는 이 땅의 현실과 성경을 통해 듣는 말씀은, 라멕이 경험했던 현실이나 조상들에게서 들었던 말씀과 전혀 다르지 않습니다. 하지만 안타깝게도 오늘날 교회의 많은 사람이 그와 같은 상한 심령에 기초한 신앙이 무엇인지 알지 못합니다. 그러니 당연히 교회에서 영혼을 책임지는 자리에 있으면서도 그 신앙을 전하려는 진심과 열정이 없습니다. 아무리 시대가 변해 이런 모습이 교회의 전반적인 흐름이 되었다 해도 그것은 옳지 않습니다.

다음세대에 대한 우리의 책임은 하나님의 말씀을 전할 뿐 아니라, 날마다 눈으로 보는 이 땅의 현실과 귀로 듣는 그 말씀을 서로 연결하지 못하는 무감각함을 깨우는 것입니다. 그러려면 우리 자신이 먼저 깨어나야 합니다. 그리고 이것을 진정한 복음으로 전해야 합니다. 이 세상에서 날마다 사망의 냄새를 맡으며 살아가는 다음세대에게, 그 모든 수고로움 배후에 있는 죄와 그로 인한 하나님의 저주를 가르쳐야 합니다. 이것을 불필요한 일로 여기는 것은, 하나님이 저주 아래 있는 죄인들을 위해 주신 복음을 저버리는 배도와도 같은 일입니다. 우리는 우리 자신과 다음세대를 위해, 이 땅의 수고로운 현실 너머에 있는 우리의 죄와 그에 대한 하나님의 저주를 깨닫고 탄식하는 상한 심령을 구해야 합니다.

라멕에게는 바로 이처럼 복음을 복음으로 듣는 참 신앙이 있었습니다. 더 나아가 라멕은 깊은 탄식과 애통함 속에서도 "이 아들이 안위하리라"라고 고백합니다. 이는 '여자의 후손'에 대한 하나님의 약속(창 3:15)을 아담과 하와, 셋 그리고 에녹에 이르는 선조들에게서 듣고 구원의 소망으로 붙든 믿음의 고백입니다. 라멕은 죄와 사망의 냄새가 진동하는 이 세상에서 여자의 후손에 대한 하나님의 말씀에 소망을 둔 것입니다.

우리 역시 속히 상한 심령을 가지고 이 복음을 향한 절절한 신앙을 회복해야 합니다. 여자의 후손으로 오신 예수 그리스도의 승리가 우리에게 진정한 생명과 위로를 주는 승리임을 믿고 그것을 전합시다. 교회 안에서 자라나는 다음세대가 죄악이 가득한 세상에서 하나님과 동행하는 경건한 자손이 되도록, 먼저 우리가 참 신앙에 굳게 서서 우리가 받은 이 복음을 힘써 전합시다.

교사 헌신예배 3

가르치며 배우는 교사

_딤후 3:14-17

'교사'는 그 뜻으로만 본다면 '가르치는 스승'을 말합니다. 지금은 그 위상이 많이 떨어졌지만 과거에는 '군사부일체'라는 말이 있을 정도로 임금과 스승과 부모를 같은 예우로 대했습니다. 그만큼 다음세대를 가르치는 교사는 단순히 지식만 전수하는 것이 아니라, 그 사람의 미래를 가르고 한 나라의 운명을 좌우하는 매우 중요한 일을 한다고 할 수 있습니다. 세상의 학문을 가르치는 교사가 그렇다면, 하물며 영원한 진리인 하나님의 말씀을 가르치는 교회학교 교사의 사명은 더 말할 것도 없습니다.

오늘 본문에 의하면, 우리가 가르쳐야 하는 성경은 능히 우리로 하여금 믿음으로 말미암아 구원에 이르는 지혜가 있게 하고, 교훈과 책망과 바르게 함과 의로 교육하기에 유익하며, 따라서 하나님의 사람으로 온전하게 합니다.

성경은 우리가 세상에서 어떻게 해야 성공하고 인정받는지에 대해서는 관심이 없습니다. 오히려 모든 사람이 겪고 있는 인생의 문제에서 어떻게 구원받을 수 있는지에 대해 가르치고 있습니다. 마치 세상의 학문이 병의 통증을 완화해 주거나 외적인 것을 좀 더 그럴듯하게 꾸며 주는 것이라면, 성경은 우리 안에 있는 병의 근원을 해결해 주거나 내적인 성품을 온전하게 해주는 것이라고 볼 수 있습니다. 어떤 것이 더 중요한 가르침이겠습니까? 당연히 병의 근원을 해결하고 인격을 잘 다듬어 줄 수 있는 성경입니다.

성경은 우리로 하여금 교훈과 책망과 바르게 함과 의로 교육하도록 해줍니다. 이는 우리가 성경을 통해 옳은 길이 무엇인지 배우기도 하고, 혹 그 길에서 이탈했을 때는 어디서 잘못됐는지 깨닫고 돌이키게 된다는 뜻입니다. 그래서 우리가 마침내 바르고 의로운 길로 나아갈 수 있게 된다는 것입니다. 이는 마치 운전할 때 내비게이션이 우리를 목적지까지 안전하게 안내해 주는 것과 비슷합니다. 혹 실수와 부주의로 길을 잘못 들어섰다면, 내비게이션이 바로 그것을 우리에게 인지시켜주고 다시 목적지로 향하는 길을 안내해 주는 것처럼, 성경 역시 실시간으로 우리 삶을 옳은 길로 인도해 주는 역할을 한다는 것입니다. 그러므로 매일 하나님의 말씀을 읽고 묵상하는 습관이 필요합니다. 그것이 인생에서 먼 길로 돌아가는 어리석음을 방지하는 지혜입니다.

그렇다면 성경이 우리를 데리고 가고자 하는 목적지가 어디입니까? 하나님의 사람으로 온전하게 되는 것입니다. 하나님께서 보실 때 가장 온전한 사람은 누구입니까? 바로 예수님이십니다. 즉, 우리를 예수님처럼 살아가도록 인도해 주는 것이 바로 성경입니다. 예수님께서는 어떻게 하나님 보시기에 온전하실 수 있었습니까? 하나님 말씀에 순종하셨기 때문입니다. 우리 역시 성경에서 얻는 지식 때문에 온전해지는 것이 아닙니다. 그 말씀에 순종해야 예수님처럼 온전해질 수 있습니다.

우리는 세상에서 중요하게 여기는 국어, 영어, 수학 등을 가르치도록 부름 받은 교사가 아닙니다. 다음세대에 성경을 가르치는 교사로 부름 받은 것입니다. 이 일이 왜 중요합니까? 하나님께서는 우리 교회의 다음세대 역시 하나님을 믿는 구원받은 백성이 되고 의로운 길에 섬으로 예수님과 같이 온전한 사람이 되기를 바라시기 때문입니다. 그래서 우리가 연약하고 부족하지만 교사로 헌신해 성경을 가르치고자 애쓰는 것입니다.

우리의 다음세대에 성경을 교육하는 것이 너무나 중요하다는 사실을 다시 한번 강조하며, 오늘 헌신하는 교사들에게 덧붙여 권면합니다. 교사로서 먼저 하나님의 말씀인 성경에 사로잡히길 바랍니다. 성경이 주는 영적 유익을 확신함으로 성경을 더 가까이하고 그 가르침대로 살아가려 노력해야 합니다. 그럴 때 우리 자신은 물론 우리가 섬기는 다음세대도 성장하는 것입니다. 모든 교사와 다음세대가 그 은혜를 함께 누리길 소망합니다.

찬양대 헌신예배 1

성도가 부를 최고의 노래

_시 150:1-6

찬양대 헌신예배를 드리며, 입술만이 아니라 삶으로 드리는 예배와 찬양이 무엇인지 시편의 마지막 장을 통해 생각해 보려 합니다. 이 시편 150편은 마치 우리가 인생의 마지막에 이를 때까지 지켜 가야 할 신앙의 모습을 보여 주고 있는 듯합니다.

첫째, 전체 시편이 찬양으로 끝나고 있습니다. 시편의 마지막 장인 본문에는 '찬양하다'라는 단어가 무려 13회나 사용됩니다. 전체 시편을 이처럼 찬양으로 마무리하고 있다는 것은 매우 의미가 있습니다. 흔히 이 마지막 장을 시편 1편과 연결합니다. 즉, 복 있는 사람은 여호와를 찬양하는 것으로 모든 것을 마친다는 것입니다. 중간에 인생의 시련이나 어려움과 관련된 다양한 시편이 있지만, 마지막은 찬양으로 마치고 있기 때문입니다.

우리 인생의 마지막 결론도 찬양이어야 합니다. 우여곡절이 많은 인생이지만 결국은 하나님을 찬양하는 것으로 마쳐야 합니다. 찬양이 무엇입니까? 하나님이 우리 인생의 모든 것을 인도해 주셨다는 고백이요, 감사입니다. 그래서 인생의 마지막에 영광과 찬양을 돌리는 것입니다.

성도가 천국에서 하는 일도 궁극적으로는 찬양입니다. 모든 성도가 함께 모여 하나님과 어린 양께 경배와 찬양을 드립니다(계 7:9-12). 요한계시록 7장의 기록에 의하면, 흰 옷을 입은 큰 무리가 나아와 하나님께 찬양을 드리는데, 이들은 큰 환난에서 나온 자들입니다. 즉, 힘든 일을 겪지 않았기 때문에 이들이 찬양하고 감사하는 것이 아닙니다. 모두가 큰 환난을 겪었습니다. 그럼에도 찬양과 감사를 드립니다. 하나님의 은혜를 알기 때문입니다.

하나님 없는 인생은 결정적으로 이 찬양과 감사가 없습니다. 하나님의 존재와 역사하심을 믿지 않으니 모든 것을 자기나 다른 사람, 또는 운명 탓으로 여길 수밖에 없습니다. 그래서 감사보다는 원망이나 불평 같은 부정적인 것이 그 마음을 차지합니다. 이것이 신앙이 있는 사람과 없는 사람의 가장 큰 차이입니다.

1950년대에 스코틀랜드에 짐을 내려 놓고 포르투갈의 리스본으로 돌아가던 포도주 운반선에서 있었던 일입니다. 한 사람이 부주의로 그만 냉동고에 갇히고 말았습니다. 목적지에 도착해 냉동고 문을 열자 그는 이미 동사한 상태였고, 벽면에는 그가 못으로 남긴 일기가 적혀 있었습니다. '몸이 점점 얼어붙고 있다. 나는 곧 죽을 것이다.' 그런데 놀라운 것은 냉동고의 온도가 영상 19도였다는 것입니다. 하역을 마친 냉동고는 전원이 꺼진 상태였고, 심지어 그 안에는 먹을 것도 충분했다고 합니다. 부정적인 생각이 스스로를 죽인 것입니다. 우리는 인생을 부정적인 감정이나 생각이 아닌 찬양과 감사로 채워 가야 할 것입니다.

둘째, 찬양에 모든 악기가 동원됩니다. 시편 기자는 목소리만이 아니라 모든 악기로 하나님을 찬양하라고 말합니다. 본문 3-5절에는 각종 악기가 등장합니다. 가능한 모든 악기를 총동원해 찬양하라는 것입니다. 악기를 동원하는 이유가 무엇이겠습니까? 하나님을 입술로만 찬양하기에는 부족함을 느끼기 때문입니다. 하나님께서 베푸신 은혜를 입술로만 표현하기에는 한계가 있고 충분하지 않아서입니다. 하나님의 위대하심을 더 크게 높이 드러내고 싶어 다양한 악기를 동원하는 것입니다.

우리 역시 그저 입술만이 아니라 우리의 모든 것을 다해 하나님을 찬양해야 합니다. 우리가 가진 모든 것으로, 우리 삶의 전 영역에서 하나님께 영광을 돌려야 합니다. 하나님은 우리가 마음과 성품을 다해 그분을 섬기기를 원하십니다(수 22:5).

교회에서의 신앙생활로 주님께 영광 돌리는 것으로는 부족합니다. 삶의 모든 영역에서 찬양하고 영광을 돌려야 합니다. 먹든지 마시든지 무엇을 하든지 하나님의 영광을 위해 해야 하는 것입니다(고전 10:31).

신기하게도 감사는 하면 할수록 더욱 커지고 충만해집니다. 그리고 삶의 더 많은 영역에서 감사하고 영광을 돌릴수록 더 큰 기쁨을 얻게 됩니다.

본문 마지막 6절은 호흡이 있는 자마다 여호와를 찬양하라는 말로 끝을 맺습니다. 여기서 '호흡이 있는 자'는 '생명이 있는 모든 것'을 의미합니다. 즉, 호흡만 있어도, 생명만 있어도 하나님을 찬양해야 하는 것입니다. 호흡은 생존의 가장 기본입니다. 그러므로 가장 기본적인 것에서 출발해 우리의 모든 것을 다해 하나님을 찬양하고 영광 돌리라는 것입니다. 우리 모두가 입술만이 아니라 삶의 전부로 하나님을 찬양하며 살아가길 소망합니다.

찬양대 헌신예배 2

이렇게 찬송하라

_엡 5:15-21

    교회는 주님이 원하시는 자들을 그 뜻대로 불러, 자신의 영광을 위해 이 땅에 세우신 주님의 소유입니다. 주님께서는 자기 피로 사신 교회를 통해 이 세상에 복음을 전함으로 모든 믿는 자에게 구원을 주시는 능력을 나타내시고, 교회는 이런 주님의 선하신 뜻과 크신 능력을 경험해 가며 크고 선하신 하나님을 찬양합니다. 그러므로 우리가 찬송할 때 가장 중요한 것은 노래 실력이나 음악적 은사가 아니라, 교회로서 우리가 가진 이러한 정체성입니다.

    오늘 본문에서 바울은 에베소 교인들에게, 주님의 뜻이 무엇인지 이해해(17절) 술 취하거나 다른 방탕한 쾌락을 추구하지 말고, 오직 주님의 말씀과 성령의 인도하심을 받는 기쁨으로 마음을 채우라고 권합니다(18절). 다시 말해, 전에는 어둠이었고(엡 5:8), 세상 풍조와 육체의 욕심을 따르는 진노의 자녀(엡 2:2-3)였던 우리를 교회로 부르신 뜻이 무엇인지 분별해, 그 부르심에 합당하게 행하라는 것입니다(엡 4:1). 이것이 바울이 오늘 본문 15-16절에서 "그런즉 너희가 어떻게 행할지를 자세히 주의하여 지혜 없는 자같이 하지 말고 오직 지혜 있는 자같이 하여 세월을 아끼라 때가 악하니라"라는 말로 권하는 구체적인 내용입니다.

하나님을 대적한 죄로 인해 저주와 진노 아래 있는 이 악한 세대에서 건짐 받은(갈 1:4) 교회로서 우리가 부르심에 합당하게 행해야 할 일 가운데 하나는 찬양입니다. 하나님을 찬양하는 일은 우리의 삶에서 매우 입체적으로 행해져야 합니다. 찬양은 하나님의 뜻을 따르는 선한 삶, 즉 주님께서 보이신 겸손과 온유로 서로를 대하고 용납하면서, 주님의 몸인 교회로서 피차 그리스도의 장성한 분량에까지 자라가는 성도의 존재와 삶을 표현하는 일종의 비유로도 사용될 수 있습니다. 그러나 우리에게 주신 입술을 통해 문자 그대로 '노래'로 드려야 하는 것이기도 합니다. 본문 19절은 이런 찬양을 "시와 찬송과 신령한 노래들로 서로 화답"하는 것과 "마음으로 주께 노래하며 찬송"하는 것으로 구체적으로 표현합니다.

본문은 우리가 입술을 통해 소리 내어 부르는 찬송이 전해지는 대상을 두 가지로 말합니다. 먼저 찬송은 '서로'를 향해 전해집니다. 한 몸인 교회 안에서, 한 소망을 가지고, 한 분이신 주님과 하나님을 섬기며, 동일한 은혜를 알고 기뻐하며 그 안에서 만족하는 성도들의 찬송은, 다른 성도들을 위로하고 격려하는 유익한 도구가 됩니다. 우리가 정성껏 준비한 찬송은 예배와 경건한 모임에서 이처럼 복되게 사용됩니다.

그뿐 아니라 하나님을 기뻐하고 마음으로 하나님께서 행하신 놀라운 일들을 기억하며 목소리로 고백하는 '노래'는 '하나님'께 드려집니다. 하나님은 그분이 주신 생각과 마음으로 주님의 일을 기억하고 이해하는 우리의 지성과, 그 모든 일에 감사하며 즐거워하는 우리의 정서를 기쁘게 받으십니다. 하지만 하나님께서는 우리의 목청을 지으시고, 음악을 통해서도 아름답게 구성되어 표현될 수 있는 모든 질서와 조화를 만드시며, 공기를 통해 퍼져나가는 소리의 울림을 창조하신 분이기도 합니다. 즉, 하나님은 그분의 은혜를 이해하고 기뻐하는 우리의 지성과 정서를 담아 만든 노래와 찬송을 통해 높이 받기를 기뻐하십니다.

우리는 먼저 이러한 찬송을 교회 안에서 다른 믿음의 지체들과 함께 하나님께 올려 드릴 수 있도록 하신 하나님의 구속의 은혜를 기억해야 합니다. 성부, 성자, 성령 삼위일체 하나님께서 우리의 구속을 위해, 그리고 우리를 교회로 부르시기 위해 행하신 일들을 부지런히 살피고 묵상해, 그것으로 우리의 심령이 채워지게 하십시오. 이것이 찬송을 위해 부르심 받은 자들(엡 1:6, 12, 14)에게 있어야 할 가장 중요한 모습입니다. 찬송이 결코 우리 자신을 뽐내거나 드러내는 수단이 되지 않도록 주의하십시오. 오직 우리의 찬송이 참된 신앙 안에서 서로를 위로하고 격려하는 수단으로 사용되고, 우리의 마음까지 살피시는 하나님이 기뻐 받으시는 노래가 되기를 구하십시오.

찬송할 때마다 하나님과 다른 사람들을 향해 바울이 권하는 다음과 같은 두 가지 마음과 태도가 우리 자신의 인격에서 확고해지기를 구하십시오. 곧 범사에 주 예수 그리스도의 이름으로 항상 하나님 아버지께 감사하는 것(20절)과 주님을 경외함으로 피차 복종하는 것(21절)입니다. 우리 교회와 찬양대가 늘 이러한 마음가짐으로 하나님을 찬송하기를 소망합니다.

찬양대 헌신예배 3

기쁨과 슬픔 사이의 찬양

_룻 2:3-4

정말 기쁜 일이 있으면 우리는 찬양이 절로 나옵니다. 기쁨을 찬양으로 표현할 수 있다는 것은 좋은 일입니다. 심신이 건강하다는 뜻이기 때문입니다. 반면 애통한 마음을 노래에 담아 표현할 수도 있는데 이를 애가라고 합니다. 삶이 고달프고 마음이 슬플 때 그 심정을 노래에 담아 표현하고 나면, 어느 순간 복잡했던 생각이 단순해지고 심연에 가라앉았던 마음이 다시 수면으로 올라와 일어설 용기를 얻기도 합니다. 기쁜 일이든 슬픈 일이든 자신의 진실한 심정을 노래에 담아 표현하는 것은 사람에게 매우 도움이 되는 듯합니다.

오늘 본문은 찬양과는 별 상관이 없는 것처럼 보입니다. 너무 평범하고 일상적인 내용이라 여기에 어떤 찬양의 의미가 있을지 의아할 수도 있습니다. 본문에서 시어머니를 따라 베들레헴에 온 모압 여인 룻은, 추수하다 떨어진 이삭이라도 주워 먹고 살아야겠다는 생각으로 들로 나가 추수가 한창인 어떤 밭에 들어갑니다. 소개를 받고 간 것도 아니고, 아는 사람도 없기 때문에 룻은 정말 아무 밭이나 들어갔습니다. 그런데 그곳은 보아스라는 사람의 밭이었습니다. 이 사실을 어떻게 알았을까요? 룻이 이삭을 줍고 있는데 보아스가 그 밭에 나타났기 때문입니다. 이것이 오늘 본문의 내용 전부입니다. 정말 찬양과 아무 관련이 없는 내용인 것처럼 보입니다.

그러나 여기서 두 단어에 주목해 보고자 합니다. 하나는 3절의 '우연히'라는 단어입니다. 룻이 보아스의 밭을 찾아간 것은 어떤 계획이나 특별한 의도에 의한 것이 아니었습니다. 눈에 보이는 대로 들어갔는데 '우연히' 보아스의 밭이었던 것입니다. 또 하나의 단어는 4절의 '마침'입니다. 역시 어떤 계획에 따른 것이 아니라 '마침' 보아스가 그 밭에 왔습니다. 만약 룻의 '우연히'와 보아스의 '마침'이 없었다면 룻과 보아스는 만날 수 없었을 것입니다. 혹 룻이 우연히 다른 사람의 밭에 들어갔고(얼마든지 그럴 수 있었을 것입니다), 보아스가 마침 그때가 아니라 다른 날에 그 밭에 왔다면(보아스는 유력한 사람이라 관리해야 하는 땅도 많았을 것입니다), 이 둘은 만나기 어려웠습니다. 즉, '우연히'와 '마침'이 모여 필연과 숙명을 만들어 냈다는 것입니다. 이는 곧 하나님께서 룻과 보아스를 이끌어 그날 그 시간에 그 밭에서 운명처럼 만나게 하셨다는 뜻이기도 합니다. 너무나 자연스러운 개별적 결정이었는데, 지나고 보니 하나님의 자로 잰 듯한 인도하심이었다는 것을 깨달을 때, 우리는 놀라며 감탄하게 됩니다. 하나님에 대한 경이와 경탄으로 절로 찬양이 나오는 순간이기도 합니다.

바울은 이방인 선교 사역을 하면서 매우 안타까웠습니다. 이방인들은 복음에 열려 있어 많은 사람이 하나님의 나라로 들어오는데, 오히려 자기 민족인 유대인들은 복음을 거부해 하나님나라에서 멀어지는 것처럼 보였기 때문입니다. 하나님께서 유대인들을 버리신 것 같아 바울은 고통하며 신음합니다. 그런데 어느 순간, 이방인의 충만한 수가 하나님께로 돌아오면 그때 유대인들도 복음을 받아들이게 될 것(롬 11:11-12, 25-27)이라는 하나님의 놀라운 섭리를 깨닫게 됩니다. 그리고 그 순간 탄성이 터져 나옵니다. "깊도다 하나님의 지혜와 지식의 풍성함이여, 그의 판단은 헤아리지 못할 것이며 그의 길은 찾지 못할 것이로다"(롬 11:33). 현실에서는 아무것도 변한 것이 없지만 바울은 절망에서 소망과 놀라움으로 찬양하게 된 것입니다.

우리가 기쁠 때든 슬플 때든 찬양하는 것은 당연하지만, 이는 과장되게 비유하면 라디오에 음량 단계가 두 개밖에 없는 것과 같습니다. 사실 감정은 기쁨과 슬픔 둘만 있는 것이 아닙니다. 그 외에도 무수한 일상적 감정이 있습니다. 이는 곧 우리 삶에 음량 단계가 많이 있어야 한다는 것입니다. 그리고 그 모든 일상적 상황에서도 늘 찬양하려면 삶에서 하나님의 섭리를 발견해야 합니다. 이를 위해서는 우리의 시선을 새롭게 하고, 모든 것을 하나님의 관점으로 볼 수 있는 안목을 키우는 것이 필요합니다. 영적 안테나를 높이 올려 날마다 모든 상황에서 일하시는 하나님의 흔적을 발견해야 합니다. 마치 보물찾기를 하는 어린아이처럼 말입니다. 우리 모두가 일상에서도 하나님을 찬양할 많은 흔적을 발견함으로 늘 찬양과 함께 살아가기를 소망합니다.

제직회 헌신예배 1

하나님이 요구하시는 제직의 자세

_수 1:1-9

제직 헌신예배를 맞아 하나님께서 여호수아에게 주신 말씀을 통해 하나님이 교회를 섬기는 지도자들에게 요구하시는 자세가 무엇인지 생각해 보고자 합니다.

첫째, 사명으로 일해야 합니다. 하나님의 일은 자신의 능력이 아니라 사명으로 감당하는 것입니다. 이 말은 사명을 주신 분이 하나님이시기에 그분을 믿고 감당해야 한다는 뜻입니다.

본문에서 하나님은 모세의 뒤를 이어 이스라엘 백성을 인도하게 된 여호수아에게 두려워하지 말고 강하고 담대하라고 여러 번 말씀하십니다. 아마도 여호수아에게 두려움이 있었던 것 같습니다. 사실 이스라엘 백성을 가나안으로 인도하는 것은 모세도 완성하지 못한 일입니다. 그런데 그런 일을 감당하려니 두려움이 앞섰던 것입니다. 그러나 그런 여호수아에게 하나님은 이스라엘 백성으로 하여금 가나안 땅을 차지하게 하겠다고 거듭 약속하시면서(3-4, 6절) 강하고 담대하라고 말씀하십니다.

이것이 바로 사역자가 자신의 일을 감당할 수 있는 비결입니다. 하나님의 일은 사명으로 감당하는 것이지, 자신의 능력으로 하는 것이 아닙니다. 즉, 하나님이 명하셨으니 그분의 능력을 믿고 하는 것이지, 자신의 능력에 대한 자신감으로 하는 것이 아니라는 말입니다. 하나님의 일은 하나님이 해나가십니다. 우리가 할 일은 그것을 믿고 자신의 연약함에도 나아가는 것입니다. 이것이 진정한 사역자의 자세요, 사명으로 일한다는 말의 의미입니다. 사실 우리보다 뛰어난 사람은 많습니다. 그러나 중요한 것은 하나님께서 우리에게 그 일을 맡기셨다는 것입니다. 그러므로 사역자는 누구 앞에서도 주눅 들지 않고 자신의 일을 감당해야 합니다.

하나님의 일을 맡은 자에게 필요한 것은 충성뿐입니다(고전 4:2). 사명자는 자신의 능력이 아니라 충성으로 일하는 것입니다. 하나님은 각자의 능력에 따라 사명을 맡기십니다. 그러므로 우리가 할 일은 그것을 믿고 충성하는 것뿐입니다. 이것이 곧 사명으로 일하는 것입니다.

둘째, 말씀으로 일해야 합니다. 하나님께서는 여호수아에게 항상 함께하실 것을 약속하시면서 유일하게 한 가지를 요구하셨습니다. 곧 율법을 다 지켜 행하고, 우로나 좌로나 치우치지 말며, 그것을 주야로 묵상하라는 것입니다. 이는 이스라엘 백성 전체를 향한 말씀이기도 하지만, 일차적으로는 여호수아 자신에게 주신 것입니다.

교회의 제직은 다른 사람을 가르치기 전에 먼저 자신을 가르쳐야 합니다. 교회에서 어떤 일을 맡았든 제직은 일차적으로 개인의 경건을 기본으로 일해야 한다는 것입니다. 직분의 크기나 역할보다 무엇을 기본으로 일하는지가 더 중요합니다. 하나님과의 개인적인 만남을 통해 말씀을 듣지 않는 목사, 장로, 집사는 직분자로서 자격이 없습니다. 바쁘다는 핑계로 기도나 말씀 묵상 등 개인 경건에 힘쓰지 않는 직분자는 그리스도의 참된 일꾼이 아닙니다.

초대교회에서 집사 직분(제직의 기원)이 생긴 이유도, 이들에게 구제 사역을 맡기고 사도들은 말씀 사역과 기도하는 일에 전념하기 위해서였습니다(행 6:2-4). 무엇이 우선인지 알아야 합니다. 요즘 교회에는 하나님과의 개인적인 만남이 없는 직분자가 많습니다. 그래서 교회가 빠르게 세속화되고 있는 것입니다. 직분자는 행정가가 아닙니다. 경건의 사람이어야 합니다. 바쁘다고 성경 안 읽고, 새벽기도 빠지고, 교회도 안 나오면 신앙이 병든 것입니다. 다니엘은 세 나라의 다섯 명의 왕을 총리로 섬긴 사람입니다. 그러나 그는 그 바쁜 중에도 하루 세 번 예루살렘을 향해 기도했습니다. 그렇게 하면 사자 굴에 던져 넣는다는 것을 알고도 기도하기를 멈추지 않았습니다. 그리고 그것이 다니엘을 하나님께 귀하게 쓰임받는 사람으로 만든 것입니다.

셋째, 목표로 일해야 합니다. 본문 3-4절에서 제시된 땅은 하나님께서 아브라함 때부터 주시겠다고 약속하신 것으로 가나안 지경을 말합니다. 그러나 현실은 암담합니다. 광야생활 40년 동안 불순종한 출애굽 1세대는 모두 죽고, 지도자 모세도 죽었습니다. 오늘날 우리가 겪는 문제도 이와 비슷합니다. 성경이 제시하는 목표와 우리의 현실은 늘 괴리가 있습니다. 이때 우리의 믿음은 흔들립니다. 그러나 믿음의 사람은 현실이 암담해도 하나님이 주신 목표로 일합니다. 성경은 믿음은 바라는 것들의 실상이요, 보지 못하는 것들의 증거라고 말합니다(히 11:1). 믿음은 미래가 현재의 삶이 되게 합니다. 지금 아무것도 이루어지지 않았지만 마치 모든 것이 이루어진 것같이 살게 합니다.

세계적인 유태인 임상심리학자 브리즈니츠는 인간의 희망에 관해 한 가지 실험을 했습니다. 이스라엘 육군 훈련병들을 4개 조로 나누어

완전무장 상태로 20킬로미터를 행군하게 했습니다. 1조에는 행군 거리를 알려주고 5킬로미터마다 잔여 거리를 공지했습니다. 2조에는 단순히 먼 거리를 행군하겠다고만 알렸습니다. 3조에는 15킬로미터를 행군한다고 했다 중간에 20킬로미터라고 변경 통지를 했고, 4조에는 25킬로미터를 행군한다고 했다 도중에 20킬로미터 행군으로 단축한다고 발표했습니다. 이 상황에서 각 조 병사들이 받은 스트레스를 검사했습니다. 결론적으로 20킬로미터라는 정확한 행군 거리와 중간에 남은 거리를 알면서 행군한 그룹이 가장 적게 스트레스 받았고, 행군 거리를 전혀 알지 못하고 참여한 조가 가장 크게 스트레스를 받았다고 합니다. 이 실험은 인간이 정확한 희망과 목표를 인식할 때 갖게 되는 힘이 있음을 보여 줍니다. 분명한 목표를 가지고 사는 사람과 그렇지 않은 사람은 인내력과 성취 면에서 큰 차이가 있는 것입니다. 주어진 현실이 암담해도 주님이 주신 분명한 소망과 목표를 바라보며 믿음으로 일하는 사람은, 그것이 눈앞에 실현되는 날을 반드시 볼 것입니다.

우리 모든 제직이 자신의 능력이 아닌 사명으로 일하고, 개인 경건에 힘씀으로 말씀으로 일하며, 암담한 현실이 아닌 하나님이 주신 목표를 바라보며 일하는 충성스러운 일꾼이 되기를 소망합니다.

제직회 헌신예배 2

우리에게 주신 공동체적인 사명

_엡 2:20-22

오늘 본문이 말하는 것처럼, 교회는 사도들과 선지자들의 터 위에 세우심을 입은 우리 그리스도인을 가리키며, 주 안에서 서로 연결되어 주님께서 친히 모퉁잇돌이 되신 성전, 곧 하나님이 거하실 처소가 되어 가는 공동체입니다.

교회로서 우리는 세상 사람들과 다른 싸움을 하며 살아갑니다. 먼저 개인적으로는 죄악이 가득한 이 땅에서 우리 몸을 하나님이 기뻐하시는 거룩한 산 제물로 구별해 드리고, 마음의 변화를 받아 하나님의 선하시고 기뻐하시고 온전하신 뜻이 무엇인지 분별하고 따르기 위해 싸웁니다(롬 12:1-2). 그러나 우리의 싸움은 그런 개인적인 삶에만 있지 않습니다. 주님께서는 우리 '교회'에도 공동체적인 싸움을 명하셨습니다. 물론 이 싸움은 우리 개인적인 싸움과도 긴밀하게 연결되어 있습니다. 공동체적인 싸움에서 실패하면 개인적인 싸움에서도 승리할 수 없습니다. 그만큼 공동체적인 싸움은 하나님의 백성 모두에게 중대한 사명입니다.

그렇다면 하나님의 백성이 감당해야 할 이 공동체적인 사명이란 무엇일까요? 그것은 바로 우리가 교회로 세워져 가는 것, 곧 성령 안에서 하나님이 거하실 처소가 되기 위하여 그리스도 예수 안에서 함께 지어져 가는 것입니다(22절). 사실 우리를 교회로 세워져 가게 하는 주체는 우리 자신이 아니라 하나님이십니다. 그러나 하나님은 이 일을 그분의 말씀과 성령에 대한 우리의 인격적인 반응, 곧 순종을 통해 하십니다. 하나님은 그분의 은혜와 능력으로 우리를 교회로 세워 가시는 그 일에 우리를 참여시키시는 것입니다. 이것이 하나님이 자기 백성들에게 맡기신 공동체적인 사명이요, 싸움의 실체입니다.

주님께서는 먼저 열두 사도를 비롯한 제자들에게 교회를 세우라는 사명을 주셨습니다. "그러므로 너희는 가서 모든 민족을 제자로 삼아 아버지와 아들과 성령의 이름으로 세례를 베풀고 내가 너희에게 분부한 모든 것을 가르쳐 지키게 하라"(마 28:19-20). 이 지상명령은 복음을 전해 영혼을 구원하는 데서 그치는 것이 아니라 그 이상의 명령으로, 그것을 통해 교회를 세우라는 것입니다. 사도들의 가르침을 따라 믿고 세례를 받으며, 주님이 말씀하신 모든 것을 따르는 교회를 세우라는 명령입니다. 즉, 복음을 전하는 것이 최종 목적이 아닌 것입니다. 복음 전파의 목적은 교회를 세우는 것에 있습니다.

간혹 교회가 예수님의 의도와 상관없이 세워진 공동체라고 말하는 사람이 있습니다. 그러나 성경은 그렇게 말하지 않습니다. 주님이 제자들에게 맡기신 가장 큰 사명은, 이 땅에 교회를 세우는 것이었습니다. 그리고 바로 그 일을 위해 제자들에게 복음을 맡기신 것입니다. 복음을 전하기 위해 교회가 있는 것이 아니라, 교회를 세우기 위해 복음을 전하는 것입니다.

예수님의 제자들은 바로 이 일을 위해 부르심 받았고, 그들의 터 위에 선 우리도 마찬가지입니다. 우리에게 예수 그리스도가 선택사항이 아니라면, 교회를 세우는 것도 역시 그렇습니다. 누구든지 예수 그리스도를 믿는 자는 교회로 부르심 받은 것이며, 그 자신이 교회로 세워져 갈 뿐 아니라 주님의 몸인 교회 역시 함께 세워 가야 하는 사명과 싸움으로 부르심 받은 것입니다. 바로 이것이 우리가 주님을 따르는 자로서 주님의 권능을 힘입어 감당해야 할 공동체적인 사명입니다. 무엇보다 교회의 중직을 맡은 우리에게는 이 같은 사명에 더욱 실천적 책임이 있는 것입니다.

하나님이 우리에게 주신 공동체적인 사명은 이 땅에 교회를 세워 가는 것입니다. 물론 이 일을 시작하고 실제로 가능하게 하는 분은 하나님이십니다. 하지만 하나님께서는 이 일을 위해 우리처럼 헌신된 자들의 수고와 인내를 사용하십니다. 우리 모든 제직이 주님께서 기뻐하시는 교회로 세워 가는 이 일에 대한 연합된 마음과 지혜를 얻어 공동체적인 사명을 잘 감당하기를 바랍니다.

제직회 헌신예배 3

나실인 같은 제직

_민 6:1-12

　제직은 주님이 피 흘려 사신 교회를 잘 섬기도록 하나님께서 따로 세우신 자들입니다. 우리 자신을 보면 자격도 능력도 없는 것 같아 염려되기도 하겠지만, 주님께서는 일을 맡기실 때 감당할 만한 능력도 함께 주십니다. 그 믿음을 가지고 하나님의 은혜를 구하면서 맡겨진 일을 잘 감당하시길 바랍니다. 오늘은 본문의 나실인에 관한 법을 살펴보면서 우리가 제직으로서 어떻게 헌신해야 하는지 생각해 보고자 합니다.

　먼저 나실인은 레위인이나 제사장처럼 태어날 때부터 따로 정해지는 직분이 아닙니다. 또 남자에게만 허락된 것도 아닙니다. 남자든 여자든 특별한 서원을 함으로써 자신을 나실인으로 드릴 수 있었습니다(2절). 즉, 자신이 하나님을 위해 특별히 헌신하고 싶은데 레위인이나 제사장 혈통이 아니라면, 나실인으로 서원하고 자신을 구별해 드림으로 헌신할 수 있었던 것입니다.

　제직들이 바로 이 나실인과 같다고 할 수 있습니다. 우리도 태어나면서부터 구별되거나, 신학을 하고 전문 사역자의 길에 들어선 것이 아니라, 스스로 특별한 서원을 통해 하나님께 헌신하기로 자원했기 때문입니다. 안수로 세워진 직분자라 해도 인생의 어느 순간 교회의 부르심에 자원하고 특별한 서원을 드린 것이라면 모두 제직이라 할 수 있으며, 그런 면에서 우리는 나실인과 같은 헌신자인 것입니다.

나실인에게서 가장 중요한 원칙은 자신의 몸을 구별해 하나님께 드린다는 것입니다(2절). 그 구체적인 규율은 세 가지인데, 모두 서원한 날 동안에만 해당됩니다. 첫째, 포도주와 독주를 멀리하고 포도와 관련된 것을 먹지 않는 것입니다. 둘째, 삭도를 절대로 자신의 머리에 대지 않는 것입니다. 셋째, 시체를 가까이하지 않는 것입니다. 심지어 부모가 돌아가셨을 때라도 그렇습니다.

나실인 규정의 핵심은 이처럼 자신의 몸을 구별해 하나님께 드린다는 것입니다(2, 4-8, 12절). 이는 제직들도 마찬가지입니다. 우리는 하나님께서 주신 복음에 감격하고 감사해 주님을 위해 무엇인가를 하고자 헌신한 사람들입니다.

당시 레위인이나 제사장은 사람들에게 존경도 받고, 생계를 위해 백성들에게서 십일조나 제물의 일부도 받았습니다. 그러나 나실인은 그런 것이 전혀 없었습니다. 오히려 많은 제약이 있을 뿐이었습니다. 포도와 관련된 것을 금해야 하고, 머리를 자를 수 없으며, 심지어 부모가 돌아가셨을 때조차 시신을 가까이할 수 없었습니다. 온통 제약과 불편함뿐이었습니다. 그런데 왜 나실인이 되고자 하는 사람이 있었을까요? 다른 이유가 없습니다. 하나님을 사랑하는 마음 때문입니다. 그래서 어떻게 해서든 하나님을 위해 뭔가를 하고 싶었던 것입니다. 다른 사람들이 하는 것만으로는 자신의 사랑과 헌신의 마음을 보여 드릴 수 없기에 뭔가 '더' 하고 싶었던 것입니다. 이것은 자랑이나 교만이 아닙니다. 누군가를 절실히 사랑해 본 사람이라면 충분히 알 수 있는 감정이고 헌신입니다.

　　제직으로서 헌신의 결단도 중요하지만 그보다 더 중요한 것은 하나님을 사랑하는 마음입니다. 그 사랑이 우리를 이 자리에 서게 하는 이유가 되어야 합니다. 그러므로 오늘부터 기도하십시오. "하나님, 제가 주님을 더 사랑하기를 원합니다." 제직들이 가장 먼저 해야 할 것은 바로 이 기도입니다. 이 마음이 있을 때 우리의 수고와 헌신이 아름답게 하나님께 드려질 수 있는 것입니다. 오늘 헌신하는 모든 제직의 마음에 늘 하나님에 대한 사랑이 가득하길 소망합니다.

유초등부 헌신예배 1

겨자씨와 누룩 같은 유초등부

_마 13:31-33

오늘은 유초등부 어린이들이 하나님께 헌신예배를 드리는 날이에요. 헌신예배는 특별히 우리가 하나님의 사람으로 마음을 다해 하나님을 따르겠다고 결심하며 드리는 예배랍니다. 오늘 본문에서 예수님이 천국에 관해 들려주신 말씀을 통해, 우리가 어떻게 하나님을 믿고 따라야 하는지 함께 생각해 보도록 해요.

첫째, 천국은 마치 겨자씨와 누룩 같아요. 오늘 본문에서 예수님은 천국에 대해 비유로 가르치고 계세요. '비유'라는 것은 쉽게 말해 '비교'라고 할 수 있어요. 그런데 예수님은 천국을 겨자씨와 누룩에 비유하셨어요. 그렇다면 어떤 면에서 겨자씨와 누룩이 천국과 닮았을까요?

겨자씨와 누룩은 모두 매우 보잘것없고 작은 것을 의미해요. 겨자씨는 매우 작아요. 심지어 다른 모든 씨보다도 작답니다. 또 누룩은 빵을 만들 때 발효시키기 위해 밀가루 반죽에 넣는 재료를 말해요. 보통 밀가루에 비해 누룩은 매우 적은 양이 들어가지요.

예수님은 이것이 이 땅에서의 천국의 모습이라고 말씀하셨어요. 천국은 죽어서 가는 곳만이 아니에요. 예수님이 천국은 우리 안에 있다고 하셨거든요(눅 17:21). 예수님을 믿으면 이미 우리는 천국의 삶을 살고 있는 거예요. 이것을 어려운 말로 '천국의 현재성'이라고 불러요. 물론 이렇게 살다 이 세상을 떠나면 영원한 천국에 가는 거지요. 그것은 '천국의 미래성'이라고 부릅니다.

예수님은 지금 겨자씨와 누룩의 비유를 통해 천국의 현재성을 말씀하시는 거예요. 즉, 천국은 지금 우리가 보기에는 너무나 보잘것없어 보인다는 것이지요. 어른들에게는 어린아이들이 아직 키도 작고, 힘도 없어 보잘것없게 보이는 것과 마찬가지예요. 이 세상 사람들의 눈에는 우리가 믿는 예수님과 기독교가 어리석고 보잘것없어 보일 때가 많아요. 그래서 기독교와 예수님을 무시하기도 하지요. 당연히 예수님이 하나님의 아들이라는 사실도 믿지 않고 거짓이라고 생각해요.

예수님이 지금 말씀하시는 것이 바로 이거예요. 우리가 믿는 예수님이나 천국이 세상 사람들이 볼 때는 겨자씨나 누룩처럼 너무나도 하찮고 보잘것없게 보인다는 것이죠. 물론 나중에는 큰 나무가 되고 가루 전체를 부풀게 하지만, 지금은 연약해 보인다는 거예요.

예수님이 왜 이렇게 말씀하실까요? 마음 굳게 먹고 예수님 믿으라는 거예요. 우리가 교회 다닌다고 지금 당장 모든 것이 바뀌는 것은 아니에요. 열심히 기도하는데도 부모님이 계속 다투실 수 있어요. 교회 잘 다닌다고 무조건 모든 일이 우리가 원하는 대로 되는 것도 아니에요. 좋은 일만 있는 것도 아니지요. 사실 그런 건 진짜 신앙이 아니지만, 그럼에도 지금은 예수님을 믿는다는 것이 정말 힘없고 별 볼 일 없게 보일 수 있어요.

그러나 낙심하거나 실망하지 말라고 말씀하시는 거예요. 결국엔 큰 나무가 되고, 가루 전체를 부풀게 할 거니까요. 어린이들이 지금은 비록 작고 연약하지만 다 크면 모두 훌륭한 어른이 되는 것과 같아요. 혹 예수님 믿지 않는 친구들이 교회 다니는 것을 무시하고 놀릴 때도 흔들리지 마세요. 예수님을 모르는 친구들 눈에는 우리가 그렇게 보이는 것이 당연해요. 그러나 그런 말에 절대로 속상해하거나 상처받지 마세요. 그래서 예수님이 지금 이 말씀을 하시는 거예요.

둘째, 천국은 작게 시작하지만 결말에는 반전이 있어요. 오늘 말씀에서 겨자씨와 누룩은 보잘것없고 작은 모습으로 시작했어요. 그러나 결말은 처음과 너무나 달라졌어요. 이런 것을 반전이라고 불러요. 시작과 끝이 너무 다를 때 '반전이 있다'고 하지요.

그럼 겨자씨와 누룩에 어떤 반전이 있었을까요? 씨 중에서도 가장 작은 겨자씨가 나무가 되어 새가 깃들고, 적은 누룩이 가루 전체를 발효시켜 부풀게 한 거예요. 이것이 바로 천국의 비밀이자 반전인 거예요.

여기서 중요한 것은, 처음에 비해 상상조차 할 수 없었던 일이 결말에 일어났다는 사실이에요. 이것이 바로 천국과 신앙의 비밀이에요. 사람들은 하나님이 하시는 일을 우습게 생각해요. 교회를 하찮게 생각하거나, 예수님 믿는 것을 조롱하는 사람들도 있어요. 이 반전을 알지 못하기 때문이지요. 그러나 우리는 이 결말에 주목해야 해요. 결국에는 상상조차 할 수 없었던 결과가 기다리고 있을 테니까요.

그런데 이것이 바로 우리의 이야기예요. 솔직히 우리가 지금은 겨자씨나 누룩처럼 작고 보잘것없지만, 열심히 예수님을 믿고 기다리면 결국에는 세상을 깜짝 놀라게 하는 일을 하는 멋진 하나님의 사람이 될 테니까요.

지금은 우리의 모습과 믿음이 마치 겨자씨와 누룩처럼 아주 작게 보이지만 결과는 전혀 그렇지 않을 거예요. 이것이 예수님이 오늘 이 비유를 통해 강조하신 점이에요. 이 사실을 믿고 끝까지 예수님을 잘 따라가길 바랍니다. 분명히 예수님이 준비하신 반전이 있을 거예요.

유초등부 헌신예배 2

참되게 예배하는 예배의 영웅

_창 4:4

　오늘은 성경의 가장 앞부분에 나오는 정말 멋진 하나님의 사람에 대해 이야기하려고 해요. 그 사람은 바로 아벨이에요. 아벨은 예배의 영웅이었어요.

　그렇다면 아벨이 누굴까요? 아벨은 아담의 아들이에요. 아담은 하나님이 만드신 첫 번째 사람이지요. 그런데 하나님은 처음 사람을 만드실 때 아담 한 사람만 만들지 않으셨어요. 아담과 함께 여자를 만드셨지요. 아담은 하나님이 지으신 그 여자의 이름을 하와라고 불렀어요. 하나님은 이렇게 아담과 하와 두 사람을 만드시고, 한 가족이 되게 하셨어요.

　아벨은 이 아담과 하와 사이에서 태어났어요. 아벨에게는 가인이라는 형도 한 명 있었지요. 아벨은 가인과 함께 아빠 아담에게 여러 가지를 배웠어요. 형 가인은 농사짓는 법을 배웠어요. 그래서 자라서는 땅을 부드럽게 하고, 씨를 뿌리고, 물을 주어 식물의 열매를 거두는 농부가 되었어요. 아벨은 양 치는 법을 배웠어요. 새끼 양을 어떻게 돌봐야 하는지,

먹이를 어떻게 주어야 하는지, 양들이 아프거나 위험할 때 어떻게 지켜 주어야 하는지를 배워 양 치는 사람이 되었어요.

그런데 가인과 아벨이 배운 건 그게 전부가 아니에요. 아담과 하와는 두 아들에게 더 중요한 것을 가르쳐 주었어요. 그건 바로 하나님이 누구신가 하는 것이죠. 아담과 하와는 두 아들에게 하나님은 온 세상과 자신들의 가족을 만드신 분이라고 가르쳐 주었어요. 그리고 그 하나님을 어떻게 예배해야 하는지도 알려 주었어요.

아담과 하와는 하나님은 거룩하신 분이라는 것도 가르쳐 주었어요. 거룩하다는 것은 죄가 없고 죄를 미워한다는 말이에요. 아담과 하와는 하나님의 말씀을 어기고 죄를 지어 죄로 더러워졌어요. 그래서 가인과 아벨도 죄로 더러워진 채로 태어났어요. 하지만 하나님은 거룩하신 분이에요. 죄가 없으시고 죄를 미워하시지요. 아담과 하와는 두 아들에게 자신들이 죄 때문에 에덴동산에서 쫓겨났다는 사실을 자세히 말해 주었어요. 죄 때문에 거룩하신 하나님과 함께 있을 수 없게 되었다고 가르쳐 준 거예요. 이렇게 가인과 아벨은 죄가 얼마나 무서운지 배웠어요.

아담과 하와는 하나님이 얼마나 은혜로우신지도 가르쳐 주었어요. 하나님은 거룩하시고 죄가 없으시지만, 죄인을 구원해 주시고 받아 주시는 분이에요. 그래서 아담과 하와는 에덴동산에서 쫓겨난 후에도 하나님께 예배할 수 있었어요.

하지만 죄인인 그들이 아무렇게나 하나님을 예배해도 되는 것은 아니었어요. 아담과 하와는 아들들에게 어떻게 하나님께 예배해야 하는지도 알려 주었어요. 예배는 '믿음'으로 드려야 해요. 하나님이 우리에게 모든 좋은 것을 주시고, 우리 죄를 용서해 주셨다는 것을 믿는 믿음으로 예배해야 하는 것이죠.

아담과 하와는 가인과 아벨에게 예배를 이렇게 가르쳐 주었어요. "얘들아, 하나님은 거룩하시면서도 은혜로우신 분이란다. 죄를 미워하시지만 죄인인 우리를 받아 주시는 분이지. 그래서 하나님께 예배할 때는 우리 죄를 회개하고, 우리에게 주신 가장 좋은 것을 드리며 감사해야 하는 거야."

그런데 가인은 엄마와 아빠가 들려준 말씀을 믿지 않았어요. 부모님이 알려 주신 대로 하나님께 예배는 드렸지만, 예배를 정말 중요하게 생각하지 않았어요. 예배를 받으시는 하나님이 어떤 분이신지, 어떻게 예배해야 할지 깊이 생각하지 않았던 거예요. 그래서 그냥 자기가 농사지은 곡식을 드리면서, '이렇게 예배하는 것만으로도 참 잘하는 일이지' 하는 마음이었어요. 가인은 하나님께 예배할 때조차 자기 자신을 사랑하고, 죄를 회개하지 않았어요.

하지만 아벨은 달랐어요. 아벨은 믿음으로 예배를 드렸어요. 아벨은 부모님이 말해 준 하나님의 거룩하심을 믿었어요. 또 죄인인 자신을 받아 주시는 하나님의 은혜를 믿었어요. 그래서 아벨은 자기 양들이 낳은 첫 새끼를 하나님께 정성껏 드리며 죄를 회개했어요. 그리고 자기와 같은 죄인에게 베풀어 주신 모든 은혜에 진심으로 감사했어요. 아벨은 예배할 때 하나님을 생각하고, 하나님을 높였어요!

가인과 아벨 중 누가 멋진 하나님의 사람일까요? 맞아요, 아벨이에요. 처음에 이야기했던 것처럼 아벨은 예배의 영웅이었어요. 아벨은 믿음으로 예배했어요. 진심으로 하나님께 감사하고, 죄를 회개했어요.

세상에는 두 종류의 사람이 있어요. 이 세상에 속한 사람과 하나님께 속한 사람이에요. 이 세상에 속한 사람은 하나님의 말씀을 듣고도 믿지 않아요. 하지만 하나님께 속한 사람은 하나님의 말씀을 믿고 믿음으로 예배하지요. 가인과 아벨은 똑같이 아담과 하와의 아들이었지만 서로 달랐어요. 가인은 믿음 없이 예배했고, 아벨은 믿음으로 예배했어요. 가인은 회개 없이 예배했고, 아벨은 죄를 회개하는 마음으로 예배했어요. 결국 하나님은 가인의 예배는 받지 않으시고, 아벨의 예배는 받아 주셨어요.

하나님은 우리에게 모든 것을 주신 분이고, 또 죄를 미워하시는 분이에요. 그래서 우리는 예배할 때마다 하나님께 감사드리고 죄를 회개해야 해요. 이것이 하나님이 기쁘게 받으시는 믿음으로 드리는 예배지요. 우리 모두가 가인이 아니라 아벨처럼 이렇게 믿음으로 예배드리기를 바랍니다.

유초등부 헌신예배 3

어린이가 어른이 되는 방법

_요 6:1-15

오늘은 유초등부 어린이들이 헌신예배를 드리는 날입니다. 이 자리에는 이제 막 초등학교에 들어간 1학년 동생들부터, 이제는 제법 중학생 같은 느낌이 나는 6학년 형·누나들까지 함께 있을 거예요. 아마 6학년의 입장에서 보면 1학년 동생들이 매우 어려 보이고, 1학년 동생들의 입장에서는 6학년이 매우 어른스러워 보일 겁니다. 그런데 어른들 입장에서 보면 6학년이나 1학년이나 모두 어린아이로 보여요. 어른들의 나이가 우리보다 훨씬 많기 때문이지요.

나이가 많다는 것은 단순히 오래 살았다는 것만을 의미하지 않아요. 사람이 나이를 먹어 가면서 그 책임도 점점 많아지기 때문이에요. 그래서 어른이 되면, 때로 하고 싶지 않은 것도 해야 하고, 반대로 하고 싶은 것도 참아야 해요. 그래서 어린이들이 부러울 때도 있어요. 좋아하는 반찬만 골라 먹고, 싫어하는 반찬은 안 먹고 싶은데 그럴 수가 없어요. 왜일까요? 주변 사람들이 놀리기도 하고, 편식이 건강에 별로 좋지 않다는 것을 알기 때문이에요. 그러나 어린이는 아직 그렇게 할 수 있지요. 어린아이라는 이유로 하고 싶은 것에 욕심을 내도 봐주고, 철없는 행동을 해도 좀 크면 달라지겠지 하며 너그럽게 기다려 주니까요.

그런데 오늘 본문을 보니 우리처럼 어린아이인데도 매우 어른스러운 행동을 하는 한 아이가 등장해요. 이 아이는 당시 매우 유명한 예수님이 사람들에게 말씀을 전해 주신다고 해서 그분이 계신 곳을 찾아갔어요(요즘으로 하면 아이돌 공연 현장에 갔다고 볼 수 있을 거예요). 집에서 꽤 먼 곳이기도 하고 시간도 많이 걸릴 것 같아, 아마 이 아이는 중간에 먹을 도시락으로 보리떡 다섯 개와 물고기 두 마리를 챙겨 간 것 같아요.

예수님은 정말 유명했어요. 많은 사람이 예수님을 만나 보고 말씀도 듣겠다고 모였으니까요. 이 아이도 앞자리에서 예수님의 말씀을 열심히 들었어요. 그런데 그 시간이 길어지면서 점점 배가 고파 왔어요. 이 아이뿐 아니라 그곳에 모인 다른 사람들도 배가 고팠겠죠. 예수님도 모인 사람들에게 뭔가를 좀 먹여야 하지 않겠냐고 제자들에게 말씀하셨지만, 오천 명이나 되는 많은 사람에게 식사를 제공할 방법이 없었기 때문에 제자들도 난처해하고 있었어요. 당연히 밥을 사줄 돈도 없었고, 있다 해도 그 많은 사람이 먹을 수 있는 분량을 어디서 사올 수 있겠어요?

우리가 이 아이라면 어떻게 했을까요?(이 아이에게는 도시락이 있었어요) 아마 눈치를 좀 보다 조용히 화장실 가는 척하면서 사람 없는 곳으로 가, 자기가 싸온 도시락을 혼자 조용히 먹을 수도 있었을 거예요. 너무 배가 고프기도 하고, 얼마 되지도 않은 음식을 그 많은 사람과 어떻게 나눠 먹을 수 있겠어요? 그런데 이 아이는 그렇게 하지 않았어요. 그곳에서 예수님께 어떤 말씀을 들었는지 모르겠지만, 이 아이는 얼마 되지 않은 자신의 도시락을 예수님께 드렸어요. 도시락이 뭐라고 했죠? 네, 맞아요.

고작 보리떡 다섯 개와 물고기 두 마리였어요. 그런데 예수님께서는 그 아이의 보리떡 다섯 개와 물고기 두 마리를 가지고 기도하셨어요. 그리고 그 많은 사람에게 그것을 나눠 주셨어요. 그런데 정말 놀라운 기적이 일어났어요. 제자들이 거기에 모인 사람들에게 필요한 만큼 음식을 나눠 주었는데 그 음식이 부족하지 않은 거예요. 나눠 줘도 자꾸 생겨나 결국 수많은 사람이 부족함 없이 배를 채웠어요. 성경은 그렇게 하고도 열두 바구니가 남았다고 말하고 있어요.

어른이라고 모두 어른다운 것은 아니에요. 반대로 어린이라고 모두 자기 욕심만 채우는 것도 아니지요. 우리는 아직 어리지만 얼마든지 자신의 도시락을 나눈 이 아이처럼 어른스러운(아니 어른보다 더 어른 같은) 일을 할 수 있어요. 예를 들어, 동생과 싸우기보다 양보해 주고, 친구들의 약점을 놀리지 않고 오히려 보호해 줄 때, 어린아이에서 어른의 자리로 나아갈 수 있는 거예요. 그러나 마냥 어린아이처럼 말하고 행동한다면 영원히 어린아이로 머물러 있을 수밖에 없지요. 우리 모두가 자신보다 주변을 돌아보고 자신의 것을 조금씩 양보하면서 멋진 어른으로 자라가기를 바랍니다.

중고등부 헌신예배 1

헌신은 마리아처럼

_요 12:1-8

오늘은 중고등부 헌신예배를 드리며, 예수님의 발에 향유를 부어 그 장례를 준비한 마리아의 고귀한 헌신을 통해 우리가 따라가야 할 신앙의 모습을 살펴보고자 합니다.

첫째, 마리아는 예수님이 알아 주시는 헌신을 했습니다. 오늘 본문에서 마리아가 예수님께 드린 향유는 나드 한 근, 곧 약 340밀리리터 정도의 꽤 많은 양이었습니다. 당시에는 향유가 비싸 보통 약 30밀리리터짜리 작은 병에 담았다고 합니다. 그러니 나드 한 근은 일반적으로 사용하는 계량의 약 12배에 해당하는 양이었던 것입니다. 그리고 한 나드의 값인 300데나리온은 보통 당시 노동자의 일 년 치 연봉에 해당하는 큰 금액이기에, 제자들 중에는 마리아의 이 헌신을 낭비라고 생각하는 사람도 있었습니다.

그렇다면 마리아는 왜 이런 헌신을 했을까요? 제자들은 누구도 생각지 못했지만, 마리아는 예수님의 죽음에 관한 말씀을 듣고 장례를 준비한 것입니다(7절). 마리아는 늘 예수님의 말씀을 귀담아 듣는 사람이었습니다(눅 10:39). 예수님은 이런 마리아의 마음을 알아 주셨습니다. 보통 유대인들은 시체에도 향유를 부었습니다. 그러니 이것은 낭비가 아닙니다. 믿음으로 예수님의 장례를 준비하며 거룩한 헌신을 한 것입니다.

이러한 마리아의 헌신을 통해 진정한 헌신이 무엇인지 생각해 보게 됩니다. 예수님과 3년 동안 같이 다니며 가장 가까이에서 지켜본 제자들조차도 마리아의 이 헌신의 의미를 깨닫지 못하고 비난하고 있습니다. 그럼에도 마리아는 예수님만 알아 주시는 헌신을 묵묵히 감당합니다. 진정한 헌신이란 이처럼 주님이 알아 주시는 헌신입니다. 우리도 마리아처럼 주님이 알아 주시는 헌신과 믿음생활을 할 수 있기를 바랍니다.

마리아가 이런 헌신을 할 수 있었던 것은 늘 주님의 말씀을 귀담아 들었기 때문입니다. 제자들도 예수님의 고난과 죽음에 대해 여러 번 들었지만, 그것을 귀담아 듣지는 않았던 것입니다. 심지어 예수님이 잡히시기 바로 전날에도 그들은 누가 더 높은지 자리다툼을 벌였습니다. 그러나 주님이 알아 주시는 진정한 헌신은 주님의 말씀을 귀담아 듣는 것에서 시작됩니다.

둘째, 마리아의 헌신은 사람들의 오해를 받았습니다. 예수님은 마리아의 헌신을 알아 주셨지만, 제자들은 오히려 그녀의 진심을 왜곡합니다. 헌신을 제대로 평가해 주지는 못할지언정 오해하고 곡해합니다. 특히 제자들 중 돈궤를 맡고 있던 가룟 유다는 그 돈을 훔칠 생각으로, 가난한 자들을 돕지 않았다며 그녀를 비방했습니다.

주님께 헌신하다 보면 사람들의 오해를 받는 경우가 종종 있습니다. 그것이 어떤 의도든지 간에 제멋대로 오해하고 왜곡합니다. 일반적으로 사람들은 자신이 안 하는 헌신을 다른 사람이 하면 비난하는 경향이 있습니다. 그것이 좋은 일인지 나쁜 일인지를 떠나 그저 자신을 힘들게 한다고 생각합니다. 그 사람 때문에 자신의 게으른 모습이 드러나기 때문입니다.

그래서 교회에서는 일하는 사람이 욕도 먹습니다. 어떤 사람이 앞장서서 헌신적으로 일하면 그 사람에게서 자극을 받으면 좋을 텐데, 오히려 어떻게든 끌어내려 하향 평준화하려 합니다. 그러면서 왜곡하고 말을 만들어 냅니다.

주님의 일을 제대로 하다 보면 오해도 받을 수 있습니다. 한나는 진심으로 기도했지만 영적으로 어두워져 있던 엘리 제사장에게 술에 취했다는 오해를 받았습니다. 때로는 가장 가까운 사람이나 그 일을 제일 잘 아는 사람이 오해를 합니다. 그러나 그런다고 주님의 일을 그만두면 안 됩니다. 주님의 일은 사람들의 칭찬을 기대하지 말고 해야 합니다. 그것이 헌신된 사람의 모습입니다.

마지막으로 마리아는 최고의 것을 드려 헌신했습니다. 마리아는 자신이 쓰다 남은 것을 예수님께 드린 것이 아닙니다. 자신의 전부와 같은 최고의 것을 드렸습니다. 예수님의 장례를 준비하는 것이기에 정성을 다해 드린 것입니다. 이처럼 자신의 최고의 것을 최선을 다해 드리는 것이 진정한 헌신입니다. 자신을 위해 쓰고 남은 시간이나 물질을 주님께 드리는 것은 헌신이라 할 수 없습니다.

헌신을 하려면 마리아처럼 해야 합니다. 우리도 주변 사람들의 평가나 시선과 관계없이 주님과의 관계에서 묵묵히 자신의 최고의 것을 드린 마리아처럼 헌신할 수 있기를 바랍니다.

중고등부 헌신예배 2

먼저 말씀을 듣는 자가 되라

_삼상 3:10

  학창시절은 이 세상과 사회로 나가기 전에 앞으로 해야 할 일을 구체적으로 고민하며 준비하는 아주 중요한 시기입니다. 그런데 이러한 준비 과정에서 반드시 먼저 분명히 해야 하는 것이 있습니다. 그것은 '나는 누구인가' 하는 정체성에 관한 문제입니다. 달리 말해, 소위 'doing'보다 'being'이 더 중요하고 우선적이라는 것입니다. 이 순서를 지키지 않으면 첫 단추부터 잘못 끼우게 됩니다. 아무리 많은 시간과 노력을 들여 어떤 '일'을 해내더라도, '존재' 곧 정체성이 잘못되었다면 그 일의 결과 역시 잘못될 수밖에 없습니다. 우리는 지금 자신이 누구인지에 대한 건강하고 신앙적인 이해를 가지고 있습니까?

  안타깝게도 많은 청소년이 '나는 누구인가' 하는 이 중요한 문제를 아예 진지하게 생각하지 않거나, 매우 잘못된 방식으로 생각하도록 하는 세상의 조언에 노출되어 있습니다. 이 세상은 늘 우리 내면의 명령, 곧 마음의 소리에 귀를 기울이라고 말합니다. 심지어 교회에서조차 교묘한 용어와 방식으로 이런 가르침을 전합니다. "여타의 옳고 그름의 기준에 얽매이지 말라. 당신이 원하는 것이 곧 답이요, 옳은 것이다. 하나님은 당신이 어떤 결정을 하든 지지하고 도와주실 것이다" 하는 식입니다.

이런 가르침에서도 '신앙'이나 '하나님' 같은 기독교적인 용어가 빈번하게 사용되지만, 그 정신은 매우 성경적이지 못합니다. 무엇보다 이런 가르침은 죄로 인해 손상되고 왜곡된 우리의 악한 본성에 대한 성경의 증언을 무시합니다. 오히려 우리의 본성을 신뢰하며 마치 하나님을 따르듯 본성을 따르도록 합니다. 또 범죄와 타락 이전에도 본래 하나님과의 관계에 의존적인 피조물로 지어진 인간의 성향을 부정합니다.

성경은 우리가 하나님과의 관계 안에서 그분의 말씀을 듣고 배워야 하는 인격적인 피조물이라고 가르칩니다. 우리는 자신이 누구인지, 무엇이 가치 있고 옳은 것인지 등에 대해 '들어야' 합니다. 하나님께 듣지 않으면 자신이 누구인지 올바로 알 수 없고, 바른 길도 갈 수 없습니다. 그러므로 우리는 무엇보다 본문의 사무엘처럼 하나님의 말씀을 듣는 자가 되어야 합니다. 우리의 삶이 "말씀하옵소서 주의 종이 듣겠나이다"라는 고백에서 시작되어야 합니다. 그럴 때 자신의 참 모습을 알게 되고, 사무엘처럼 세상에 유익한 하나님의 사람으로 세워지게 되는 것입니다.

그러나 세상은 이런 원리를 비웃고 우리 자신이 원하는 것에만 집중하도록 합니다. 그리고 이런 세상 정신이 심지어 교회에까지 스며들어, 하나님에 대해 말하는 것 같으면서도 정작은 그분을 우리가 원하는 일을 이루기 위한 수단 정도로만 여기게 만듭니다. 이는 하나님을 자신의 성공과 성취를 돕는 우상으로 취급하는 것으로, 하나님을 무시하는 악한 죄일 뿐입니다.

물론 우리가 처해 있는 신앙의 상황은 각각 다를 수 있습니다. 아직은 하나님께 듣고 싶은 마음이 없을 수 있습니다. 또 십자가 죽음으로 우리를 죄와 사망에서 건지신 예수 그리스도를 자신의 구주요 삶의 주인으로 믿고 하나님을 아버지로 부르는 사람도 있겠지만, 아직 그런 분명한 신앙 없이 부모의 믿음을 따라 이 자리에 오는 사람도 있을 것입니다. 특히 그런 사람이라면 반드시 기억해야 할 것이 있습니다. 아직 인격적으로 하나님을 경험하지 못했더라도, 그 역시 부모의 신앙을 따라 언약백성에 속해 있다는 것입니다.

하나님은 개인의 믿음을 통해 구원을 베푸시지만, 그 이전에 교회와 신자의 가정이라는 언약공동체 안에서 우리를 부르셔서 그 안에서 '듣도록' 하십니다. 하나님과 그분이 우리에게 허락하신 은혜와 언약에 대해 들으면서 자신이 누구이며, 이 땅에서 감당해야 할 사명이 무엇인지 구체적으로 배워 가게 하십니다. 우리는 그렇게 하나님의 말씀을 듣는 자로서, 말씀을 통해 정체성을 찾고 참된 인생의 길을 걸어가야 합니다.

하나님은 자신에게 나아와 은혜 구하는 자를 도와주십니다. 그러나 그 모든 도움은 하나님의 말씀을 듣는 것에서 시작됩니다. 물론 오늘날 하나님은 사무엘에게 하셨듯 직접 말씀하시는 것이 아니라, 기록된 말씀을 통해 듣게 하십니다. 그러나 기본적으로 요구되는 태도는 동일합니다. 이 땅에서 참되게 쓰임 받는 하나님의 백성은, 먼저 하나님의 말씀을 듣는 사람입니다. 우리 모두가 하나님의 말씀을 듣는 자로서 이 땅에서 각자에게 맡겨 주신 사명을 잘 감당하기를 소망합니다.

중고등부 헌신예배 3

고자질쟁이 요셉의 성공

_창 37:1-4

　오늘은 중고등부 헌신예배를 드리며 요셉이라는 인물에 대해 함께 생각해 보려 합니다. 아마 요셉에 대해서는 많이 알고 있을 것입니다. '요셉' 하면 생각나는 단어나 사건, 이미지가 무엇인가요? 아마 꿈꾸는 자, 채색옷, 애굽의 총리, 기근, 여자의 유혹을 이긴 자, 꿈 해몽 등이 떠오를 것입니다. 그럼 혹시 '고자질'이라는 단어는 어떤가요? 고자질이 무엇입니까? 누군가의 잘못이나 실수를 다른 사람에게 일러 바치는 얄미운 행동입니다. 아주 어린 나이에는 철없이 그렇게 하기도 하지만, 어느 정도 나이가 들면 그런 사람은 주위에서 따돌림 받는다는 것을 알게 되어 자연스럽게 삼가게 되는 것이 이 고자질입니다. 그런데 요셉은 그렇지 않았던 것 같습니다.

　요셉은 야곱의 열두 명의 아들 중 열한 번째 아들입니다. 위로 형이 열 명이나 있었다는 것입니다. 게다가 요셉은 야곱이 나이 들어 얻은 아들이라 형들과 달리 특별한 사랑을 받았습니다. 아버지 야곱은 요셉에게

만 다른 아들에게는 입히지 않은 명품 옷(채색옷)을 입히기도 했습니다. 그러다 보니 요셉은 형들의 시기와 질투의 대상이 되었습니다. 요셉이 눈치라도 있었다면 적어도 형들 앞에서는 그 옷을 입지 않았을 텐데, 그러기는커녕 형들이 들에서 일하고 있을 때도 자랑하듯 그 채색옷을 입고 나타나곤 했습니다(창 37:23). 더 큰 문제는 그가 형들의 잘못을 아버지에게 일러 바쳤다는 것입니다(2절). 흔히 말하는 고자질쟁이였던 것입니다. 요셉은 부모의 사랑을 너무 과하게 받아서인지 주변을 살필 줄 몰랐고, 자신의 행동이 어떤 결과를 불러올지도 전혀 생각하지 못했습니다. 한마디로 사회성이 결여된 것입니다. 그런데 더 놀라운 것은 당시 요셉의 나이가 예닐곱 살 정도가 아니라 열일곱 살이었다는 것입니다(2절).

만약 누군가 열일곱 살이나 됐는데도 이런 행동을 한다면 그는 혼자 지낼 가능성이 높습니다. 그와 어울릴 친구가 없기 때문입니다. 요셉도 마찬가지였습니다. 형들에게 미움을 받습니다. 그리고 아버지 모르게 형들에 의해 애굽에 노예로 팔려 갑니다. 그때부터 요셉의 인생은 고난이 시작됩니다. 부모의 사랑을 듬뿍 받고 왕자처럼 살다 낯선 나라에 노예로 팔려 갔으니 얼마나 고생이 많았겠습니까? 힘든 만큼 형들에 대한 원망도 매우 컸을 것입니다. 아마 남모르게 복수를 꿈꿨을지도 모릅니다. 그런데 놀라운 것은, 요셉이 이 고난의 시간을 통해 놀랍도록 성숙한 사람이 되었다는 것입니다. 과거에는 눈치 없이 자기 자신만 아는 유치한 청소년에 불과했는데, 고난의 시간을 거치면서 달라졌습니다. 요셉은 당시 가장 부유한 나라인 애굽의 총리로서 국가의 위기를 능숙하게 관리할 수 있을 정도로 실력과 인격을 갖춘 사람이 되었던 것입니다. 이제 이 같은 요셉의 이야기를 통해 두 가지를 생각해 보고자 합니다.

첫째, 고난은 자신의 의도와 상관없이 찾아올 수 있다는 것입니다.

요셉에게 잘못이 있다면 아버지의 편애를 받고 커 눈치가 없었다는 것입니다. 그러나 그것이 타국에 종으로 팔려 가고, 누명을 쓰고 감옥에 갇힐 만큼의 죄는 아닙니다. 어떻게 보면 요셉은 억울하게 종으로 팔려 가고, 하지 않아도 될 고생을 했습니다. 우리 중 누구도 고생을 원하는 사람은 없을 것입니다. 그러나 인생이라는 것이 자신이 원하는 대로만 되는 것은 아니지 않습니까? 중요한 것은 원치 않는 고난이 삶에 찾아왔을 때 어떻게 대처할 것인가 하는 것입니다. 요셉은 그 과정을 통해 인격과 지혜가 성장했습니다. 혹 현재 자신이 잘못한 것이 아닌데 어떤 고난의 과정을 통과하고 있는 사람이 있다면 이렇게 기도하길 바랍니다. "하나님, 이 고통이 빨리 지나가게 해주세요. 그러나 그럴 수 없다면 이 과정을 통해 저도 요셉처럼 인격과 지혜가 성장하게 해주세요."

둘째, 요셉은 고난 중에도 정직하고 성실했다는 것입니다. 요셉은 보디발 장군의 집에 노예로 팔려 갔지만 곧 그 집의 가정 총무가 될 정도로 정직하고 성실했습니다(창 39:4-5). 억울하게 감옥에 갇혔을 때도 정직하고 성실하게 생활해 간수장의 총애를 받았습니다(창 39:22). 그리고 이러한 시간을 통해 요셉은 생각지도 않게 애굽의 총리로서의 자질을 갖추어 갈 수 있었습니다.

우리는 얼마든지 성장하고 성공할 수 있습니다. 만약 인생에서 생각지도 못한 고난이 찾아오더라도 인격과 지혜를 훈련하는 기회로 삼기 바랍니다. 그러기 위해서는 주어진 상황을 회피하지 말고, 정직하고 성실하게 자신이 해야 할 일을 묵묵히 수행해야 합니다. 그러면 반드시 성장하고 성공할 수 있습니다. 하나님이 우리와 함께하심으로 형통한 길로 인도하실 것입니다.

청년부 헌신예배 1

무리와 제자

_눅 14:25-33

　최근 들어 개신교의 감소세가 눈에 띄게 뚜렷해지고 있습니다. 인구 감소 등 여러 요인이 있겠지만, 목회자를 비롯한 교회의 이미지가 나빠진 것도 그중 하나입니다. 교회의 신뢰도가 그만큼 낮아지고 있는 것입니다. 그러나 예수님께서 맡겨 주신 지상사역을 힘 있게 감당하려면 속히 교회가 본연의 모습을 회복해야 합니다. 그러기 위해서는 먼저 우리 각 사람이 예수님의 참 제자가 되어야 합니다. 교회가 참된 예수님의 제자들로 가득 차면 본연의 모습으로 자연스럽게 회복될 것입니다. 그렇다면 참된 예수님의 제자는 어떤 사람일까요?

　첫째, 참된 예수님의 제자는 채우는 것이 아니라 버리는 사람입니다. 본문은 예수님께서 수많은 무리와 함께 가시다 그들을 향해 돌이키셔서 말씀하셨다고 말합니다(25절). 당시 많은 사람이 예수님을 따랐습니다. 그러나 대개는 예수님의 채워 주심에 대한 바람을 가지고 있었습니다. 개인적인 필요 때문이든, 단순히 굶주린 배를 채우기 위함이든 모두 마찬가지입니다(요 6:24-26).

　예수님을 통해 자신의 것을 채우려는 사람은 소위 '무리'입니다. 이들이 예수님을 따르는 것은 무언가를 얻기 위해서입니다. 그러나 '제자'는 이들과 다릅니다. 자신의 것을 비우고 버립니다. 심지어 예수님은 제자의 조건으로 모든 소유를 버릴 것을 말씀하셨습니다(33절). 이것이 무리와 제자의 다른 점입니다.

　한국 교회의 미래를 걱정하시는 어떤 교계 원로께서 이런 말씀을 하셨습니다. "돈을 무시하는 것이 한국 교회를 살릴 대안이다. 교회는 돈이 전혀 중요하지 않은 곳이 되어야 한다. 건축도 검소하게 해야 한다. 남는 돈은 아프리카 등 어려운 곳을 도와야 한다." 교회도 비우기보다 채우려 해서 문제가 됩니다. 그러다 보니 교회가 외적으로 보이는 건물의 크기나 성도의 숫자에 연연해하는 듯합니다. 신앙도 점점 거룩한 영향력을 잃어 가고 있습니다.

　그러나 채우는 것이 아니라 비울 때, 교회든 성도든 참된 주님의 제자가 될 수 있습니다. 기독교는 채움의 종교가 아닙니다. 기독교 영성가 헨리 나우웬은, "그리스도인의 길은 세상이 전력을 기울이는 상향성의 길이 아니라, 십자가를 향해 가는 하향성의 길이다. 그것은 권력과 통제의 리더십이 아니라, 하나님의 고난받는 종 예수 그리스도가 보이신 무력함과 겸손의 리더십이다"라고 말했습니다. 세상의 것으로 욕심을 채우는 것이 아니라, 그리스도 안에서 자신을 버리는 것이 기독교입니다. 우리가 자신을 버리고 비울 때 세상은 우리를 통해 주님을 만나게 될 것입니다.

　둘째, 참된 예수님의 제자는 주님을 위한 삶의 결과를 미리 계산하는 사람입니다. 본문 26절의 '미워한다'는 상대적인 표현으로 '덜 사랑한다'

는 뜻입니다(참조. 마 10:37, '더 사랑하는 자'). 즉, 예수님을 믿는다고 무조건 가족과 원수가 되라는 뜻이 아닙니다. 가족도 중요하고 사랑해야 하지만 주님을 가장 사랑해야 한다는 뜻입니다. 즉, 상대적인 우선순위를 말하는 것입니다.

참된 제자는 이미 이런 계산을 끝낸 사람입니다. 즉, 주님을 위해 모든 것을 버릴 계산과 준비를 이미 끝냈다는 것입니다. 그래서 예수님이 본문에서 망대와 전쟁의 비유를 드신 것입니다.

그렇다면 왜 모든 소유를 버리라고 하셨을까요? 그 어떤 것도 주님보다 더 귀하게 여기지 않도록 준비시키기 위함입니다. 어느 하나라도 주님보다 더 귀한 것이 있다면 진정한 제자가 될 수 없기 때문입니다.

제자는 주님을 따르려면 무엇을 얻을지가 아니라 희생할지를 계산해야 합니다. 주님을 위한 삶은 평안만을 의미하지 않습니다. 주님을 위해 희생할 각오를 하고 있어야 합니다. 주님의 제자로서 감당해야 할 책임을 다할 마음을 가져야 하는 것입니다. 그리고 주님이 모든 것을 가져가셨을 때 실망하지 말아야 합니다.

셋째, 참된 예수님의 제자는 자기 십자가를 지고 주님을 따르는 사람입니다. 자기 십자가를 지는 데서 그치는 것이 아니라 그것을 지고 주님을 따라야 한다는 것입니다(27절). '자기 십자가'는 우리 각자가 져야 하는 인생의 고난과 어려움을 의미합니다. 자신의 인생의 고난을 감수하는 데서 그치지 않고, 그것을 지고 주님을 따르는 데까지 간 사람이 참 제자인 것입니다. 인생의 어려움에 주저앉아 자기 연민에 빠져 있는 사람은 참된 제자가 아닙니다. 삶이 힘들다고 늘 한탄하고 불평만 하는 사람 역시 마찬가지입니다. 그럼에도 주님을 따르는 사람이 참된 제자입니다. 그러므로 인생의 고난과 어려움을 만나도 거기에 머물러 있지 말고 앞으로 나아가야 합니다. 자기 십자가를 지고 예수님이 가신 길을 따라 전진해야 합니다. 이것이 참된 제자의 모습입니다.

참된 예수님의 제자는 주님을 따름으로 자신의 욕심을 채우는 것이 아니라, 주님을 가장 사랑하기에 기꺼이 모든 것을 버리고 희생합니다. 그리고 자기 십자가를 지고 주님을 따릅니다. 우리 모두가 이런 참된 예수님의 제자가 됨으로 교회가 본연의 모습을 회복하는 일에 작은 씨앗이 되길 소망합니다.

청년부 헌신예배 2

그리스도인의 삶의 기초

_엡 4:30-32

　세상에서 그리스도인답게 산다는 것은 쉬운 일이 아닙니다. 그리스도인이기 때문에 겪을 수밖에 없는 어려움이나 고민이 결코 적지 않기 때문입니다. 그러다 보니 아예 그리스도인이기를 포기하거나, 적당한 선에서 타협하고 살아가는 반쪽짜리 그리스도인도 많습니다. 그러므로 진정한 그리스도인으로 살고자 한다면 반드시 먼저 선행되어야 하는 것이 있습니다. 그것은 그리스도인이 누구인지 확실히 아는 것입니다. 이것이 분명하지 않으면 어떻게 그리스도인답게 살 것인가의 문제에서 아무리 치열하게 고민하고 애를 써도 실패할 수밖에 없습니다.

　세상에서 그리스도인으로 산다는 것은 단순히 우리 자신의 능력이나 의지의 문제가 아닙니다. 그것은 우리가 생각하는 것보다 더 만만치 않은 일종의 전쟁입니다. 그리고 이 전쟁은 혈과 육에 속한 것이 아닙니다. 바울은 이 싸움을 "통치자들과 권세들과 이 어둠의 세상 주관자들과 하늘에 있는 악의 영들을 상대"(엡 6:12)하는 것이라고 말했습니다. 즉,

눈에 보이지 않는 대상과 싸우는 것입니다. 그러므로 그리스도인으로 사는 것은 우리의 능력이나 지혜가 아니라 하나님을 의지해야 가능한 일입니다.

그러려면 먼저 그리스도인의 정체성, 즉 그리스도인이 누구이며 세상 사람과 무엇이 다른가 하는 문제에서 분명해야 합니다. 이론적으로만 이것을 이해하는 것이 아니라, 마음 깊은 곳에서부터 확신해야 합니다. 이 확신이 없는 상태에서 그리스도인으로 살고자 하는 것은 추상적이고 무의미한 일이 될 뿐입니다. 그저 자기 나름의 어떤 종교성이나 도덕성을 발휘하고, 스스로의 방식으로 자기 의를 추구함으로 다른 사람들과 비교하면서 자신의 정체성을 찾을 수밖에 없습니다.

오늘 본문 30절은 그리스도인이 누구인지에 대해 암시하고 있습니다. 여기서 바울은 "하나님의 성령을 근심하게 하지 말라"고 말합니다. 이어서 31절에서는 성령을 근심하게 하는 것이 무엇인지 구체적으로 열거합니다. 즉, "모든 악독과 노함과 분냄과 떠드는 것과 비방하는 것"과 "모든 악의"입니다. 모두 하나님이 미워하시는 죄입니다. 여기서 주목해야 할 사실은, 특히 그리스도인들이 범하는 이런 죄들이 하나님의 성령을 근심하게 한다는 것입니다. 성령께서 그들 안에 거하시기 때문입니다.

우리 그리스도인이 세상 사람과 다른 것이 바로 이 점입니다. 우리 안에는 성령께서 거하십니다! 이것이 우리를 세상과 구별되게 하는 가장 중요한 특징입니다. 바울은 로마서 8장 9절에서 "만일 너희 속에 하나님의 영이 거하시면 너희가 육신에 있지 아니하고 영에 있나니 누구든지 그리스도의 영이 없으면 그리스도의 사람이 아니라"라고 말합니다. 그 안에 하나님의 영, 그리스도의 영이 있는 자가 그리스도의 사람입니다.

바꿔 말하면, 성령이 우리 안에 계시지 않으면 우리는 그리스도인이 아닙니다. 그러므로 우리 안에 성령이 계신가 하는 것은 대충 얼버무리며 넘길 문제가 아닙니다.

이 문제를 회피하거나 거짓된 방식으로 확인하려 하지 마십시오. 우리는 성령이 어떤 분이며, 그 성령이 우리 안에 거하심을 어떻게 알 수 있는지를 참되게 배워야 합니다. 그리고 그것은 다른 어떤 신비적인 경험이나 은사 체험이 아닌 '성경'을 통해서만 가능합니다.

예수님께서는 요한복음 15장 26절에서 성령이 누구신지에 대해 가장 명확하게 설명해 주셨습니다. "내가 아버지께로부터 너희에게 보낼 보혜사 곧 아버지께로부터 나오시는 진리의 성령이 오실 때에 그가 나를 증언하실 것이요." 즉, 성령은 하나님의 영으로서 예수님에 대해 증언하는 분이라는 것입니다. 예수님이 누구시며, 우리를 위해 어떤 일을 하셨는지 깨닫게 하시는 분이 바로 성령입니다. 즉, 우리를 구속하신 예수 그리스도의 은혜와 영광을 나타내시는 것입니다. 그리고 우리로 하여금 예수님을 의지하고 따르게 하십니다.

그러므로 성령이 그 속에 거하는 자는 예수 그리스도의 영광을 '믿음'으로 바라보고 기뻐하며 찬송합니다. 어떤 고난에도 예수 그리스도의 은혜로 그분과 함께 상속 받을 영광을 바라보는 '소망'을 품게 됩니다. 예수님을 본받아 그분이 우리를 사랑하신 것같이 이웃을 '사랑'합니다. 삶에 이 믿음, 소망, 사랑이 있는 사람이 바로 그 속에 성령이 거하시는 참된 그리스도인인 것입니다.

우리 그리스도인이 세상과 구별되는 것은 그 안에 성령이 계시다는 것입니다. 우리 안에 이 성령이 계시기에 예수님을 구주로 고백하고 그 길을 따르고자 헌신할 수 있는 것입니다. 그리고 그 증거는 믿음과 소망과 사랑으로 나타납니다. 우리 모두가 그리스도인으로서 우리 안에 거하시는 성령을 따라 믿음, 소망, 사랑으로 살아가길 소망합니다.

청년부 헌신예배 3

너희 몸을 산 제물로 드리라

_롬 12:1-2

　머리에서 가슴까지의 실제 거리는 보통 30센티미터밖에 되지 않지만, 어떤 의미에서는 이 둘의 간격이 그보다 훨씬 크다고 합니다. 머리로 아는 것을 가슴으로 깨달아 행동하기가 쉽지 않다는 의미일 것입니다. 특히 청년의 시기는 '지식'은 있는데 그것을 실행할 '능력'은 아직 부족한 때라고 할 수 있습니다. 즉, 무언가를 몰라서 못 하는 경우는 드물다는 것입니다. 대개는 알면서도 행하지 않습니다. 그리고 그것이 문제가 되는 것입니다. 신앙에서도 마찬가지입니다. 그리스도인으로서 어떻게 살아야 하는지를 모르지 않습니다. 문제는 그렇게 살아가는 중에 실패를 반복하게 되면서 스스로 절망하게 된다는 것입니다. 그러다 보면 더는 노력하지 않게 됩니다.

　오늘 본문은 로마서 전체에서 복음의 내용과 확장을 다루는 부분(1-11장)과 복음을 알게 된 성도로서 어떻게 살아야 하는지를 다루는 부분(12-16장) 사이에서 연결고리 역할을 하고 있습니다. 복음의 내용과 복음적인 삶의 연결은 매우 중요합니다. 이 연결이 튼튼하면 복음과 삶이 원만하게 조화를 이루지만, 그렇지 않으면 이 둘은 각각 분리될 수밖에 없습니다. 오늘은 본문을 통해 복음의 내용과 복음적인 삶을 잘 연결할 수 있는 원리를 함께 나누고자 합니다.

바울은 본문 1절에서 우리 몸을 하나님이 기뻐하시는 거룩한 산 제물로 드리라고 권면합니다. 이 권면은 두 부분에 초점을 맞춰 생각해 볼 수 있습니다.

첫째는 우리 몸을 하나님께 드리라는 것입니다. 여기서 중요한 것은 '몸'입니다. 성도들의 싸움은 '몸'을 드리는 싸움입니다. 바울은 로마서 6장 13절에서, 우리 지체를 불의의 무기로 죄에게 주지 말고, 의의 무기로 하나님께 드리라고 말합니다. 신앙의 싸움을 보통 영적 싸움이라고 하는데, 이는 신비한 영역(영혼)에서만의 싸움을 말하는 것이 아닙니다. 우리의 몸(지체)을 무엇을 위한 도구로 드릴 것인지의 싸움도 포함합니다.

우리가 자신의 손으로 하지 말아야 할 일을 행하고, 자신의 발로 가지 말아야 할 곳을 간다면, 그것이 우리 지체를 불의의 무기로 드리는 것입니다. 이는 우리의 손과 발로 악을 대행하는 것과 같습니다. 또 입으로 거짓을 말한다면 그 입은 악을 행하는 도구가 되는 것입니다. 따라서 성도는 자신의 손이나 발, 입 등의 지체가 선한 일을 하도록 싸워야 합니다.

우리는 종종 우리의 생각이나 지식이 우리 신앙의 수준을 말해 준다고 착각합니다. 그러나 그렇지 않습니다. 우리는 몸으로, 곧 행함으로 우리의 신앙을 보여 주어야 합니다(약 2:14-26). 영적 싸움은 교회나 영혼에서만 일어나는 것이 아닙니다. '몸'의 싸움이기도 합니다. 그러므로 날마다 우리 몸(지체)을 의의 무기로 드리기 위해 힘써야 합니다.

둘째는 우리 몸을 산 제물로 하나님께 드리라는 것입니다. 구약의 제사는 제물을 죽여 하나님께 드렸습니다. 그러나 예수 그리스도께서 십자가에서 완전한 제물이 되신 이후로 이러한 죽은 제물은 불필요하게 되었습니다. 이제는 하나님께 '산 제물'을 드려야 하는 것입니다. '산 제물' 하면 가장 먼저 떠오르는 성경의 인물은 바로 이삭입니다. 하나님은 아브라함에게 아들 이삭을 제물로 바치라고 하셨습니다(창 22장). 이삭은 자신이 제물이 된다는 사실을 충분히 인지할 수 있는 나이였음에도 제물이 되기를 거부하지 않았습니다. 현재 상황에 대한 인식, 죽음에 대한 두려움, 살고 싶은 마음이 모두 살아 있었음에도 순순히 하나님 앞에 제물이 되고자 했습니다. 즉, 그는 자신을 '산 제물'로 드린 것입니다. 예수님도 마찬가집니다. 예수님은 자신이 십자가에서 제물이 되어 죽어야 한다는 사실을 인식하셨고, 그로 인해 고통스러워하셨습니다. 그러나 결국 하나님의 말씀에 순종해 산 제물로 자신을 드리셨습니다.

여기서 '살아 있다'는 것이 무엇일까요? 지금 이 상황이 자신에게 얼마나 불리하고, 그것을 감당하는 것이 얼마나 부담스러운지 알기에, 그것을 거절하고 싶은 마음이 우리 안에 생생하게 살아 있다는 것을 말합니다. 이것이 바로 '산 제물'입니다. 그러나 우리는 이러한 생각, 곧 계산하고 부담을 느끼고 거절하고 싶은 것 자체를 불순하게 생각합니다. 자신을 제물로 드리려면 정결하고 깨끗한 마음만 있어야 한다고 생각하는 것입니다. 그러나 사람이 그처럼 완벽하게 순결한 상태를 유지하는 것은 불가능합니다. 만약 계산하지 않고, 부담도 느끼지 않고, 거절하고 싶은 마음조차 없다면 그는 '죽은 제물'일 뿐입니다. 하나님은 그런 죽은 제물은 받지 않으신다는 것입니다.

이것이 무슨 의미입니까? 우리의 마음과 동기가 충분히 순수하고 깨끗하지 못하더라도 괜찮다는 것입니다. 주님을 위한 헌신에 부담을 느끼고, 이러다 젊음을 다 낭비하는 건 아닌가 하고 우려해도 잘못된 것이 아니라는 것입니다. 오히려 그런 마음이 있다는 것은 곧 우리가 살아 있다는 것이고, 하나님께 드릴 수 있는 제물의 자격을 갖추고 있다는 뜻입니다. 중요한 것은 바로 그다음입니다. 이처럼 마음과 생각이 불완전함에도, 하나님을 믿고 그 몸을 하나님께 맡겨 보라는 것입니다. 그 과정에 실패가 있을 수도 있겠지만, 그럼에도 불안정함과 두려움을 무릅쓰고 우리 몸을 의의 무기로 드린다면, 그 모든 순간이 바로 '영적 예배'의 현장이 되는 것입니다.

우리는 우리가 믿고 고백하는 것만큼 충분하게 실천하고 행동하지 못하는 경우가 많습니다. 그래서 우리가 믿는 바를 당당하게 말하지 못하기도 합니다. 자신의 행동이 그 믿음을 뒷받침해 주지 못하기 때문에 양심의 가책을 느끼는 것입니다. 그러나 바울은 그러한 내적 갈등과 모순이 있더라도 계속해서 믿음의 삶을 향해 나아가라고 권면합니다. 그것이 우리 자신을 산 제물로 하나님께 드리는 진정한 '영적 예배'라는 것입니다. 그러므로 양심의 가책 때문에 복음의 능력을 의심하거나, 자신의 연약함 때문에 자기 신앙을 수치스럽게 생각하지 말고, 불완전한 중에도 우리의 중보자가 되어 주시는 주님을 의지해, 머리와 가슴 사이의 간격을 좁혀 가야 합니다. 그런 은혜가 우리의 삶에 함께하길 주님의 이름으로 축복합니다.

노년부 헌신예배 1

갈렙의 신앙

_수 14:6-15

갈렙은 이스라엘의 가나안 정복 시기에 정탐꾼으로 활약한 사람으로, 여호수아와 쌍벽을 이루는 동시대 인물입니다. 그러나 여호수아에 비해 덜 조명 받았습니다. 그러다 보니 갈렙의 신앙마저 여호수아에게 가려져 있는데, 사실은 그도 여호수아 못지않은 신앙의 사람입니다. 첫 정탐꾼 보고 때만 봐도 누구보다 담대하게 믿음의 말을 하고 있기 때문입니다(민 13:30). 오늘은 노년부 헌신예배를 드리며 하나님과 동행한 이 갈렙의 믿음에 대해 생각해 보고자 합니다.

첫째, 갈렙의 믿음은 변치 않는 믿음이었습니다. 세상에는 변하지 않는 것이 없습니다. 나이를 먹고 시간이 지나면 다 변하기 마련입니다. 그러나 갈렙은 달랐습니다. 가데스 바네아에서의 정탐 보고 이후 45년이 지났음에도, 여전히 하나님의 약속을 의지하고 헤브론을 청구합니다(10-12절). 더군다나 그곳은 의미 있는 지역임은 분명하지만 정복하기 쉽지 않은 어려운 산지였습니다. 모두가 힘들다고 생각해 올라가기 싫어했던 바로 그곳을 오히려 갈렙은 믿음으로 얻을 수 있다며 요청하고 있습니다(참조. 민 13:33). 그의 믿음은 달라지거나 퇴색하지 않았던 것입니다.

어떻게 그럴 수 있었을까요? 그에게는 변치 않는 하나님의 사랑이 있었기 때문입니다. 그는 45년 동안 변함없이 하나님께서 말씀하신 대로 자신을 생존하게 해주셨다고 고백합니다(10절). 변치 않는 믿음 뒤에는 언제나 변치 않는 하나님이 계신 것입니다. 그래서 믿음은 선물입니다(엡 2:8). 갈렙이 가진 믿음은 그가 스스로 얻은 것이 아니라 하나님이 함께하신 결과일 뿐입니다. 그러므로 우리 역시 작은 믿음으로 무언가를 했다면 온전히 하나님께 영광을 돌려야 합니다. 우리의 힘으로 한 일이 아니기 때문입니다. 모든 것은 하나님이 도와주신 결과입니다. 하나님이 도우셔서 용기를 냈던 것이고, 잘된 것입니다. 이것이 갈렙의 변치 않는 믿음을 보면서 그를 사용하신 하나님께 영광 돌리는 이유입니다.

동시에 우리가 하나님과 동행하는 사람이라면, 하나님의 변치 않으심이 우리를 통해 증명되어야 마땅합니다. 하나님이 변함없는 분이기에, 우리가 그분의 자녀라면 그분을 닮은 모습을 세상에 보여야 하는 것입니다. 그러므로 우리 그리스도인은 변함이 없고, 믿을 수 있어야 합니다. 하나님께는 물론이고 인간을 향해서도 신실함을 보여야 합니다.

둘째, 갈렙의 믿음은 산지를 요청하는 믿음이었습니다. 갈렙에게는 땅을 선택할 수 있는 우선권이 있었습니다(9절). 그런데 정작 그는 정복하기 가장 어려운 땅 헤브론을 요청합니다. 헤브론은 해발 1,000미터 이상의 고원으로, 가나안의 가장 강력한 요새 중 하나입니다. 그는 비교적 차지하기 쉬운 비옥한 평지 지역이 아닌 정복하기 어려운 곳을 스스로 택했습니다. 왜 그랬을까요? 여기서도 그의 믿음이 드러납니다. 그는 지금 45년 전 정탐꾼으로서 보고했던 그때 그 믿음 그대로 요청하고 있는 것입니다(12절). 과거 자신의 정탐 보고가 잘못된 것이 아님을 신앙으로 증명하고 있는 셈입니다.

이러한 갈렙의 모습은 요셉 자손의 태도와 크게 대조됩니다(수 17:14-18). 요셉 자손은 여호수아에게 자신들은 사람이 많으니 편한 땅을 더 달라고 요청합니다. 또 골짜기에 사는 사람들의 철병거를 무서워합니다. 갈렙과는 너무나도 다른 모습입니다. 다 같이 하나님을 믿는다고 하면서도 이런 차이가 있습니다. 어떤 사람은 어렵다고 피하는 길을 어떤 사람은 믿음으로 요청합니다.

우리도 믿음의 길을 가야 합니다. 쉬운 길이 아닐지라도 그 길을 선택해야 합니다. 그 길이 어려운지 쉬운지가 아니라, 믿음의 길인지가 중요합니다. 이것이 갈렙의 신앙입니다. 길이 어렵든 쉽든 하나님이 원하시는 길을 가야 합니다. 예수님께서도 좁은 문으로 들어가라고 말씀하셨습니다(마 7:13). 좁은 문은 좁고 협착하지만 하나님이 원하시는 믿음의 길을 말합니다.

갈렙이 산지를 요청한 시점에도 중요한 의미가 있습니다. 당시는 막 땅 분배가 이루어지고 있던 때였습니다. 그는 백성의 원로로서 가장 먼저 솔선수범합니다. 나이가 많다고 편하고 쉬운 것을 찾지 않았습니다. 그리고 그는 가장 가치 있는 것을 노년에 성취합니다.

하나님을 섬기는 일에는 은퇴가 없습니다. 나이 들어 이제 쓸모없다는 생각에서 벗어나시기 바랍니다. 신앙을 실천하는 일에 솔선수범함으로 후대에게 본을 보여야 합니다. 모든 것을 이미 경험한 노년의 성도들이 어려운 일에 먼저 나서는 모습을 보여 주어야 하는 것입니다.

오늘 헌신예배를 드리는 우리 모두가 갈렙처럼 하나님을 향한 변치 않는 믿음으로 주님의 일에 솔선수범해 후대에게 본을 보이는 아름다운 노년을 보내기를 바랍니다.

노년부 헌신예배 2

우리에게는 아직 안식할 때가 남아 있습니다

_히 4:9, 11; 벧전 1:17

예수 그리스도를 믿는 사람은 주님이 자격 없는 죄인에게 베푸신 큰 은혜를 거저 받아 감사할 수밖에 없습니다. 그래서 자신에게 허락하신 날들 동안에 힘써 주님을 따르게 됩니다. 다시 말해, 참된 신앙은 우리에게 은혜를 베푸신 주님을 따르기 위해, 자기를 부인하고 날마다 십자가를 지는 삶으로 이어진다는 것입니다(막 8:34). 이것은 단지 신자에게는 높은 수준의 도덕성과 윤리성이 요구된다는 말이 아닙니다. 그보다는 자신을 구속하신 주님과의 실제적인 관계 때문에 갖게 되는 성도들의 특징입니다.

주님의 백성 된 우리는 우리를 사랑하신 주님께서 끝까지 우리를 돌보실 것을 신뢰하고, 그분 안에 있는 생명을 우리의 모든 소유를 팔아서라도 사야 할 보화로 여깁니다. 그래서 주님의 부르심을 따르는 수고마저 기뻐합니다. 비록 값없이 구원의 은혜를 받았지만, 그 은혜가 자신의 존재와 최후의 운명을 완전히 새롭게 했다고 믿기에 예수님께서 허락하신 구원을 등한시하지 않습니다. 그래서 주님의 말씀 따르기를 즐거워하는 것입니다.

주님은 자신의 피로써 우리를 최후 심판과 영원한 형벌에서 구속하실 뿐 아니라, 이 악한 세대의 질서와 풍조에서도 건지십니다. 자신의 백성이 죄에 물든 이 세상의 정신과 방식을 따라, 땅에 있는 것들에 눈이 어두워 죄를 죄로 여기지 않고 살아가도록 내버려 두지 않으십니다. 오히려 말씀과 성령으로 믿음의 눈을 뜨게 하시고, 아직 우리가 온전히 보지 못하는 '위의 것'을 참된 마음으로 구하고 찾도록 하십니다(골 3:1). 즉, 하나님의 뜻을 분별하고 말씀에 순종하며 하나님을 기쁘시게 하는 삶을 살도록 하시는 것입니다.

성도로서 보이지 않는 영광, 곧 영원하신 하나님과 그분의 주권과 최종적인 심판, 그리고 다시 오실 주님의 부활에 온전히 참여할 것을 믿으며 주님의 말씀을 따라 사는 것은, 마치 이 땅에서 거류민과 외국인처럼 사는 것입니다. 이처럼 우리는 아직 이르지 못한 본향, 곧 아직 오지 않은 안식을 바라는 긴장 속에서 삽니다. 그리스도인으로서 우리도 이 세상의 구성원이지만, 분명 세상과는 다른 가치와 목적을 가지고 살아갑니다. 보이는 무언가가 아니라 아직 오지 않은 무언가를 바라고, 또 그것을 위해 살아가는 것입니다. 모두가 자기 욕심을 따라 살아가는 이 세상에서 그렇게 사는 것 자체가 좁은 문으로 들어가는 것입니다.

하나님의 백성은 지금 눈에 보이는 것을 전부로 여기지 않는다는 사실에 대해 히브리서 기자는 오늘 본문에서 이렇게 말합니다. "그런즉 안식할 때가 하나님의 백성에게 남아 있도다 … 그러므로 우리가 저 안식에 들어가기를 힘쓸지니 이는 누구든지 저 순종하지 아니하는 본에 빠지지 않게 하려 함이라"(4:9, 11). 아직 보이지는 않지만 앞에 남아 있는 안식이 있기에 거기에 들어갈 때까지 주님의 말씀을 따라 살라고 강권하는 것입니다.

우리는 어떻습니까? 아직 오지 않은, 그러나 복음을 통해 하나님께서 우리에게 약속하신 안식의 날이 남아 있다는 것을 진정으로 믿으며, 그 믿음으로 살고 있습니까? 이 질문의 중요성을 이해하려면 이 구절에서 "저 순종하지 아니하는 본"을 보인 이들이 도대체 어떤 사람들이며, 왜 그릇된 본이 되었는지 생각해 보아야 합니다. 그들은 "광야에 엎드러진 범죄한 자들"(히 3:17), 곧 출애굽 1세대 이스라엘 백성입니다. 히브리서 기자는 "그들이 믿지 아니하므로 능히 들어가지 못한 것"(3:19)이라고 말합니다. 좀 더 구체적으로는, 그들도 하나님의 복된 부르심 곧 복음을 들었으나, "들은 바 그 말씀이 그들에게 유익하지 못한 것은 듣는 자가 믿음과 결부시키지 아니함"(히 4:2) 때문이라고 설명합니다. 즉, 그들은 안식에 들어갈 약속이 남아 있음에도, 들은 바 약속을 믿지 않고 불순종과 불평을 일삼으며 완고한 마음으로 하나님을 시험한 것입니다(히 3:8; 4:6).

히브리서 기자는 이러한 비극이 오늘날 우리에게서 다시 반복되지 않기를 바라며 이렇게 권면합니다. "그러므로 우리는 두려워할지니 그의 안식에 들어갈 약속이 남아 있을지라도 너희 중에는 혹 이르지 못할 자가 있을까 함이라"(4:1). "그러므로 우리가 저 안식에 들어가기를 힘쓸지니 이는 누구든지 저 순종하지 아니하는 본에 빠지지 않게 하려 함이라"(4:11). 즉, 아직 남아 있는 안식에 대한 약속을 분명히 믿고, 그러한 믿음을 가진 자에게 주신 모든 명령에 유념해 순종하라는 것입니다.

이 땅의 눈에 보이는 것을 우리가 얻을 최종적인 안식으로 생각하며 거기에 집착하지 마십시오. 아직 온전한 안식은 오지 않았습니다. 그 안식을 약속하는 복음을 믿고, "나그네로 있을 때를 두려움으로 지내라"(벧전 1:17)는 말씀을 따라 매일 죄와 싸우고 거룩함을 이루며 살아가길 바랍니다.

노년부 헌신예배 3

바르실래를 본받아

_삼하 19:31-39

　성경의 인물 중 나이가 많음에도 우리에게 도전과 감동을 주는 사람들이 있습니다. 대표적인 인물이 갈렙입니다. 갈렙은 85세의 나이에, 아직도 45년 전과 다를 바 없이 강건하니 하나님께서 약속하신 산지를 자신에게 달라고 여호수아에게 당당하게 요구했습니다(수 14:12). 이러한 갈렙의 모습에서 진정한 청년이란 어떤 사람인지를 생각해 보게 됩니다. 누가복음 2장에 등장하는 안나라는 여인도 그런 인물 중 하나입니다. 그녀는 결혼 후 7년 만에 과부가 되어 84세까지 홀로 살았는데, 항상 성전을 가까이하고 주야로 금식하며 기도하면서 하나님을 섬겼습니다. 그러다 누구보다 먼저 예수님을 만나는 복을 누리게 됩니다.

　오늘 본문에 등장하는 인물 역시 그중 하나로 바르실래라는 80세의 노인입니다. 바르실래는 다윗이 위기에 처했을 때 어려움을 잘 극복할 수 있도록 도와준 사람입니다.
　아들 압살롬이 반역하자 다윗은 급하게 예루살렘을 떠나 피신하게 되었습니다. 그런데 너무 급하게 나오느라 준비를 제대로 하지 못했습니다. 그러다 보니 자신과 함께한 신하들과 군인들의 형편이 말이 아니었습니다. 그때 바르실래가 등장합니다. 당시 많은 사람이 다윗을 등졌지만, 큰 부자였던 그는 오히려 많은 물품과 양식을 가지고 다윗을 찾아옵니다(삼하 17:27-29). 다윗은 그를 통해 큰 도움을 얻고 위기를 넘기게 됩니다. 이후 압살롬이 죽고 다윗이 예루살렘으로 복귀하기 위해 요단강을 건너려 할 때, 다시 이 바르실래가 찾아옵니다. 왕이 강을 잘 건너갈 수 있도록 돕기 위함이었습니다. 그때 다윗은 바르실래에게 같이 요단을 건너가자고 제안합니다. 전에 바르실래가 자신을 공궤한 것처럼 이제는 자신이 그를 공궤하겠다는 것입니다. 이 얼마나 영광스러운 제안입니까? 바르실래도 충분히 이런 대접을 받을 만하지 않습니까?

그러나 바르실래는 다윗의 제안을 겸손히 거절합니다. 자신의 나이가 80세나 되었고, 좋고 흉한 것을 분간할 수도, 음식의 맛을 알 수도 없다고 고백합니다. 아무리 나이가 그렇다 해도 좋고 나쁜 것을 왜 모르겠습니까? 바르실래는 그저 다윗 왕에게 누를 끼치고 싶지 않았던 것입니다. 그러면서 오히려 '김함'이라는 사람에게 왕의 호의를 양보합니다. '김함'이 누구인지 분명하게 알 수는 없지만, 일반적으로 그의 아들일 것으로 추측합니다. 여기서 중요한 것은, 바르실래가 자신이 마지막 날까지 영광과 복락을 누리려 하지 않고, 그 기회를 다음세대에 넘겨 주었다는 것입니다. 바르실래의 높은 인격과 겸손함이 드러나는 대목입니다.

바르실래는 다윗 왕에게 보상 받을 자격이 충분히 있었습니다. 다윗 왕이 어려움에 처했을 때 자신의 재물을 사용해 다윗을 도왔고, 다윗은 그로 인해 재기할 수 있었기 때문입니다. 그런 의미에서 오늘 이 자리에 계신 어르신들이 바로 이 교회의 '바르실래'가 아닐까 생각해 봅니다. 교회를 위해 자신의 젊음을 드리고, 교회가 힘들고 어려울 때 기꺼이 자신의 것을 나누어 교회의 부족함을 채워 오신 분들이 바로 이분들이며, 교회는 바로 이 어르신들의 기도와 땀과 눈물을 통해 지금까지 든든히 세워져 왔기 때문입니다. 그러므로 교회는 이분들에게 다윗처럼 이렇게 말씀드려야 할 것입니다. "당신이 우리를 공궤했으니 이제는 우리가 당신을 공궤하겠습니다." 우리 교회는 이 어르신들의 기도와 땀, 눈물, 희생의 터 위에 세워진 것입니다. 교회는 늘 이 존경의 마음을 잊지 말아야 합니다.

오늘 헌신예배를 드리는 어르신들에게는 마지막 한 가지 헌신이 남아 있습니다. 바르실래가 자신이 아닌 김함을 예루살렘으로 데려가 달라고 요청했던 것처럼, 교회의 역사는 이제 다음세대가 이어 가야 하기에, 기쁨으로 그들에게 주역의 자리를 내어 주고 그들을 축복하고 기도해 주는 것입니다. 그럴 때 이 교회는 세대를 이어 가며 더욱 든든히 세워질 것입니다.

"사람이 마땅히 우리를 그리스도의 일꾼이요
하나님의 비밀을 맡은 자로 여길지어다
그리고 맡은 자들에게 구할 것은 충성이니라"

_고전 4:1-2

절기설교 100

초판 1쇄 발행 2021년 8월 23일

지은이　오대환, 김수억, 황재찬

펴낸이　곽성종
기획편집　방재경
디자인　윤지은

펴낸곳　(주)아가페출판사
등록　제21-754호(1995. 4. 12)
주소　(06698) 서울시 서초구 효령로8길 5(방배동)
전화　584-4835(본사) 522-5148(편집부)
팩스　586-3078(본사) 586-3088(편집부)
홈페이지　www.iagape.co.kr
판권　ⓒ 2021 (주)아가페출판사
ISBN　978-89-537-9651-5 (03230)

저작권법에 의하여 한국 내에서 보호받는 저작물이므로
무단전재와 복제를 금합니다.

아가페 출판사